资产配置百问百答

个人如何做好资产配置

刘明军 ◎ 主编

Asset Allocation

电子工业出版社·

Publishing House of Electronics Industry

北京·BEIJING

图书在版编目（CIP）数据

资产配置百问百答：个人如何做好资产配置 / 刘明军主编 . —北京：电子工业出版社，2022.9

ISBN 978-7-121-43721-2

Ⅰ. ①资… Ⅱ. ①刘… Ⅲ. ①投资管理－问题解答 Ⅳ. ①F830.593-44

中国版本图书馆CIP数据核字（2022）第096238号

责任编辑：刘　伟　　　　　特约编辑：田学清

印　　　刷：天津嘉恒印务有限公司

装　　　订：天津嘉恒印务有限公司

出版发行：电子工业出版社

　　　　　北京市海淀区万寿路 173 信箱　　　　　邮编：100036

开　　本：880×1230　　1/32　　印张：11.375　　字数：264 千字

版　　次：2022 年 9 月第 1 版

印　　次：2022 年 9 月第 1 次印刷

定　　价：99.00 元

凡所购买电子工业出版社图书有缺损问题，请向购买书店调换。若书店售缺，请与本社发行部联系，联系及邮购电话：（010）88254888，88258888。

质量投诉请发邮件至 zlts@phei.com.cn，盗版侵权举报请发邮件至 dbqq@phei.com.cn。

本书咨询联系方式：（010）51260888-819，faq@phei.com.cn。

《资产配置百问百答：个人如何做好资产配置》编写委员会

主编：刘明军

编著：（以拼音顺序排名）

东方资管　富国基金　华宝基金　华夏基金

JPMorgan　南方基金　兴全基金　中欧基金

在本书的编写过程中，还有多家国内知名基金公司、投资机构和行业内资深人士参与了相关内容的审订，因数量众多，在此不再一一列出，笔者在此对以上机构和个人一并表示衷心的感谢。

本书的出版还得到了行业内多位专家老师的大力支持与帮助，在此亦深表谢意。

本书约定

本书所有财务数据均来自相关基金公司或上市公司的公开财务报表，如果读者需要相关资料，可以通过相关公司官网、中国证券投资基金业协会（下称基金业协会）或中国证券监督管理委员会（下称证监会）指定网站等查询获得。

本书涉及部分专有名词不一致或上市公司名称和实际公司名称不一致的情况，下面挑选有代表性的部分进行简要说明，其他专有名词在书中第一次出现时，一般均有说明。如有未说明之处，欢迎上网查询或向我们咨询。

- 货基 / 股基：货币基金或货币型基金 / 股票基金或股票型基金。

- 基民：基金投资者。

- 回报 / 年收益：书中大部分指的是收益率 / 年化收益率。

- 博时：博时基金或博时基金管理有限公司。

- A 股：A 股市场。

投资有风险，入市需谨慎。

风险提示

就本书所有章节所涉及的内容和数据做如下提示：我国基金运作时间较短，不能反映股市发展的所有阶段。由第三方专业机构出具的业绩证明并不能替代基金托管银行的基金业绩复核函。基金管理公司不保证基金一定盈利，也不保证最低收益。基金的过往业绩不代表基金的未来表现。投资有风险，详情请认真阅读相应的基金合同、招募说明书和基金份额发售公告。基金经理管理的其他基金业绩不构成基金业绩表现的保证。

Contents

目录

第 **1** 章

什么是资产

1.1 如何给资产定义

资产的常见定义是什么

在生活中，人们一般并不需要了解许多事物的定义，如我们常说的"食物"，估计没有几个人能很好地说清楚它的定义是什么，但这不影响我们清楚地知道蔬菜、水果和米饭均属于食物。资产也类似，我们都清楚地知道每月发的工资、自己居住的房子、个人账户的股票都属于个人资产，但如果有人问及资产的定义，或许我们并不能清晰地给出，而只能说："资产就是我们拥有的东西"。

大部分人都知道，食物的定义绝不仅仅是"能吃的东西"，食物是指能够满足机体正常生理和能量需求，并能延续正常寿命的物质。维持温饱并不需要了解其定义，但如果要对食物做合理搭配，甚至从搭配中获得益处、强健身体，就需要从定义开始，逐步剖析。资产也一样，或许拥有资产并不需要了解其定义，但如果要对资产进行合理配置，从中获取收益，了解其定义就是必不可少的一步了。在生活中，资产是我们所拥有的能以货币计量的财产、债权和其他权利。其中，财产主要是指各种实物、金融产品等，比如家里的房子，购买的基金、股票；债权就是他人或机构所欠的用户的金钱或财物，也就是用户借出去可到期收回的钱、物；其他权利主要是指无形资产，如各种知识产权、股份等。根据《企业会计准则》上的表述，资产是指由企业过去的交易或事项形成的、由企业拥有或控制的、预期会给企业带来经济利益的资源。

资产是有价的，但资产的价值并不仅仅在于其本身，更多的是在于通过合理的资产配置，使资产创造出远超其本身价值的财富。同样的食物，不同的搭配和摄取方式对人体健康会产生截然不同的影响，而不同的资产配置方式对人的影响或许更甚于食物。从资产的定义开始，一步一步走近、剖析资产配置，帮助投资者快速掌握资产配置的方法，从而更好地收获财富，是我们撰写本书的目的。

资产的基本构成要素有哪些

一项资产的构成要素有哪些？换句话说，资产的属性有哪些？资产的构成要素（属性）是我们评价一项资产的重要指标。这么说似乎还是不容易理解，我们不妨把一瓶普普通通的矿泉水当作一项资产来理解这个问题。

资产最核心的属性之一就是其价值，也就是这瓶水究竟值多少钱。在价值概念中，恒定性是其最重要的性质之一，是资产的内在属性。无论这瓶水是在中国、美国还是在月球，不论是在早上、中午还是在晚上，这瓶水还是这瓶水，没有任何变化，它的价值是恒定的。

价值是一项资产固有的客观属性，但人们对价值的看法却是主观的。在沙漠中的一瓶水和在城市中的一瓶水，人们对其价值的认定可能不同。即使是完全身处同一空间的资产，在经历不同的人眼中，其价值也可能不同，这种对价值的主观估计就叫作估值。当然，这里的估值只是泛指，随着社会的发展进步，人们对每一项特定资产的评估有了更加符合大众预期的评价标准，这种标准很好地起到了统一度量的作用。这种行业内的估值标准尽管会更加贴近其本身价值，但对于不同的市场情况，其估值最多只能起到参考作用。

不同于价值和估值，资产的价格并不是资产的固有属性，相反，价格是资产的一项交易属性。同一瓶水,所有者对它的估值是 2 元,他愿意以 2.5 元的价格出售，有人对它的估值是 3 元，所以，他也愿意以 2.5 元的价格购买。这样就形成了一笔交易，也就有了价格。

所以，资产的核心要素其实就是价值、估值及价格。价值是资产的恒定因素，不随外部条件发生变化（但会随着内部属性的变化而变化）。而估值是人们对价值的主观拟合，这种拟合值的差异、人类追求利益的本性，以及估值随信息的充分及评估者经验的丰富逐渐向价值靠拢的特点，共同促成了资产的交易，也就有了资产的价格。

决定价值的因素有很多，这些因素也就是资产的内在属性，包括资产的风险、收益、流动性和门槛。这些内在属性的变化影响着资产的价值，同时也牵动着人们对资产的估值。对这些属性的判断正是投资真正意义的门槛所在，也是对资产进行分类的重要标准。

还有哪些资产概念

我们在前面把资产和食物做类比，不同的食物适合不同的人群，不同的资产也一样。合理的资产配置就像合理的膳食搭配，都能对我们的生活起到积极的作用。食物的范畴不是一成不变的，随着社会的进步，食物的范围也逐渐扩大，分类也更加明晰，在基础食物上延伸出各种新兴的派系。资产也一样，我们在股票上延伸出基金、股指期货等各种玩法。这种资产概念的延伸丰富了资本市场，细分的资产也满足了以前众口难调的需求，逐渐走进千家万户。

食物概念的延伸不仅局限于在已有食材上的搭配创新，人造肉这种人为创造的食材也进一步延伸了食物的概念，这可以对应金融市场上以比特币为例的加密货币。传统的金融服务与金融市场要与实体经济紧密相连，但加密货币并不是。当然，加密货币是否是一种资产在国际上还有争议。

2021 年 6 月，巴塞尔银行监管委员会提议将比特币等列为"最高风险资产"，采用 1250% 的风险权重。这个风险权重意味着在 8% 的最低资本要求下，银行可能需要为价值一美元的比特币持有价值一美元的资本。银行持有的资本将足以抵消全部加密资产敞口，而不会使存款人和银行的其他高级债权人蒙受损失。数字资产平台 Ledgermatic 的首席执行官卢克·萨利（Luke Sully）表示，这是一条比特币的拥护者和批评者都宣布己方胜利的新闻，它表明比特币将成为一种公认的资产类别，具有银行的风险管理参数，但较高的资本要求，可能使其成为一项不太受投资者欢迎的业务，这些相同的参数可能具有潜在的威慑力。

简而言之，资产的概念在不断延伸。在生活中，很多我们无法量化的资产类别也真实存在，比如当前的流量概念，这些难以量化但又可以变现的财富，本质上也是资产。所以，资产的概念不是一成不变的，它像网一样四通八达，也像网一样不断延伸。但无论怎么延伸，资产都是能让我们生活幸福的工具。

1.2 如何对资产分类

为什么要对资产进行分类

分类可以使繁杂的事物更容易让人理解，让每一类事物的特征更加明显。资产也一样，我们常常提及资产配置，其实就是将不同类别的资产按特定比例进行分配，形成一个合理的体系，这里的不同类别，就是进行资产配置的先决条件。

在日常投资中，普通的投资者常常会面临以下问题：知道资产配置的重要性，更清楚不能把所有的鸡蛋都放进同一个篮子里，于是追逐热点，买了许多市场大热的、隶属于不同基金公司的基金，表面上看起来买的不是同一只基金，但实际上都是权益类的基金，所投资的都是股票，甚至这些基金所投资的标的都大同小异。这种行为无异于掩耳盗铃、自欺欺人。

所以，了解清楚资产的分类，以及每一项分类中所囊括的资产种类，是投资或进行资产配置前的必修功课。

资产有哪几种分类

根据前面介绍的内容可知，资产即我们所拥有的能以货币计量的财产、债权和其他权利（见图 1-1）。根据定义，我们可以大致了解资产的分类情况。

图 1-1

其中，财产主要是指各种实物、金融产品等；债权就是他人或机构所欠用户的金钱或财物，也就是用户借出去可到期收回的钱、物；其他权利主要是指无形资产，如各种知识产权、股份等。能以货币计量的含义就是各种资产都是有价的，可估算出它们的价值或价格；不能估值的东西一般不算资产，如名誉、知识等，虽然它们也是财富的一种，但很难客观地评估其价格，所以，在理财活动中，它们不属于资产的范畴。

以上是根据家庭资产的定义对资产进行分类的，在实际生活中，由于这种分类方式相对复杂，所以，我们更多的会根据当下的需求对资产进行分类。

比如，我们会按照资产是否具有流动性，将资产分为固定资产和流动资产。

其中，固定资产又可以分为消费类固定资产和投资类固定资产。

消费类固定资产主要是指家庭生活用品，一般只会贬值，这里先不详细介绍。而投资类固定资产主要是指房产、实物黄金等，它们具有增值的价值，但是变现难度相对比较高。

流动资产就是指现金、存款、证券、基金及投资收益所形成的利润等。所谓流动，是指可以适时应付紧急支付或投资机会的能力，简单来说就是变现的能力。存款、证券和基金因为流动性很高，所以都被视作流动性资产的一部分。

我们也可以按照资产的属性将资产分为金融资产、实物资产、无形资产。其中，金融资产和流动性资产类似，实物资产和固定资产类似，无形资产主要是指专利、商标、版权等知识产权。

现在也有人对家庭资产进行更细致的划分，将其分为现金及活期存款（现金、活期存折、信用卡、个人支票等）、定期存款（本外币存单）、投资资产（股票、基金、外汇、债券、房地产、其他投资资产等）和实物资产（家居物品、住房、汽车）、债权资产（债权、信托、委托贷款等）和保险资产（社保中各项基本保险、其他商业保险等）。

在对资产的分类中，比较有名的例子就是耶鲁大学捐赠基金，耶鲁大学捐赠基金的配置资产大致分为七类，即绝对收益类、国内股票资产、固定收益资产、境外股票资产、油气林矿、PE（私募股权投资）和房地产，这种分类方式也可以作为投资者投资的参考。2014年耶鲁大学捐赠基金七大类资产预期收益率情况如图1-2所示。

2014年耶鲁大学捐赠基金七大类资产预期收益率情况

资产名称	预期收益率	风险	过去20年平均收益率	特点
绝对收益类	5.3%	12.9%	10.6%	分为事件驱动投资和价值驱动投资两种；收益率与股票、债权市场走势相关度较低
国内股票资产	6.0%	20.0%	14.5%	比债权和现金的风险高，但收益较高；借助积极管理策略，发现被低估股票买入进行投资
固定收益资产	2.0%	8.0%	5.7%	提供稳定名义现金流收益；同其他资产类别相关性较弱，可对金融危机及其他非预期事件形成的冲击形成对冲
境外股票资产（新兴市场及部分发展中国家）	7.5%	22.5%	14.0%	发达国家配置 5%，发展中国家配置 3%，中国、印度、巴西等存在机会的国家配置 5%；
境外股票资产（发达国家）	6.0%	20.0%		通过积极管理策略，发现被低估的国家、行业等的投资机会
油气林矿	6.3%	20.5%	18.1%	可较好防御非预期性的全球性通胀；可提供较高的可视的现金流；存在较多的非有效配置的投资机会
PE	10.5%	26.8%	36.1%	在资产配置低效的情形下，可提供极其优异的长期风险调整收益；包括风险投资和杠杆收购 LBO 投资；强调企业价值增值，弱化财务指标
房地产	6.0%	17.5%	13.5%	稳定的收入流和股票增值可对非预期性通胀形成自然对冲，同时不影响预期收益

数据来源：由清科研究中心根据公开信息整理，2015.05

图 1-2

值得一提的是，耶鲁大学捐赠基金的投资理念和策略使其市值在 30 年里增长了 11 倍之多，从 1985 年的近 20 亿美元增长到 2014 年的 238.95 亿美元，其中，在 2014 年基金以 20.2% 的投资收益率领跑全球高校基金。1997—2014 年耶鲁大学捐赠基金市值及收益率如图 1–3 所示。

数据来源：由清科研究中心根据公开信息整理，2015.05

图 1-3

1.3   常见的家庭资产有哪些

　　家庭资产一般来讲主要包括固定资产（如房产、汽车和其他固定资产）和金融资产（如股票、基金、债券等）（见图 1-4），所有这些资产最终都可以用货币的形式来表现，也就是说，这些资产最终都要能转化为现金供我们消费才有意义，而我们做资产配置的目的就是在未来资产变现之后可以保值或增值。

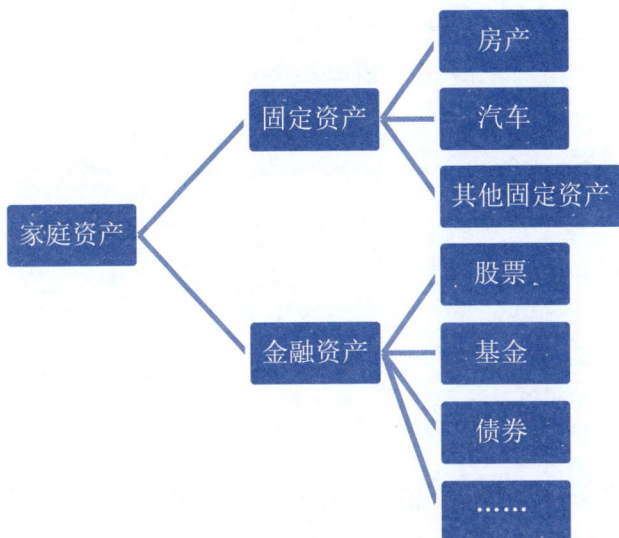

图 1-4

　　另一方面考虑的就是风险。投资这些资产的风险有多大，风险和收益相匹配吗？这都是我们分析资产的重要指标。所以，如何去分析各类资产的风险与收益是资产配置的重要课题。

　　判断收益的方式最主要的是看收益率，但是，达到增值或保值的标准并不仅仅在于账面数字的变化，我们还要考虑通货膨胀。受 20 世纪 90 年代通胀的影响，中国的通胀率（消费者物价指数，CPI）平均每年约 5%，2019 年 CPI 同比增长 2.9%。能够抗通胀，是我们进行资产配置的最基础要求。图 1-5 是我国是 1980—2009 年的 CPI 数据。

中国历年通胀率表（1980—2009年）	
年份	通胀率
1980	6.00%
1981	2.40%
1982	1.90%
1983	1.50%
1984	2.80%
1985	9.30%
1986	6.50%
1987	7.30%
1988	18.80%
1989	18%
1990	3.10%
1991	3.40%
1992	6.40%
1993	14.70%
1994	24.10%
1995	17.10%
1996	8.30%
1997	2.80%
1998	-0.80%
1999	-1.40%
2000	0.40%
2001	0.70%
2002	-0.80%
2003	1.20%
2004	3.90%
2005.	1.80%
2006	1.50%
2007	4.80%
2008	5.90%
2009	-0.70%

中国历年通胀率（1980—2009年）

数据来源：国家统计局

图 1-5

　　每种资产类别的分析方法不尽相同，但核心思想是相通的，就是分析其风险与收益，试图在风险相同的情况下取得最大的收益。当然，投资标的不同，风险和收益的种类也不同。除了亏损的风险，还有流通的风险，所以有时候单纯地比较数据意义不大。而收益就更加广泛了，如房产，即使其可能流通性差，但会让你在婚姻市场上获得优势，这也是一种收益；购车可能是最不划算的投资，但有时候一辆优质的私家车往往可以给人带来更多的自信心，而这种自信心往往伴随着更有可能成功的商业谈判。当然，这涉及更深层次的非金融理论，我们在这里不深入讨论，但可以确定的是，不同资产的评价指标不同，而风险和收益的评价方式却可以在标的内部有相对公正的评判。

▲ 华夏基金 CHINA ASSET MANAGEMENT	编写	▲ 华夏基金 CHINA ASSET MANAGEMENT	审阅
华夏基金管理有限公司成立于 1998 年 4 月 9 日，拥有 24 年资产管理经验，具备丰富市场经验。公司定位于综合性、全能化的资产管理公司，服务范围覆盖多个资产类别、行业和地区，构建了以公募基金和机构业务为核心，涵盖华夏基金（香港）、华夏资本和华夏财富三家子公司的多元化资产管理平台。截至 2021 年 12 月 31 日，华夏基金管理资产规模超 1.7 万亿（含子公司），是境内最大的基金管理公司之一。服务客户数量超 1.9 亿户，旗下公募基金（不含子公司）累计为客户盈利 3612.8 亿元，累计分红 1887 亿元，是境内首家累计分红超千亿元的基金公司（数据来自华夏基金，Wind，未剔除联接基金）。华夏基金历经市场检验，是境内唯一一家连续六年获评"被动投资金牛基金公司"奖的基金公司，累计获得 74 座金牛奖、49 座明星基金奖、55 座金基金奖（获奖分别来自中国证券报、上海证券报、证券时报，含公司奖、产品奖和基金经理奖，1998 年 –2021 年）。华夏基金致力于作为先行者、深耕者、领军者、能力者，持续迭代核心竞争力，为信任奉献回报				

第 **2** 章

如何分析各类资产

2.1　资产的收益来自哪里

一项成功的投资不外乎来源于以下几个因素：选对上涨的个别资产，找准买卖的时机，以及合理的资产配置等，那这些因素对收益的贡献究竟有多大？

被称为"全球资产配置之父"的加里·布林森曾说过："做投资决策，最重要的是要着眼于市场，确定好投资类别。从长远看，大约 90% 的投资收益都来自成功的资产配置。"他所做的一项研究发现，退休基金在 1977 年至 1987 年的投资收益中，91.5% 来自资产配置，而投资者普遍关心的个股选择和买卖时点对最后收益的贡献只占到 4.6% 和 1.8%。

为什么资产配置会有这么神奇的力量？追根究底是因为没有一种投资类型总是好的。观察 2011 年到 2020 年这十年间全球各类资产的收益会发现，股票、房产、原油、黄金、债券都有各领风骚的时候。在 2011 年到 2020 年中，A 股的沪深 300 领涨了 3 年（分别是 2014 年、2019 年和 2020 年），美股的标普 500 领涨了 2 年（分别是 2012 年和 2013 年），原油的价格领涨了 2 年（分别是 2011 年和 2016 年），国内房产的价格领涨了 2 年（分别是 2017 年和 2018 年），而债券领涨了 1 年（2015 年）。

作为普通投资者的我们，很难预料明年涨幅最大的领域或行业会出现在哪儿，因此，想要在长期投资中获得成功，就要保持投资组合的平衡，进行多元化投资。

2.2 收益率如何计算

"收益率如何计算？"乍一看这个问题，一些人可能不假思索地就用投资收入减去本金得到投资收益，再用收益除以本金算出收益率来评估自己的投资成果。然而，或许我们需要"三思而后算收益"：我是一次性投资所有本金的吗？我考虑过投资期限吗？投资到期后我是立即取出本金和收益的吗？

有一定投资基础的投资者都对"定投"有些许了解，在定投的情况下，刚才一次性计算收益的做法显然是不适用的，那么我们究竟该如何计算收益呢？

年化收益率指投资期限为一年所获得的收益率，有了年化收益率，我们就可以比较不同投资期限产品的投资收益水平。需要注意的是，年化收益率是指持有一整年的收益率，并不等同于持有期内的收益率。投资的年化收益率的计算方法如下：

年化收益率 =（投资内收益 / 本金）×（365/ 投资天数）×100%

不过，我们的投资通常会分批、分期进行，每个时间段内的收益率都不一样，因此，我们通常用综合年化收益率来衡量投资成果，Excel 中的 XIRR 公式可以根据现金流和投资日期计算出综合年化收益率。

2.3　资产的价格受什么因素影响

人们都希望自己的资产能够保值增值，最好能拥有"稳稳的幸福"，但理想和现实总是有差距的：资产的价格因受各种因素的影响而常常波动。那么，影响资产价格的因素都有哪些？不如从我们每个人都熟悉的房子说起。

第一，价值决定价格。价值可以理解为成本，价格以成本为基础，且成本越高，价格也越高。例如，我们家盖三层楼房所消耗的钢筋、水泥远多于相同区域小张的一套小区套房，相应地，我们家房子的价格也应该比小张家的高。

第二，供需影响价格。需求大于供给时，价格会上升。例如，小张家的房子位于郊区，小张舅舅家一套大小、配置相同的房子位于市中心，由于地段好，需求非常旺盛，而市中心又没有太多的地能建房子，因此小张舅舅家的房子价格更高。

第三，效率影响价格。效率越高，价格越低。例如，我直接从房地产开发商那里买房子会比通过中介买房子更便宜，这是因为房地产开发商直接出售效率更高。

第四，信息影响价格。价格的高低和买卖双方的信息差也有关系，当信息不对称时，买家不知道卖家以高于成本价多少的价格出售房子，因此，只能大概给出一个心理价位来与卖家商谈，而最终成交的价格则还要看双方讨价还价的能力。总的来讲，资产的价格围绕价值波动，具体由成本、供需、效率和信息等因素共同决定。

2.4 资产的风险来自哪里

"高风险带来高收益"是大部分投资者都深信不疑的道理，但投资大师巴菲特认为"低风险才能获得高收益"，那么我们究竟应该相信哪一种说法呢？想弄清楚这个问题，我们首先需要明白资产的风险来自哪里。

（1）资产的风险来自资产本身，如用户刚买了房子，房子就开始降价，P2P借款人卷款跑路等，都会导致用户资产的损失。

（2）资产的风险来自投资者所处的市场环境，我们也称这类风险为系统风险，比如金融海啸导致美股断崖式下跌，这是在场投资者都难以避免的灾难。

（3）资产的风险存在于交易过程中，如投资者投资美股，汇率的不同可以帮助投资者轻松理解这类风险，假如用户投资美股获利3%，而人民币对美元升值了5%，换算下来用户的盈利是 −2%，实际是亏损的。

由此可见，资产的风险主要来自资产本身、资产所处的市场环境和资产的交易过程中。上述的各种情况都有可能导致用户资产的损失。同时，上述情况也都有可能向着完全相反的方向发展。因此，我们可以认为风险本质上就是"损失的可能性"，换一种乐观且幽默的说法便是"不损失的可能性"。

回到最初讨论的问题，相信你此刻已经有了更清晰的答案：严格来讲，高风险会导致更加不确定的结果，高收益只是其中的一种。"高风险带来高收益"的说法相当于描述半杯水时告诉用户"一杯水还有一半"，而不是"一杯水只剩一半"。幸运的是，我们还能通过合理的投资，不断提高用"低风险"换取"高收益"的可能性。

2.5 如何评估风险

　　风险评估是指在风险事件发生之前或之后（但还没有结束），对事件给人们的生活、生命、财产等各个方面造成影响和损失的可能性进行量化评估的工作，换句话说，风险评估就是量化测评某一事件或事物给人们带来影响或损失的可能程度。很多人在做家庭投资、家庭资产配置的时候，往往只看重短期收益，而选择性地忽略了相应的风险。我们可能常常会听到这样一句话：在保证不亏钱的情况下，哪个挣钱多，我就投资哪个。这种保本求收益的意识无可厚非，但在国家逐步打破刚性兑付的今天，如果对风险的评估仅仅从定性的是否存在出发，那投资理财所取得的收益很有可能无法抵消当前的通货膨胀。所以，作为理性投资者，更应该去使用相对定量的方法去评估投资的风险，并与自己的风险偏好做相应的匹配。在风险评估中，有几个关键问题需要考虑。

　　（1）要确定保护的对象或资产是什么？它的直接价值和间接价值如何？

　　（2）资产面临着哪些潜在的威胁？导致威胁的因素有哪些？威胁发生的可能性有多大？

（3）资产中存在哪些弱点可能会被威胁或利用？被威胁或利用的难易程度如何？

（4）一旦威胁事件发生，组织会遭受怎样的损失或面临怎样的负面影响？

（5）组织采取怎样的安全措施才能将风险带来的损失降到最低？

下面我们以股票型基金为例来说明以上问题。

（1）我投资基金就相当于选取了一位优秀的基金经理帮我投资并管理财富。如果是投资行业风格明显的基金，相当于我委托了一位专业人士帮我投资这个行业内最优秀、最有潜质的公司，未来可以帮我获取收益，这就是这个资产的价值所在。

（2）资产面临着哪些潜在的威胁？股票型基金所面临的潜在威胁在于基金经理本身是否是一个优秀的基金经理——这体现在基金经理是否可以真正地把握市场的动向，发掘出真正有价值的个股或企业，或者这个经理是不是在管理这只基金时起主导性的作用，这些都是所面临的可能会影响我们收益的潜在威胁。发生以上这些威胁的可能性有多大？对于股票型基金来说，判断的依据主要在于基金经理的历史业绩及投资方向。但即使把这些问题都考虑清楚也不可能完全规避风险，还需要评估在风险发生后我们能承担的损失有多大。

举个简单的例子，一件事情发生的可能性即使只有千分之一，但一旦发生后其后果是家破人亡，这种事情我们显然是不会做的。目前市场上存在一些非法的场外配资机构，吸引了很多想要快速赚钱的投资者，但在高杠杆带来高收益可能性的同时，也意味着一旦出现配资机构跑路或投资爆仓的情况，自己是远远承受不了的。所以，评估风险要从风险发生的概率及风险出现的后果两方面入手，评估清楚风险后再进行投资才是明智的选择。

2.6　资产如何变现

如何把自己的资产变为现金是所有资产持有者最为关心的问题之一。不论资产持有者身家有多高，只要现金流出现问题，不能解燃眉之急，悲剧往往就会随之发生。

很多人可能都听说过这样的事：在某公司一切正常时，大家都觉得它大到不可能倒，直到公司真正倒闭后才发现一切皆有可能，甚至人们对其背后创始人的了解也没有之前认为的那么多了。曾经被称为美国华尔街第五大投资银行的贝尔斯登就是在次贷危机中因为现金流断裂而被迫宣布破产的公司之一。贝尔斯登公司总部位于纽约，是一家具有 80 多年历史、全球领先的金融服务公司，长期以来，它被同行业所津津乐道的就是其超强的盈利能力，不过，最终还是因过度依赖次贷业务，导致现金流断裂，于 2008 年 3 月 24 日被摩根大通收购。

资产变现的价格和速度都会直接影响现金流的稳定性，所以，不管是哪种类型的资产都应该快速流动起来。因为不论是流动资产还是非流动资产，其经营活动都离不开现金流的支持。要让资产快速产生现金流，就要先让资产良性运转起来。资产运营可以很好地展现资产，这样才能让投资者对资产有一个清晰准确的估值，若只是一个固定的闲置资产，很难让投资者给予一个好的估值。所以，资产运营者需要找到专业的资产管理机构或运营管理者，让资产在保持运转的同时产生良性现金流。资产管理者和持有者的分成比例一般为 2 ∶ 8，这就使得资产管理者有动力对资产进行良性运营。基金公司作为专业的资产管理者，往往可以在给投资者更高收益的同时收取较低比例的费用。一般的投资者并不需要深度参与基金投资的全过程，便可以享受到高额的收益，不过需要注意的是，在投资初期不宜对投资的短期盈利期望过高。投资者可以用对社会的价值贡献来判断其资产是否被良好地运营，要给专业的资产管理者一定的时间再来衡量盈利水平。

2.7 流动性主要受哪些因素影响

要回答这个问题，首先要了解什么是流动性，下面以生活中常见的水的流动来解释这个问题。我们打开水龙头的时候，如果只拧开一半，水会慢慢地流出，反之，如果我们把水龙头完全拧开，水流会变粗，水会加速流出。流动的快慢通常用流动性的强弱来衡量。

在资产世界里，现金拥有相当出色的流动性，因为它可以快速变成各类资产，宛如资产世界里的"水"，是资产世界的硬通货。影响资产流动性的因素大体上有以下三个。

1. 资产的种类很大程度上决定了其流动性的强弱

不同种类的资产天生具有不同的风险和盈利属性，这些属性都直接或间接地影响着流动性的强弱。例如，股票债券作为流动资产具有较好的流动性，在交易时间内通常当天就可以较快地买入和卖出，变现灵活。而房地产的流动性相对较差，一套房以一个合理的市场价格出售后，回笼资金的周期往往较长，其流动性相对股票债券而言较差。

2. 资产的交易方式也会在一定程度上影响其流动性

资产的交易方式也会在一定程度上影响其流动性，例如，股票资产里有大盘股和小盘股，大盘股的流动性一般比小盘股好，这是因为小盘股处在被大规模抛售的市场环境下，股价波动剧烈。相对而言，大盘股的股价要稳定得多，能够以更合理的价格买卖，足够的流通性也能保证股票能被顺利交易。

3. 资产的流动性取决于资产的变现能力

当我们急需一笔钱来解燃眉之急的时候，能否快速将资产变现就体现了资产流动性的价值所在。对于企业而言，资产的流动性比率是一个很重要的指标，它是用来衡量企业流动资产在短期债务到期前可变现的能力，通常比例应在 2 ：1 以上，这样才能保证公司正常运作和现金流畅通。比例越高，说明企业的变现能力和短期偿债能力越强。对于个人而言，投资基金时应注意基金的赎回类型。固定持有期和定开类型的基金，在持仓封闭期内是无法赎回的，所以，在投资这些基金时我们一定要注意持有期限，并充分考虑是否会影响个人的短期现金流。

2.8 什么是资产的不可能三角

什么是不可能三角

很多投资者都知道，在投资理财中有一个不可能三角。什么意思呢？简单来说，就是在投资理财的目标中，收益性、安全性与流动性三者往往不可兼得（见图 2-1），最多只能占两个，因此我们称之为不可能三角。那么，什么是收益性、安全性和流动性呢？

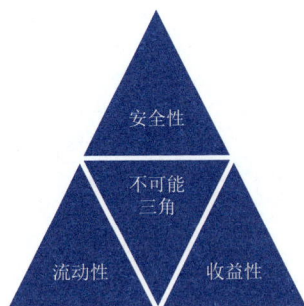

收益性，就是这个投资能带来多少回报。

安全性，又叫风险性，就是这个投资靠不靠谱，会不会亏损，如果亏损，损失有多大。

图 2-1

流动性，指的是把投资品再变回现金的速度和能力，就是在投资过程中资金能否随时进出。流动性里面主要包括两个要素：一是时间，进出的时间不能太久；二是价格，价格不能偏离市场价格太多。

不可能三角包括的三种情况

这里说的不可能三角主要包括以下三种情况。

（1）满足收益性和安全性的资产，不能满足流动性。

比如说房产，房产在过去一直是中国老百姓最爱投资的资产之一，但房产的流动性天然就比较差，再加上现在各大城市推出的各种调控措施，房产的流动性更低了。

（2）满足安全性和流动性的资产，不能满足收益性。

最简单的例子是活期存款、货币基金等，这些产品足够安全，也可以随时转成现金，但是收益较低。

（3）满足收益性和流动性的资产，不能满足安全性。

最典型的例子就是以前的部分 P2P，在没"爆雷"之前，其流动性和收益性都比较好，因此吸引了大量闲置的资金进入，但它并不能满足安全性，一旦出现危机，就是致命的风险。股票也属于这一类，股票的流动性很强，但安全性很差，大部分个人投资者都亏本，收益率可高可低。另外还有虚拟货币，虚拟货币也同时满足流动性和收益性的要求，但其安全性就不置可否了。

因此，当你遇到一个投资产品被宣传为收益高、又安全，还能随时提现的时候，就应提高警惕，十有八九是遇到投资骗局了。

鱼与熊掌不可兼得，那如何平衡收益性、风险性、流动性三者的关系呢？

每个人的情况不同，所以，没有永远通用的理财模式和方法。在投资理财中，人人都需要学习，一个投资产品可不可以投资，别人可以给你提建议，但要不要投资，就需要自己考虑了。在这个三角中，投资者想把握住哪两角，其实是投资前最需要考虑的问题之一。

2.9　什么是资产定价

在前面我们提到过，资产是我们所拥有的能以货币计量的财产、债权和其他权利。其中，财产主要是指各种实物、金融产品等，比如房子、基金、股票。这一节我们主要讨论的是金融资产的定价，这里我们可以把对金融资产的定价简单看作是对未来的现金流或实物资产的估价。

在对现金流进行估值时，需要考虑货币的时间价值、现金流的风险性、现金流的预期价值。对于债务来说，资产定价是相对简单的，因为所有者的现金流在合同上是固定的。例如，面值为100元的10年期国债的发行者，需每年支付3%的票息，预期在接下来的10年里每年支付3元，在10年结束时归还购买本金100元。

尽管债券在未来有可预测的现金流，但仍有不确定的因素，因为预期收益率在上述 10 年的时间里可能会发生变化，这就为债务证券的估值增加了利率风险的成分。另外，债券也有信用风险，如果债券发行人不是 AAA 级的主权国家，那么我们就不能假设现金流有保障。目前，所有实体发行的债务证券都是由投资级评级服务机构（如穆迪、标准普尔等）评级的，这将影响债务证券的估值。

对于股票来说，资产定价则更加困难，因为未来的现金流是不确定的，并且会随着经济形势和公司收益的变化而变化，我们需要基于现金流的风险，预测股票的未来收益。我们常常将风险分为非系统性风险和系统性风险。非系统性风险指发生于个别公司的由特有事件造成的风险，是由于个股自身的因素引起的个股价格变化及由于这种变化导致的收益率的不确定性，这类事件是非预期的，随机发生的，它只影响少数公司，不会对整个市场产生太大的影响。非系统性风险可以通过多样化的投资来分散，即发生于一家公司的不利事件可以被其他公司的有利事件所抵消，也称为可分散风险。非系统性风险与资本市场无关，市场不会给予它任何价格补偿，即不产生收益溢价。系统性风险，又称市场风险，也称不可分散风险，指由于多种因素的影响和变化，导致投资者风险增大，从而给投资者带来损失的可能性，主要包括能影响所有公司的政策风险、经济周期性波动风险、利率风险、购买力风险和汇率风险等。系统性风险多发生在企业等经济实体外部，企业等经济实体作为市场的参与者，能够发挥一定的作用，但由于受多种因素的影响，企业本身又无法完全控制它，其带来的波动面一般比较大，有时也表现出一定的周期性，所以会有风险溢价。

2.10　资产的定价方法有哪些

均值 - 方差模型

均值 - 方差模型是由哈里·马科维茨（Harry M. Markowitz，1990 年诺贝尔经济学奖得主）于 1952 年提出的，这个模型把多种证券的投资组合看作是一个整体来进行分析和度量，然后把投资组合的风险分解为两部分——非系统风险和系统风险。

该模型依据以下几个假设。

（1）投资者在考虑每一次投资选择时，其依据是某一持仓时间内的证券收益的概率分布。

（2）投资者是根据证券的期望收益率估测证券组合的风险的。

（3）投资者的决定仅仅依据证券的风险和收益。

（4）在一定的风险水平上，投资者期望收益最大；相对应的是在一定的收益水平上，投资者希望风险最小。

根据以上假设，哈里·马科维茨确立了证券组合预期收益、风险的计算方法和有效边界理论，建立了资产优化配置的均值 – 方差模型。该模型涉及复杂的数学公式，这里不详细介绍，有兴趣的读者可以参阅 5.5 节。

CAPM 模型

1970 年，美国学者威廉·夏普在其《投资组合理论与资本市场》一书中提出了资本资产定价模型（Capital Asset Pricing Model，CAPM），这个模型多用于对股票的定价。我们可以用 CAPM 回答这个问题：对于某只股票，你认为它价值多少？这个价值并非现实中的价格。举例来说，2021 年春节后市场上出现了炒鞋热，当时一双网红鞋的售价约 1000 元，而你认为它仅值 300 元，这 300 元就是你作为投资者综合各方面因素后给鞋子的定价。股票和普通商品也是一样的。

资本资产定价模型公式：$R_a = R_f + \beta_a (R_m - R_f)$

其中：

- R_a：预期的投资回报 / 收益率；

- R_f：无风险收益率；

- β_a：证券的贝塔值 Beta；

- R_m：预期的市场收益率；

- $R_m - R_f$：市场风险溢价；

其实，CAPM 展示的是某只特定股票的期望收益率和其风险之间的关系。

首先，公式中为什么有一个无风险收益率呢？这是说投资者的期望收益率一定要大于无风险收益率。一般市场公认的无风险收益率是 10 年期国债收益率。

其次，Rm－Rf 得到市场风险溢价，即用预期的市场收益率减去无风险收益率。为什么要有这样一个公式存在呢？这是因为作为投资者，我们之所以不选择存定期而选择投资股票，是因为股票的收益高。但到底高多少呢？用预期的市场收益率减去无风险收益率算一下即可。

那么，这里的 βa 有什么意义呢？βa 是用来衡量投资工具和市场的波动情况的。如果 βa 为 1，表示大盘涨多少，这只股票就涨多少；如果 βa 大于 1，则表示这只股票的波动大于市场平均值。

例如，一个投资者正在评估一只股票，这只股票每股价格 100 元，每年派息 3%。与市场相比，该股票的 βa 是 1.3，这意味着它比市场投资组合风险更大。此外，假设无风险收益率为 3%，并且投资者预期的市场收益率为 8%。那么，基于 CAPM 公式的股票预期收益率为 3%+1.3×（8%–3%）=9.5%。

CAPM 也有其局限性，因为这个公式背后有一些假设和实际情况是不一样的。比如，现代金融理论基于两个假设：第一，证券市场是充分竞争、完全有效的市场；第二，这些市场由理性投资者主导，他们具有相同预期，并追求最大收益率，而实际情况并不是这样。

总体而言，CAPM 帮助投资者了解预期收益和风险之间的关系，进而帮助投资者灵活调整自己的投资组合。虽然它不是一个完美的模型，但其分析问题的角度是正确的。它提供了一个可以衡量风险大小的模型，来帮助投资者决定所得到的额外收益是否与其承受的风险相匹配。

APT 模型

套利定价理论（Arbitrage Pricing Theory，APT）是 CAPM 的拓展，由斯蒂芬·罗斯在 1976 年提出。

套利定价理论认为，如果市场未达到均衡状态的话，市场上就会存在无风险套利机会。下面举个浅显易懂的例子来说明。假如一条街上有 A 和 B 两家面包店卖一样的面包，但 A 店一个面包卖 5 元，B 店一个面包卖 10 元。因为存在价格差异，假设我们可以拿着 10 元钱去 A 店买 2 个面包，然后去 B 店卖掉，这样就可以得到 20 元。渐渐地，这样做的人越来越多，A 店出现供不应求的情况，B 店则出现供过于求的情况。最后，A 店提升价格，B 店降低价格，逐渐达到一个均衡价格——一个面包 7.5 元。套利定价理论就是算这个均衡价格的模型。

套利定价理论现已成为资产定价理论的重要框架之一，其定价思想为：在不存在套利机会的无摩擦市场里，当市场均衡时，资产价格与其未来收益一定存在某种必然的内在联系，即定价规律。

2.11　什么是资产的估值

相信许多人都看过中央电视台的《鉴宝》节目，参与者携带藏品参加节目，由鉴宝专家对藏品细节进行考量、商讨，通过对藏品真伪、年代、现存数量、保存情况等因素进行判断和衡量，最终给出藏品的价值和价格。这个考量、评定并最终给出价格的行为过程即是一种资产评估的表现。同样，对房屋、土地、知识产权甚至损失等一切生活中的事物所进行的价值评估称之为资产评估。

根据 2016 年 12 月 1 日施行的《中华人民共和国资产评估法》，资产评估是指评估机构及评估专业人员根据委托对不动产、动产、无形资产、企业价值、资产损失或者其他经济权益进行评定、估算，并出具评估报告的专业服务行为。

而根据中国资产评估协会官方的定义，资产评估是专业机构和人员按照国家法律、法规及资产评估准则，根据特定目的，遵循评估原则，依照相关程序，选择适当的价值类型，运用科学的方法，按照规定的程序和标准，对资产价值进行的分析评定、估算。

资产评估就像是初高中时做数学题，按照所给出的题目设定和已知条件，选择适当的公式、计算方法，对所要求的结果进行分析和计算。但需要注意的是，所选用的方法一定要科学、适当，解题步骤也一定要符合标准。

2.12 如何对资产进行评估

资产评估是对资产现行价值进行评定估算的一种专业活动。它是在工程技术、统计、会计等学科的技术方法的基础上，结合自身特点形成的一整套方法体系。

资产评估的方法一般有三种，分别是成本法、市场法和收益法，这三种方法分别是基于过去、现在和未来的观点，下面我们将对其分别讲解。

成本法

成本法是基于过去的观点，体现出的是一种会计价值。

成本法是指在评估基准日被评估资产的现行重置成本扣除已经存在的由于各种贬损因素导致资产价值降低的部分，从而确定其剩余价值的方法。其中，重置成本可以按字面意思理解，"重置"即一项资产在现有条件下重新取得，"成本"即所花费的所有货币成本之和。"各种贬损因素"则指导致资产价值降低的各种内外部因素。

例如，利用成本法评估一头 3 岁的奶牛，那么就需要用现在这头奶牛在市面上的价值，减去这 3 年内这头奶牛因为伤病、产奶量下降等因素导致的其价值降低的部分，得到这头奶牛现在应有的价值。

市场法

市场法是基于现在的观点，体现出的是均衡的市场价值。

市场法是以同一市场上相同或类似的资产在评估基准日附近的交易价格作为基础，对这些价格进行差异化分析，从而最终得出被评估资产价值的方法。

应用市场法最重要的是能够收集到全面、充分的同类资产的成交价格信息，这些信息一定要是经过市场检验的，也正因如此，市场法是最为直接、最具有说服力的方法之一。

同样是一头 3 岁的奶牛，如果利用市场法对其进行评估，那么就需要多方收集同一市场上近期成交的相同品种、类似状态和年龄的其他奶牛的成交价格作为参考，来对这头奶牛进行最终的定价。

收益法

收益法更在意的是资产在未来的价值，其基础是经济学中的预期效用理论。

收益法是估算出所要评估的这项资产的未来预期收益，并将这个预期收益在收益期内折算成现值的一种方法，体现的是资本化和折现的思路。

对投资者来讲，物品的价值在于预期该物品未来所能够产生的收益。但受较强的主观判断和未来不可预期因素的影响，预期收益额的预测难度较大。

还是用上面的奶牛来举例，如果利用收益法来评估这头 3 岁奶牛的价值，则可以估算这头奶牛在未来能够产奶的总价值及无法产奶后对其后续处置所产生的价值的总和，这个总和即为这头奶牛应该被评估所得的价值。但这头奶牛可能面临突发疾病死亡的风险，这就是上面所说的不可预期的因素。

这三种方法所采用的角度、原理及依据都大有不同，但这三种方法并不是互相排斥的，而是相辅相成的，且具有一定的内在统一性。在评估某项资产时，可以根据该项资产的特点来选取恰当的方式，在必要的时候还可以同时采用这几种方法。

2.13　如何分析几类常见资产

本节主要介绍一下对几类常见资产的分析方法，常见资产如银行存款、房地产、黄金、债券、股票、数字货币、石油等。

银行存款

银行存款是我们最基础的投资方式。我们在各个银行的官网上都可以看到银行存款的利率，2019 年，银行定期 3—5 年的存款利率大约为 2.75%，但这仅能勉强跟上通胀的脚步。2021 年 6 月，央行采用了新的报价方式，对银行存款利率进行了一定程度的调整。但是，用长时间定期存款来换取一个勉强跟得上通胀的利率，对个人来说并不是最明智的选择，这也是越来越多的人把货币型基金作为银行活期存款替代品的原因。

房地产

房地产曾经是大多数人心中的"宇宙第一配置"，看似是投资最不需要考虑的资产，但其实要正确判断其值不值得投资，需要分析的东西非常多。

（1）首先是行业周期。房地产在近 20 年中一直处于上涨的趋势，其内在逻辑有第一批婴儿潮的婴儿长大成人、我国的经济发展、城市化进程的逐渐推进等因素。但是，由于我国房地产市场发展时间比较短，并没有历史周期可供参考，加上"房住不炒"政策及人口老龄化的影响，未来房地产市场究竟如何其实很难预测。

（2）行业周期作为一个分析工具其实参考价值不大，另一个有效的分析工具是房子的租售比。我国房屋租金和发达国家相比其实是比较低的，租售比也比其他国家低很多。理智来看，租售比总会回归正常，所以在分析房地产是否值得投资时不妨考虑一下。

黄金

另一个极为重要但相对小众的投资工具是黄金。黄金兼具商品、货币和金融属性，又是资产的象征，因此，黄金的价格不仅受供求关系的影响，还对经济、政治的变动非常敏感。石油危机、金融危机等都会引起黄金价格的暴涨或暴跌，此外，投资需求对黄金价格的变动也有重大的影响。

首先，世界黄金市场的供求关系决定黄金价格的长期走势。从历史上来看，20 世纪 70 年代以前，世界黄金价格基本比较稳定，波动不大。世界黄金的大幅波动是自 20 世纪 70 年代以后才发生的事情。例如，1900 年美国实行金本位制，当时一盎司黄金 20.67 美元，金本位制保持到大萧条时期，1934 年美国总统罗斯福将金价提高至一盎司 35 美元。1944 年建立的布雷顿森林体系实际上是一种 "可兑换黄金的美元本位"，由于这种货币体系能给战后经济重建带来一定的积极影响，所以，一直持续到 1970 年金价都保持在一盎司 35 美元。从 1981 年开始到 2021 年年底，黄金价格剧烈波动，最低仅 284.3 美元 / 盎司，最高可达 2074.71 美元 / 盎司。其次，美元汇率是影响金价波动的重要因素之一。由于黄金市场价格是以美元标价的，所以，美元升值会促使黄金价格下跌，美元贬值又会推动黄金价格上涨。但在某些特殊时段，尤其是黄金走势非常强或非常弱的时期，黄金价格也会摆脱美元的影响，走出其独立的趋势。

债券

债券是一种风险相对较低但收益也低的投资方式。分析债券时需要考虑的东西会多一些。首先，债券从大类上可以分为国债和企业债券，国债可以看作是刚性兑付，其年化收益率约为 3.7% ；企业债券收益率稍微高一些，但有可能面临企业违约的风险。所以，一般投资债券会投资国债和债券型基金，即使投资债券型基金，投资之前也最好关注一下债券型基金长期的业绩收益、牛熊市当中的表现，甚至了解一下基金经理的投资风格、策略。目前有很多家基金公司都在各个渠道发起直播，分享自己的投资逻辑，多关注自己感兴趣的基金公司直播是一个不错的获取资源的渠道。

股票

股市的风险很大，但同时也充满了机会。如何分析股市一直是一个经久不衰的话题，甚至从事金融业的基金经理所持有的看法也各不相同。但有一种观念是没错的，即我们购买股票其实是购买其背后的公司，股票的收益来源于这些公司成长所带来的收益，所以我们要选取优质的公司来投资，让我们的资产随着公司的成长而增长。

图 2-2 所示为美股从 1998 年到 2017 年的收益率。

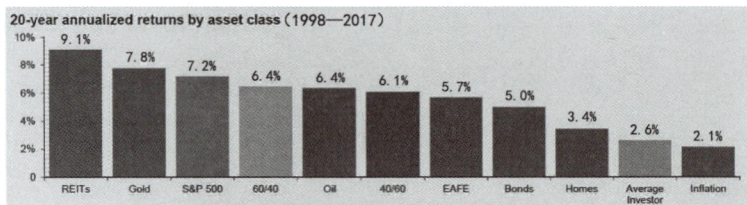

20-year annualized returns by asset class（1998—2017）

REITs	Gold	S&P 500	60/40	Oil	40/60	EAFE	Bonds	Homes	Average Investor	Inflation
9.1%	7.8%	7.2%	6.4%	6.4%	6.1%	5.7%	5.0%	3.4%	2.6%	2.1%

图 2-2

什么样的公司是优质的？可能是所处行业好、公司壁垒高、有稳定利润来源的公司。但是，判断一家公司是否满足以上这些条件，需要对宏观政策、公司的财报、市场竞争格局等进行深入的判断，而普通投资者很难做到这一点。所以，将钱交到专业的人手中，让他们代为投资才是明智的方式，这也是公募基金的意义所在。

数字货币

数字货币是虚拟货币的一种，其作为一种新兴的资产，吸引了越来越多的投资者。虚拟货币，又称加密货币，是基于某种加密算法创建的货币，大家可以理解为是没有打印在纸上或印在金属上的货币，只存在于虚拟世界中。虚拟货币不是各国央行发行的，没有国家信用作为支撑，价格容易暴涨暴跌，这意味着其价格不能被任何主权国家以直接手段操控。在现有技术条件下，任何人都能发行虚拟货币，而只有稳定的虚拟货币才是真正意义上的数字货币，如中国人民银行在全国多个城市进行的数字货币——数字人民币的测试。在美联储货币超发、人们对美元信任逐渐丧失的今天，无数人因为数字货币的这种特性坚信着它的未来。但同时，这种特性也意味着它在目前阶段并没有任何实实在在的价值，没有任何国家为其背书，其价格波动巨大，非常不稳定，而这种波动则来源于简单的市场情绪。去中心化在不被任何央行控制的同时，也意味着会被资本和情绪控制，网络上资本领袖的一句话可能就会使虚拟货币的价格发生巨大的波动。

很多年轻人缺乏资本，对暴富抱有幻想，这种心态无可厚非。

但是在虚拟货币实际意义并不明朗的今天，买卖虚拟货币这种行为承担的风险可能比较大。如果想要加杠杆实现暴富的美梦，也就有可能需要承担一夜之间倾家荡产的风险。从我国现有的司法实践看，虚拟货币交易合同不受法律保护，投资交易造成的后果和产生的损失由相关方自行承担。中国互联网金融协会、中国银行业协会、中国支付清算协会于 2021 年 5 月 18 日联合发布公告，明确有关机构不得开展与虚拟货币相关的业务，同时提醒消费者提高风险防范意识，谨防财产和权益损失。

其实还有很大一部分投资往往被高净值人群忽视，但却意义重大，那就是风险投资或私募股权投资。我们的日常投资主要集中在股票市场上，即使投资基金，这部分钱也大多最终投入到股票、债券上。但还有一部分没有上市的企业，甚至是一些非企业，它们有公司雏形或有好的点子，只苦于没有一个机会。这些公司往往非常具有创新力，也有改变世界的勇气，这些地方也是我们投资的好去处。火遍全美的《硅谷》剧集讲的就是一群有梦想的年轻人的创业故事，而故事中的众多创业孵化器及其运营模式可以给我们更多启示，或许我们可以把更多的目光投放于此。美国有一门专门的课程名为"Entrepreneur"（企业家或者创业者），其中，第一章讲述的就是创业者的第一笔投资往往来源于 3F（Family、Friends、Fool），即家庭、朋友、"傻子"，而中国人追求稳定的思想让很多人都变得聪明，或许以后我们可以试着去当一个"傻子"，多关注一些这方面的投资机会。而这部分企业的分析方法就更加多样了，但是或许风险、收益就不是最为重要的因素了，反而是热血、梦想和改变世界的执着了。

石油

由于世界主要石油现货与期货市场的价格都以美元标价，因此，石油价格的涨跌一方面反映了世界石油的供求关系，另一方面也反映出美元汇率的变化和世界通货膨胀率的变化。石油和黄金其实关系很密切，石油价格与黄金价格间接相互影响，通过将世界原油价格走势与黄金价格走势进行比较可以发现，世界黄金价格与原油期货价格的涨跌存在正相关关系的时间较多。

分析资产的方式很多，我们分析资产并不是想找到"最好"的资产，而是在分析的过程中，明确自己的需求，找到最适合自己的投资方式，这才是分析资产的根本意义。

🔺 华夏基金 CHINA ASSET MANAGEMENT	编写	🔺 华夏基金 CHINA ASSET MANAGEMENT	审阅

第 **3** 章

什么是资产配置

3.1　什么是投资组合

俗话说，不要把所有的鸡蛋都放在同一个篮子里，即不要把所有本钱都投入到一件事上。这样即使一个篮子被打翻，其他篮子里的鸡蛋都还有剩余。投资组合对投资者的意义也是如此，简单来说，投资组合是由投资人或金融机构所持有的股票、债券、金融衍生产品等组成的集合，投资组合的主要目的是分散风险。

投资组合是怎么诞生的？哈里·马科维茨在 1952 年首次提出

了现代投资组合。他提出的"均值 – 方差模型"把多个投资组合看作一个整体来分析和评估，开辟了现代投资组合的道路。在他的模型里把风险分为两大类：系统性风险和非系统性风险。他的理论证明了在持有多种类型证券的前提下，非系统性风险被有效分散，可以降低整个组合的风险。

为什么我们要重视投资组合？

收益性和安全性犹如两个砝码放在天平的两端，一个优秀的投资组合就是要尽量创造一个完美的平衡。在股票、债券和现金等风险资产和无风险资产的组合中，同时兼顾安全性和收益性是普通投资者面临的一大难题，而专业的团队往往可以通过测算在复杂的市场条件里寻找到微妙的平衡点，进而根据投资者的风险偏好得出最有效的投资组合。

3.2　什么是资产的相关性

资产配置和投资组合本质上都是分散投资，两者的目的都是降低风险，获取更多的收益。但是，只要投资不同的资产就是分散投资了吗？投资的资产种类越多，风险就越低吗？

大家不妨设想这样一种场景。

一位投资者想要投资畜牧业，为了分散投资规避风险，他分别投资了同一片牧场的牛和羊。但是时运不济，这片土地遭遇干旱，牧草严重不足，他所投资的这片牧场的牛和羊都饿死了，损失惨重。

从这个例子可以看出，投资者已经想到了分散投资规避风险，但效果却不尽如人意。原因就是他所投资的资产在一定条件下相关性比较强，外界因素对这类资产造成了同向的影响，所以风险自然就无法规避。

在分散投资之前，搞清楚资产的相关性很有必要。能否真正实现风险分散，关键要看投资标的相关性如何。投资标的相关性是指两个投资标的在某个区间内的涨跌相似性，如果二者同涨同跌，表示它们相关性很强；二者涨跌越不同步，表示相关性越弱，相关性越弱，风险分散的效果越好。

相关性的强弱可以用相关系数衡量，相关系数的取值范围在 -1 到 1 之间。在相关系数为正数的情况下，值越大表示相关性越强，值越小表示相关性越弱。在相关系数为负数的情况下，相关系数的绝对值越大表示两者的负相关性越强。0 表示二者无相关性，完全独立。例如，就股票资产和债券资产来说，当两者的相关系数正好是 -1 时，也就是当股票涨 10%、债券正好跌 10% 的时候，那我用同样多的资金同时买股票和债券，风险就正好中和掉了。当然，在现实世界中基本不存在两种资产的相关系数正好是 -1 的情况。

图 3-1 是行业相关性的指数图，从图中可以看到，基础化工和轻工制造的相关系数为 0.934，接近于 1，说明两个行业的相关性较

强，行业在过去十年涨跌基本同向；而食品饮料和纺织服饰之间的相关系数为负，说明过去十年这两个行业的相关性较弱，甚至可能有反向相关性。

	农林牧渔	基础化工	钢铁	有色金属	电子	家用电器	食品饮料	纺织服饰	轻工制造	医药生物	公用事业	交通运输	房地产
农林牧渔	1												
基础化工	0.864	1											
钢铁	0.461	0.742	1										
有色金属	0.247	0.524	0.762	1									
电子	0.92	0.868	0.406	0.199	1								
家用电器	0.831	0.742	0.339	0.037	0.908	1							
食品饮料	0.71	0.485	0.047	-0.054	0.765	0.871	1						
纺织服饰	0.573	0.808	0.756	0.568	0.496	0.275	-0.082	1					
轻工制造	0.76	0.934	0.721	0.456	0.742	0.559	0.212	0.939	1				
医药生物	0.912	0.849	0.386	0.115	0.972	0.904	0.772	0.477	0.729	1			
公用事业	0.581	0.799	0.773	0.474	0.532	0.334	-0.04	0.94	0.927	0.541	1		
交通运输	0.718	0.887	0.867	0.544	0.65	0.514	0.177	0.902	0.932	0.651	0.944	1	
房地产	0.812	0.922	0.696	0.351	0.787	0.704	0.352	0.838	0.942	0.787	0.862	0.908	1

数据来源：Wind

图 3-1

上文提到行业的相关性，其实，大类资产的相关性在生活中我们更容易体会到，比如股票和债券，黄金和美元，它们之间往往呈现负相关，一方上涨，另一方大概率下跌。但这也并不绝对，历史上也出现过很多同涨同跌的情况，也就是说，相关性并不是绝对的。不同资产、不同行业都会随着时间的变迁而发生变化，所以分散投资一定要结合时间和趋势，不能设定后就保持一成不变。

相关性是指变量在数值上存在着非严格的依存关系，为什么说是非严格的呢？因为一个变量随另一个变量的走势或变化，有时并不意味着二者一定存在某种关系。举一个看起来比较荒诞的例子，家门前的大树在年年长大，国家的经济也在年年增长，于是我们说这棵大树影响了国家经济，这种关系显然是不成立的。所以，不要对相关性盲目崇拜，要更加客观地看待资产间的相关性。不过，通过资产相关性来分散投资目前依旧是一个很有效的策略。从短期来看，根据资产相关性分散投资可能作用不甚明显；但从长期来看，它能帮我们以相对低的风险来谋求相对高的收益率。

3.3　什么是分散投资

"保持安全边际与组合投资是好伴侣，因单只股票的安全边际保护可能失效"，财务分析之父格雷厄姆的这句话很好地体现了安全边际对投资的重要性。非专业投资者往往被高额的收益率所吸引，而忽略了其背后存在的风险。分散投资也被称为组合投资，在投资不同证券的同时也要配置不同的资产类型，把投资分散到不同的领域中，这样就可以有效地改变风险和收益的对等原则。

证券的分散投资主要分为三个方面：对象分散、时机分散和地域分散。对象分散是我们最容易理解的，即投资不同的对象可以降低投资风险。例如，我们可以在购买政府债券的同时，拿出一部分资金投资优质公司的股票，政府债券的高安全性很好地平衡了股票的高风险性。同时，分散行业投资也可以很好地规避行业风险，例如，在投资中购买白酒行业股票的同时也购买新能源汽车股票，这样，即使一个行业形势突然逆转，投资的整体风险也可以被另一个行业对冲。

时机分散在瞬息万变的 A 股市场中尤为重要，因为 A 股市场较强的投机性和达到美股 5 倍的波动率，使市场很容易出现过热或过冷的情况，导致市场价值被严重高估或低估。因此，在合适的时机购买股票就显得尤为重要。专业的投资人士往往需要经过几个月或更长的时间完成建仓投资，这样就可以有效规避某一段时间股价波动所带来的损失。

地域分散不仅指持有某几个地区的证券，还指购买国内甚至国际金融市场上发行的各种证券。这样就可以避免某一地区经济出现危机时可能产生的潜在经济损失。

3.4 资产配置是根据什么来做的

资产配置指根据投资者自身的资产状况和投资目标，把投资分配在不同种类的资产上，如股票、债券、房地产和现金等，在获取理想收益之余，把风险降至最低；除此之外，还可以在单一资产内部进行配置，比如将资产在低风险、低收益证券与高风险、高收益证券之间进行分配，或者将资产在权益类、固收类等不同类型的基金间进行配置。以上这些都在资产配置的范畴之中。

大家或许会觉得资产配置和投资组合非常相似，都是分散投资，那么，两者的区别在哪里呢？

我们可以简单从字面意思上进行分析，投资组合关注的重点在合上，最终投资的是一个整体，而这个整体可能是由专业的基金公司提前将不同风险和收益的产品进行配置打包而成的新产品，我们通过买入这个特定的新产品就可以自动达到分散投资的效果。而资产配置关注的重点在配置上，即我们根据自身的情况对资产进行分配。

在现代投资管理体制下，投资一般可以分为投资规划、投资实施与优化管理三个阶段。

投资规划

投资规划即资产配置，它是资产组合管理决策制定步骤中最重要的环节之一。

一方面，在半强势有效市场环境下，投资目标的信息、盈利状况、规模，投资品种的特征及特殊的时间变动因素对投资收益都有影响，因此，资产配置可以起到降低风险、提高收益的作用。

另一方面，随着投资领域从单一资产扩展到多资产类型、从国内市场扩展到国际市场，单一资产投资方案已经难以满足投资需求，资产配置的重要意义与作用逐渐突显出来。

从实际的投资需求看，资产配置的目标在于以资产类别的历史表现与投资者的风险偏好为基础，决定不同资产类别在投资组合中所占比重，从而降低投资风险，提高投资收益，消除投资者对收益所承担的不必要的额外风险的担心。

一般来讲，资产配置的几种主要的资产类型有货币市场工具、固定收益证券、股票、不动产和贵金属（黄金）等。

投资实施与优化管理

在进行资产配置时，除了需要考虑风险偏好、流动性需求和时间跨度，还需要注意实际的投资限制、操作规则和税收问题。例如，由于流动性好、风险较低，货币市场基金常被投资者作为短期现金管理工具。在考虑后，投资者可以利用历史数据和经济分析预估投资在持有期限内的预期收益率，在这方面，专业的机构投资者具有相对优势。在满足风险偏好、流动性需求和时间跨度的前提下，选择最能满足其风险收益目标的资产组合，确实是较为实际的资产配置战略。资产配置是一个综合的动态过程，投资者的风险承受能力、投资资金都会不断地发生变化，所以，对不同的投资者来说，风险的含义不同，资产配置的动机也不同，最终选择的资产配置结构也不一样。

资产配置其实是一件需要丰富经验和具有较高专业度的事情，如果投资者对自己的专业知识或能够花费在学习钻研上的时间缺乏自信，可以选择基金公司提供的基金组合或尝试基金投顾服务。

3.5 什么是风险调整后收益

假如有两只基金，基金 A 的近一年年化收益率是 20%，基金 B 的近一年年化收益率是 10%，你会选哪一只？有的投资者可能会认为这只是一个简单的比大小的游戏，而有的投资者觉得这个问题其中有"诈"，不能简单地给出结论，需要进一步思考。如果你是后者，那么恭喜你，你离优秀的投资者更近了一步。

在投资的过程中，我们看到的往往只是表面现象，优秀的数字往往会短暂地冲昏我们的头脑，让我们忘记考虑数字背后所蕴含的逻辑，如果不加考虑就急于做决定，很容易掉入"比大小"的陷阱中。

我们继续这个问题，如果 A 基金收益波动是巨大的，而 B 基金一直处于平稳上升的状态，这时候用户会选择哪一只呢？对于收益高但波动大的基金，我们所看到的可能恰好是其表现比较好的阶段，未来能否取得类似的收益率其实是未知的，因此，投资这种基金所面临的风险是巨大的。在大幅回撤产生的时候，我们很有可能会因为心态原因将基金赎回，那么，这只基金未来或整体的收益也就无从谈起了。所以，我们需要考虑风险给收益带来的影响和波动，也就是要考虑预期收益标准差。

如果波动过大，预期收益标准差过高，我们很有可能在基金出现巨大回撤的时候选择赎回止损，这样，无论将来这只基金的收益率多高，也都是空谈了。当然，这涉及追涨杀跌的问题，也是投资基金最忌讳、最容易犯的错误，基金赚钱、投资人不赚钱的主要原因也在这里。但不是所有人都拥有专业投资人的心态和经验，在回撤来临的时候能够放平心态、认真思考。所以，我们在选择基金的时候不能只简单地看年化收益率，而应该参考一个更有效的、考虑风险后的指标，这个指标就是接下来我们要说的风险调整后收益。

风险调整后收益是指将风险因素剔除以后的收益指标，比较常见的用于量化风险调整后收益的指标就是夏普比率。

夏普比率是用基金的预期收益率减去无风险收益率，除以该投资组合的标准差，这样就可以计算出基金每承担一单位的波动 / 风险，能够获得多大的收益。夏普比率的计算公式如下：

$$夏普比率 = [E(R_p) - R_f]/\sigma_p$$

其中：

- $E(R_p)$：预期收益率。

- R_f：无风险收益率。

- σ_p：投资组合的标准差。

无风险收益率是指把资金投资于一个没有任何风险的投资对象所能得到的收益率。在国际上，一般采用短期国债收益率作为市场无风险收益率。如果你的预期收益率是 15%，无风险收益率是 3%，投资组合的标准差是 6%，那么你的夏普比率 =（15%–3%）/6%=2。

夏普比率越高，在承担同样风险的情况下，所获取的收益越高。在投资中有一个常规的特点，即投资标的的预期收益越高，投资人所能承受的波动风险越高；反之，预期收益越低，投资人所承担的波动风险也越低。所以，理性的投资人选择投资标的与投资组合的主要目的是在固定的所能承受的风险下追求最大的收益，或在固定的预期收益下追求最低的风险。而夏普比率就是将不同风险等级的产品拉到同一风险水平下进行收益率的比较。

所以，我们在确定投资对象时，不妨多考虑考虑，除了看产品的收益率，再多比较一下风险调整后收益，这样才能更好地做出投资决策。

华夏基金	编写	华夏基金	审阅

第 **4** 章

为什么要进行资产配置

4.1　资产配置能实现什么理财目标

我们为什么要投资？

相信每位投资者的答案都离不开赚钱。然而，使有限的财富增值并不是一件容易的事，投资者首先要清楚自己的理财目标，才能坚定地继续投资行为。而市场是多变的，在投资的过程中又会遇到重重困难，如何权衡收益与风险就是一个常见的问题。低风险的资产往往伴随着低收益，收益越低离实现理财目标就越远；而高收益的资产却又总是伴随着高风险。作为一名普通投资者，选择合适的时机入市十分重要，面对波动的市场该如何避险也是门学问。而合理的资产配置可以帮助投资者解决以上大部分问题，是实现投资目标的一大利器。对于基金投资者来说，手头的钱是有限的，但可以购入的资产种类却有很多，而且不同的资产又有着不同的收益率、风险和波动率，资产配置就是一种常用的帮助投资者得出资产购入方案的方法。资产配置能够帮助投资者实现以下目标。

1. 实现理财目标，让投资收益更稳定

不同的资产配置思路能适配不同的理财目标。无论是获得稳健收入、跑赢通胀，还是追求高收益，资产配置都可以帮助投资者实现。

2. 解决择时问题，实现更好的盈利

资产配置可以让投资者规避择时难题，通过维持动态再平衡来获得收益。多种类型的资产配置大概率会比单一类型的资产配置更好地实现盈利。

3. 避免大的亏损，更好地实现长期投资

资产配置通过"将钱装在多个篮子里"分散风险，合理的资产配置，有助于投资者在市场波动中降低风险，力争取得长期稳定的收益。

在接下来的章节中，我会通过详细的内容来解释为什么资产配置能够起到以上作用。

4.2 为什么资产配置可以实现理财目标

你的理财目标是什么

我们为什么要理财？是为了实现财富自由还是单纯地想让自己的资产跑赢通胀？一个空泛的目标是不利于我们对未来的行动做出具体规划和落实的。在理财之前，建议投资者先确定比较合适的理财目标，最简单的方法就是确定你要拿出多少钱理财，准备持有多长时间，以及能承受多大额度的亏损。根据理财时间和投资期望，我们可以将理财目标分为以下三类。

1. 获取稳健的收益

这部分投资者想通过短期灵活的理财方式让闲钱增值，具体来讲，就是希望通过使用闲置超过 6 个月的资金来获得 2% ~ 5% 的年化收益率。我们对这一部分投资者的建议是采用固收 + 货币基金的方式来实现目标。

2. 跑赢通胀

这部分投资者想通过稍长时间的理财，在获得稳健收入的同时，跑赢通货膨胀，这样就能让手中资金的购买力保持稳定甚至更强。具体来讲，投资者希望通过使用闲置超过 6 个月以上的资金来获得 5% ~ 8% 的年化收益率，希望的投资年限一般为 1 年以上。对这一部分投资者，我们的建议是可以考虑在配置债券或偏债型基金的同时适当尝试偏股型基金，从而把握权益市场上涨的红利。

3. 实现高收益

这部分投资者可以承受比较大的风险，他们希望通过较长时间的投资来获得较高的投资收益率，进而实现财富增长的目的。具体来讲，他们配置的股票类资产一般占比较大（如 70% 以上）。这部分投资者获得最高收益的同时，也承担着最大的风险。对这一部分投资者，我们的建议是可以多配偏股型基金或股票型基金，紧抓股市上涨机遇，但同时我们也建议保留一定仓位的债券或偏债型基金，从而降低满仓权益资产可能暗含的强烈震荡风险。

资产配置起到的作用

在确定了理财目标后，投资者就要根据不同的理财目标买入并持有合适的资产，这时我们经常使用资产配置作为理财的方法。总体来看，资产配置可以在波动率、收益率、夏普比率等方面帮助我们更好地达到投资目标，并提升投资体验。下面我们分情况来讨论。

1. 获得稳健的收入

假如我们可以选择的资产有三种，分别是货币基金指数、债券基金指数和股票基金指数。如果想获得稳健的收入，在单一配置货币基金指数的情况下，年化收益率为 2.23%，夏普比率为 −3.29，可见收益率低于无风险利率；如果进行资产配置，将货币、债券、股票基金指数的比例配置为 95∶3∶2，那么年化收益率就可以达到 3.37%，夏普比率也比较高，说明在给定风险水平下的收益率更高。所以，资产配置可以更好地帮助我们实现获得稳健收入的目标。单一投资与资产配置的效果对比如表 4−1 所示。

表 4−1

	货币基金指数	债券基金指数	股票基金指数	货债股比为 95∶3∶2	货债股比为 50∶35∶15	货债股比为 5∶45∶50
交易天数	244	244	244	244	244	244
总收益率	2.15%	3.45%	38.16%	3.25%	8.01%	20.74%
年化收益率	2.23%	3.57%	39.63%	3.37%	8.28%	21.49%
年化波动率	0.11%	0.94%	22.67%	0.68%	3.50%	11.45%
夏普比率	−3.29	1.03	1.63	1.13	1.63	1.65

数据来源：同花顺 iFinD，时间区间为 2019−10−30 至 2020−10−30，假设无风险利率为 2.6%，其中，"货债股比"的意思是分别配置货币基金指数、债券基金指数和股票基金指数的比例

2. 跑赢通胀

对于想通过理财跑赢通胀的投资者来说，在资产配置上会更追求稳中求进。如果选择单一资产配置，从表4-1中可以看出，债券和货币基金指数的收益率都不能达到跑赢通胀的要求，而股票基金指数的波动又太大，可能会造成比较大的损失。在这种情况下，如果将货币、债券、股票基金指数的比例配置为50：35：15，那么最终的组合年化收益率可以达到8.28%，同时夏普比率也比单一配置货币或债券基金指数更高，符合这部分投资者的需求。

3. 实现高收益

实现高收益同样可以使用资产配置的方法，具体可以通过提高资产配置组合中风险资产的比例来实现。如果将货币、债券和股票基金指数的比例配置为5：45：50，我们就会惊奇地发现，最后的年化收益率能达到21.49%，这样一来，既不需要承担全部单一资产投资（如股票基金）那么高的风险，在中长期也能获得非常优异的投资收益。资产配置可以在提高抗风险能力的同时，降低偏高风险组合整体的波动率，从而改善投资者的投资体验。

4.3 为什么资产配置能让投资收益更稳定

如果你手里有100万元可以用于投资，你会把钱全部用来买一只基金吗？相信大多数人都会说不。如果全部投入在一只基金上，万一遇到了特殊事件，岂不是所有的钱都要亏损了？！

早在 1952 年，美国经济学家哈里·马科维茨就已经参破了这一道理。他提出的现代资产组合理论的核心在于通过资产配置使投资收益率最高或最稳定，而其风险最小。

所谓投资稳定性，其实就是在降低整个投资的风险溢价、波动率和最大回撤的同时，尽可能增加组合的收益率。简而言之，就是尽可能持续地获得一个稳定的收益。

如何长期保持稳定的收益

"不要把所有的鸡蛋都放进同一个篮子里"，这个道理相信不少投资者都知道，但实践起来并不容易。从 2018 年西南财经大学对中国家庭的金融调查中可以看出，中国投资者的房地产投资占比很高，相较于美国，我国的家庭金融资产投资比例较低，资产集中度极高，如图 4-1 所示。

图 4-1 中的配置存在什么问题呢？我们假设单一资产价格出现波动，而该资产的持有比例又过高，那么投资者的总收益率波动就会比较大，在极端情况下，可能会出现较大的损失。在目前的经济大背景下，如果国家未来对房地产的政策进一步收紧，就有可能对家庭资产增值产生显著的负面影响。更均匀、合理的资产配置不是为了赚大钱，而是为了在风险可控的条件下，获得中长期的资产收益。

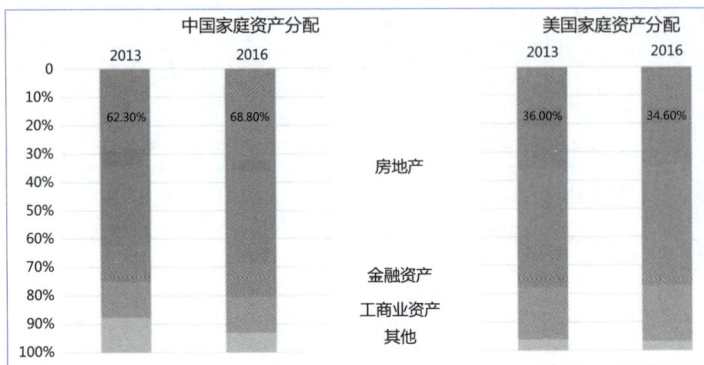

中国家庭资产分配　　　　　美国家庭资产分配

数据来源：西南财经大学，养基情报局整理

图 4-1

做资产配置的根本原因

做资产配置的根本原因在于"花无百日红"，股票、债券等不同类型的资产在一个投资周期中并不是一直在涨，而是有涨有跌，还常常有震荡。单纯买入一种资产可能出现在短时间内大幅上涨的情况，但更多的是在持有期间的巨大波动，这使投资者很难坚持持有。

我们假设有三个投资者，分别是小明、小白和小童，他们每人拿出 10,000 元本金用来投资。

（1）小明只买了股票型基金，在 2016 年和 2018 年他要承受较大幅度的亏损，最终五年下来其投资收益率为 52.91%。收益虽然不错，但投资体验非常不好，如果中途他将基金卖出进行止损，那么他也得不到最终的收益。

（2）小白只买了债券型基金，每年都能盈利，走势四平八稳，最终五年下来其投资收益率为 14.68%，投资体验还不错，但相对来说收益要低一些。

（3）小童同时买了股票型基金和债券型基金，各占比 50%，五年下来其投资收益率为 33.79%。由于同时配置了股票型基金和债券型基金，分散了 2016 年和 2018 年股市大跌时的风险，小童每年的本金加上盈利都没有低过 10,000 元，最终也获得了 33.79% 的投资收益率。五年间三位投资者的收益对比如图 4-2 所示。

数据来源：Wind，截至 2020-11-30

图 4-2

注：购买股票型基金和债券型基金的收益以上述基金指数收益率为例，测算仅供参考，不代表购买任一基金的实际情况，也不代表任何基金的未来表现。

资产配置可以有效地降低收益波动率

从上述三位投资者的例子中可以看出，股债轮动的震荡行情凸显了资产配置的意义。通过投资不同风险类别的资产，可以构建一个相对合理的资产组合，在力争实现投资目标的同时，更好地应对极端市场环境带来的挑战。很多投资者在收益出现巨大波动时总沉不住气，急于买入和卖出，所以较小的收益波动对"追涨杀跌"的人性考验较小，有利于锻炼投资者积极健康的投资心态。

资产配置可以有效地帮助投资者获取中长期较好的收益

我们知道，资产配置可以展示给投资者一个较小的收益波动，而这种较小的收益波动是非常难得的。从上述例子中可以看出，2016 年和 2018 年股票型基金的回撤是比较大的，如果普通投资者在这两个时间点由于心态问题急于择时，那么很可能会造成实际损失。相比之下，资产配置带来的稳定收益让投资者有足够的信心继续持有下去，从而获得较好的收益。

4.4 为什么资产配置可以更好地战胜通胀

通货膨胀出现的原因

通货膨胀又称通胀，是指在货币流通条件下，因货币的供给大于货币的实际需要，从而导致货币贬值、一段时间内物价持续而普遍上涨的一种现象。

通货膨胀是由货币贬值造成的，而货币贬值一般是由于货币超发导致的。根据现在被西方经济学普遍采用的凯恩斯主义思想，政府需要采用积极的、扩张的财政政策来刺激经济，简单来说就是让市场上有更多的钱，不管是通过增发货币、降准降息，还是其他策略，只要市场上的钱足够多了，大家就更愿意进行消费与投资，从而刺激经济持续增长。当前，不少国家使用这样的财政、货币政策来刺激本国经济的发展，通货膨胀也成了一种比较常见的现象。

通货膨胀对个人的影响

用一句通俗的话来说，通货膨胀代表着钱越来越不值钱了。例如，小明作为一位资深美食家，年龄不大，对通货膨胀却有着切身体会。在他上小学的时候，买一根冰棍儿只需要 1 角钱，买一个 5 角钱的碗状雪糕能在全班同学羡慕的眼神中吃一个下午，而现在街头超市最便宜的雪糕都要 2 元钱了，那些造型好看的雪糕更是动辄 10 元、20 元。

跑赢通胀对个人来说并不是一件容易的事

为了让手中的资金在未来拥有与现在相同的购买力，我们需要通过投资来让其增值，但通过投资跑赢通胀，比想象的要困难得多。

1. 只配置风险相对较低的货币基金，大概率无法跑赢通胀

从国内来看，在 2020 年 4 月，某货币基金的平均年化收益率在 2.0% 左右，并处于不断下跌的阶段性低位（见图 4-3）。与此同时，近几年的通货膨胀率却在不断增长，我们可以看到通货膨胀指标 CPI 在 2019 年左右就超过了某货币基金的 7 日年化收益率。这就意味着，仅仅通过买入货币基金进行理财，很可能无法达到跑赢通胀的目的，即使投资者进行了投资，手中的资金仍然出现了小幅的贬值。在通货膨胀和货币基金收益递减的背景下，只靠高流动性的货币基金来理财可能就不是合适的投资方式了。

数据来源：Wind，时间区间为 2013-06-03 至 2020-04-07

图 4-3

2. 只配置风险相对较高的股票基金，可能会产生阶段性的亏损

从以上内容我们了解到，配置货币基金大概率难以跑赢通胀，面对这种情况有些人就会想：很多股票型基金的收益很高，那去购买一些股票型基金不就可以了吗？

股票型基金中长期的收益确实很优异，大概率能跑赢通胀。但是，由于股票型基金的波动极大，买入后可能在较长一段时间内都会出现比较大的亏损。以 2020 年 1—3 月为例，美国道琼斯工业指数（简称道指）下跌 23.30%，创下了自 2008 年金融危机以来的最大跌幅，A 股的上证综指、沪深 300 指数也均录得 10% 左右的跌幅（见表 4-2）。在这种情况下，单一配置股票型基金，阶段性的亏损也相当显著，尤其对出现浮亏比较敏感的客户很难坚定地长期持有，他们更容易在低位时亏损卖出，这样就变成了实实在在的亏损，自然无法取得跑赢通胀的收益了。

表 4-2

指数	2020 年 1—3 月的涨幅表现
上证综指	−9.83%
沪深 300	−10.02%
中证 500	−4.29%
创业板指	4.10%
恒生指数	−16.27%

续表

指数	2020 年 1—3 月的涨幅表现
道琼斯工业	−23.30%
纳斯达克指数	−14.18%
道琼斯 500	−20.00%
富时 100	−24.80%
法国 CAC40	−26.46%
德国 DAX	−25.01%
日经 225	−20.04%
韩国综合指数	−20.16%
富时新加坡	−23.81%

数据来源：Wind，时间区间为 2020–01–01 至 2020–03–31

资产配置对投资者的帮助

投资者将手中的资金拿出来投资，其目的是保持资金的购买力，既不希望投资的收益率跑不赢通胀，也不希望承受大幅度的亏损和波动。所以，相较于押注单一资产，分散配置可能是一个更好的选择。

假设一个人使用资产配置的方法以 3 ∶ 2 ∶ 5 的比例投资债券型基金、股票型基金和货币型基金，在 2016 年到 2020 年间其收益曲线将如图 4–4 所示。

在 2016 年到 2020 年间，虽然采用资产配置投资的收益有涨有跌，但总体来看它解决了以下两个问题。

（1）总体的收益率是可以战胜通胀的。

（2）资产配置产生的收益波动是小于仅配置单一资产的。

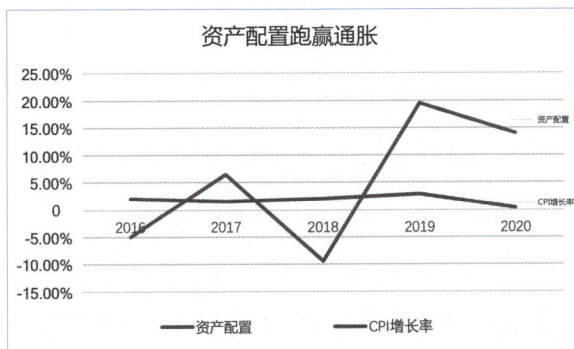

数据来源：同花顺 iFinD 和国家统计局网站，时间区间为 2016-01-01
至 2020-09-30

图 4-4

所以，使用资产配置的解决方案，投资不同类型的基金，在预留好现金类及保障类资产的前提下，合理配置权益类及固收类资产，可以提升资产的长期收益、更好地抵御通胀。没有完美的资产，只有相对匹配的资产配置组合。找到适合自己的资产配置方案，每个人都可以更好地战胜通胀。

4.5 为什么资产配置可以解决择时的问题

所谓择时就是在进行金融产品交易的时候，选择合适的时间买入或卖出的行为。很多投资者"赚过钱"，但是经过一轮牛熊周期之后，"赚到钱"却成了这部分投资者的奢望。短期择时是影响投资者获利收益的重要原因，利用资产配置可以在很大程度上解决择时的问题。

普通投资者择时有多难

人人都希望自己可以在股票价格最低的时候买入，在股票价格最高的时候卖出。如果大家的择时都有效，那么市场上就会出现两种情况：一种是价格低时无票可买，一种是价格高时无人去买。但是，在实际的股票市场中，时刻都有买卖，有在高点出货的人就会有在高位接盘的人，总有一方的择时在这一只股票上是错误的。

通过择时带来正收益难度极大。根据上海证券交易所的数据，从 2016 年 1 月到 2019 年 6 月，无论是资金量较小的"真散户"，还是资金在 1000 万元以上的高净值客户，甚至是机构投资者，其择时收益均为负数（见表 4-3），而且择时甚至是导致散户账户总收益亏损的主要原因，其余原因未详细列出，如交易摩擦成本等。

表 4-3

账户	总收益（元）	择时收益（元）	选股收益（元）
10 万元以下	−2457	−774	−1532
10 万 ~ 50 万元（含）	−6601	−3018	−2433
50 万 ~ 300 万元（含）	−30,443	−15,558	−10,171

续表

账户	总收益（元）	择时收益（元）	选股收益（元）
300 万 ~ 1000 万元（含）	−164,503	−80,767	−65,269
1000 万元以上高净值客户	−89,890	−411,584	402,271
机构投资者	13,447,655	−4,176,872	18,074,792
公司法人投资者	23,440,904	−14,766,355	38,244,620

数据来源：上海证券交易所

资产配置怎么解决择时问题

1986 年，美国学者加里·布林森等人发表在 *Financial Analysts Journal*（《金融分析家杂志》）上的一篇名为《组合绩效的决定》的文章表明：投资收益的 91% 由资产配置决定，择时操作和证券挑选只起到了次要作用。资产配置主要有以下几个优势。

（1）不同资产的长期收益水平和波动特点不同，如股票风险高收益也高，债券收益低但风险相对也低，同时配置不同的资产可以分散风险，阶段性或长期收益不一定比投资单一资产低。

（2）资产配置有利于建立一个合理的预期收益。资产配置的比例和方式是由自身的预期收益、风险承受能力和持有时间决定的。在明确的预期之下，投资者可以采用资产配置的方法来打理资金，不需要再通过择时来获得与自己预期不相符的收益。

（3）资产配置中的动态再平衡可以帮助投资者保持合理的投资组合。动态再平衡就是在持有过程中，由于价格波动在大类资产的占比偏离一定程度时进行交易，使之恢复到既定比例的一种调整策略。例如，若股价大幅上涨，股票资产占总资产组合的比例大幅上升时，动态再平衡会要求投资者卖出股票资产买入债券资产，从而规避股票市场明显的泡沫化。相较于股票交易中频繁的择时，资产配置及动态再平衡，可以帮助我们找到正确的方向，力争持续盈利。

4.6　为什么资产配置可以避免大的亏损

资产配置就是将投资资金在不同资产类别之间进行分配以达到资产保值和增值的目的。这里的"保值"意味着资产配置可以给自己的资产带来一定的防御性，使自己避免大的亏损；"增值"意味着资产配置可以实现更好的盈利。本节主要探讨前者，即"为什么资产配置可以避免大的亏损"。

亏损主要来源于风险，而资产配置的主要功能就是分散风险，不把资产配置在集中度过高的单一标的里，如某只股票、某处房产等。通俗点讲还是那句话"不能把所有鸡蛋都放进同一个篮子里"，否则，一次失手可能就全碎了。

股市暴跌时，资产配置可以帮助投资者避免大的亏损

2015 年，A 股的巨大波动可能让众多股民仍记忆犹新。上证综指在上半年一路攀升，在 6 月 12 日达到短期最高点 5166 点，但就在万千个投资者激动不已之际，指数却掉头急转直下，短短 4 周内，在 7 月 8 日跌至短期最低点的 3507 点，跌幅达 32%（见图 4-5）。

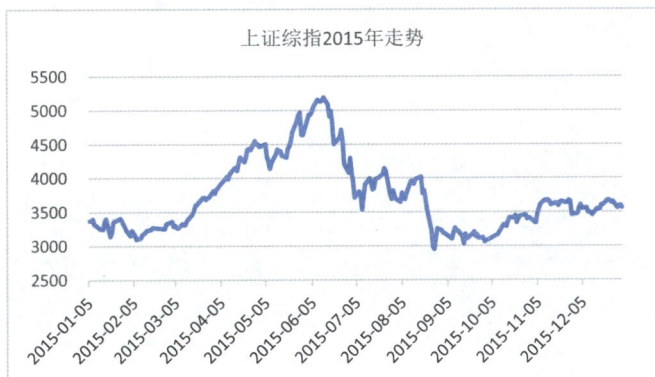

数据来源：Wind，时间区间为 2015-01-01 至 2015-12-31

图 4-5

尽管大盘指数（指上证综指）于当年的 8 月 17 日回升至 3994 点，但之后只经过一周的时间便又一路下跌至 8 月 26 日的 2927 点。上证综指在一周之内跌了 1000 多点，下半年 A 股整体表现不佳，中国股民充分感受到了波动的切肤之痛。

试想一下，如果在这期间没有进行资产配置，而是将全部资金都买了权益类的资产，那损失肯定是很大的。如果进行了资产配置，

只是将一部分资金放在了 A 股，其他资金配置在不同的标的中，会是什么样的情况呢？通过图 4-6 可以很明显地看出，2015 年也并不是所有的资产都在下跌，如果你将资金配置在几类其他资产上，那其他资产的增值也许可以抹平一部分 A 股大跌的损失，这就是资产配置的意义所在。

数据来源：Wind，时间区间为 2015-01-01 至 2015-12-31

图 4-6

遭遇"黑天鹅"时，资产配置可以帮助投资者避免大的亏损

近几年来，从英国"脱欧"到美国大选，市场"黑天鹅"不断，资本市场的波动有时比我们预期的更大，有效的资产配置则能通过分散风险让你避免大的亏损。

据京东数科 JT² 智管有方数据显示，2019 年总计有 177 只债券违约，涉及金额 1435.28 亿元，分布在综合、商贸、建筑、机械设备、化工、有色金属、轻工制造、食品饮料、房地产等行业，甚至 AAA 级的企业主体也出现债券违约，高评级债券低风险的神话也慢慢被打破。作为投资者，如果把全部资产押在单一债券或主投此债券的资管产品上，一旦发生了无法偿付的事件，可能会导致血本无归。通过资产配置，把资金分配在不同的债券、不同的股票、不同类型的资产上，或可避免大的亏损。

4.7 为什么资产配置可以实现更好的盈利

资产配置分为战略性资产配置和战术性资产配置，前者侧重大类投资，后者侧重具体的择时和选股。战术性资产配置对投资者的专业性要求较高，一般投资者很难达到。一般投资者主要进行大类资产配置即可，也就是战略性资产配置，不需要考虑择时和选股的问题。

大类资产配置主要分为以下几类：现金类、固收类、权益类、特殊类（如黄金）等，一般分别用一年期存款利率、上证综指收益率、中证全债收益率、黄金价格涨跌幅代表它们的收益水平。

无差异资产配置

假如我们采用简化的无差异资产配置方式，每年度按同等金额对各类资产进行配置，可以得到表 4-4 所示的无差异资产配置收益表（假设初始资产为 10,000 元）。

表 4-4

年度	一年期存款利率	中证全债收益率	上证综指收益率	黄金涨跌幅	资产配置的年化收益率	总资产（元）
2009 年	2.25%	-1%	80%	32%	28.31%	12,831
2010 年	2.75%	3%	-14%	20%	2.94%	13,208
2011 年	3.50%	6%	-22%	6%	-1.63%	12,994
2012 年	3.25%	4%	3%	5%	3.81%	13,489
2013 年	3.25%	-1%	-7%	-29%	-8.44%	12,351
2014 年	3.00%	11%	53%	1%	17.00%	14,450
2015 年	1.75%	9%	9%	-6%	3.44%	14,947
2016 年	1.75%	2%	-12%	18%	2.44%	15,311
2017 年	1.75%	0%	7%	3%	2.94%	15,761
2018 年	1.75%	9%	-25%	4%	-2.56%	15,357

数据来源：Wind，时间区间为 2009-01-01 至 2018-12-31，一年内多次调整利率时，以最后一次为准

单一资产配置

假如我们只投资现金类资产，在银行存个定期或直接在钱包里装一些纸币，这样的话资产的流动性极好，但收益很低，甚至没有收益。投资固收类资产就是投资银行的理财产品、债券等，其收益率虽然比投资现金类资产高一些，但平均下来一般也不会超过 5%。

如果你是一个稳健的投资者，可以把钱主要投资在现金类及固收类资产上，但要先搞清楚，收益率确实不够高。表 4–5 是投资现金类资产和进行资产配置的收益率比较（假设初始资产为 10,000 元）。

表 4–5

年度	一年期存款利率	总资产（元）	资产配置的年化收益率	总资产（元）
2009 年	2.25%	10,225	28.31%	12,831
2010 年	2.75%	10,506	2.94%	13,208
2011 年	3.50%	10,874	−1.63%	12,994
2012 年	3.25%	11,227	3.81%	13,489
2013 年	3.25%	11,592	−8.44%	12,351
2014 年	3.00%	11,940	17.00%	14,450
2015 年	1.75%	12,149	3.44%	14,947
2016 年	1.75%	12,362	2.44%	15,311
2017 年	1.75%	12,578	2.94%	15,761
2018 年	1.75%	12,798	−2.56%	15,357

数据来源：Wind，时间区间为 2009-01-01 至 2018-12-31，一年内多次调整利率时，以最后一次为准

差异化资产配置

因上述四种资产差异化配置后的排列组合方案较多，所以我们只选取股债差异化为代表来分析不同方案的收益率情况，如表 4–6 所示（假设初始资产为 10,000 元）。

表 4-6

年度	上证综指	中证全债	股八债二	股六债四	股五债五	股四债六	股二债八
2009 年	80%	−1%	64%	48%	39%	31%	15%
2010 年	−14%	3%	−11%	−7%	−6%	−4%	0
2011 年	−22%	6%	−16%	−11%	−8%	−5%	0
2012 年	3%	4%	3%	3%	3%	4%	3%
2013 年	−7%	−1%	−6%	−5%	−4%	−3%	−2%
2014 年	53%	11%	44%	36%	32%	28%	19%
2015 年	9%	9%	9%	9%	9%	9%	9%
2016 年	−12%	2%	−9%	−6%	−5%	−3.6%	−1%
2017 年	7%	0	5%	4%	3%	3%	1%
2018 年	−25%	9%	−18%	−11%	−8%	−5%	2%
收益率	136.22%	149.70%	145.99%	154.60%	153.95%	158.62%	153.56%
总资产（元）	13,622	14,970	14,599	15,460	15,395	15,862	15,356

数据来源：Wind，时间区间为 2009–01–01 至 2018–12–31

从表 4-6 中我们可以看出，将股债按不同比例进行差异化资产配置，得到的收益率不同。股六债四和股四债六的资产配置，都比无差异化配置股债的收益率要高。如果你问我哪个差异化比例才是最优的，这个我也无法准确回答，因为可以得到无数个排列组合的结果，只有更好，没有最优。上述数据只是为了说明差异化的资产配置得到的盈利结果是不同的。

综上分析我们可以得出结论：多种类型的资产配置大概率比单一类型的资产配置能更好地实现盈利；差异化的资产配置大概率比无差异化的资产配置能更好地实现盈利。这就是资产配置能帮我们实现更好盈利的奥秘所在。

4.8 为什么资产配置可以更好地实现长期投资

用于长期投资的钱是留给未来的钱，一般短期内用不到，而资产配置是长期投资成功的关键因素之一。合理的资产配置有助于投资者在市场波动中降低风险，取得长期稳定的收益。

资产配置在牛市和熊市中的作用

对于长期投资者来说，把控过程中出现的风险非常重要。在牛市中，投资者通过合理配置自己的资产可以力争跟上市场的涨幅；而在熊市中，资产配置又可以利用不同资产的不同特征对冲风险，减少市场的冲击。通过买入不同类别的资产并且在持有期间根据量化模型或专业投研的意见对投资进行组合比例的再平衡，可以在一段较长的时间内将资产的风险系数控制在可以接受的范围内。

资产配置能够实现较好的投资收益

许多投资者经常抱有这样一种信念：通过行情、估值、费率等信息，对基金产品及其买卖时机做出精细化的研判，有利于获得更好的投资回报。首先，研判本身具有相当高的专业性和难度，仅做出判断就会花费投资者很高的时间成本，而且也不一定能做好，而正确的资产配置可以让投资者从这种信念中解放出来。

当股市震荡时，合理的资产配置会让你长期朝着正确的方向前进，避开一些大起大落的坑。例如，从行业配置这个维度来看，押宝在一个赛道有机会带来极好的收益，但也一样有可能把投资者拖入亏损的泥潭。很多投资者的误区就是将某一行业当前的利好等价于未来的收益和永远的上涨，当市场行情转换时，他们很难及时判断风险，并将资产调整到其他更优质的赛道上。例如，在 2020 年上半年，科技、医药赛道上的上市公司股价大幅上涨，但到了下半年风格切换到顺周期上时，科技、医药大幅回调，大部分的投资者站在了高位，被迫忍受较长时间的较大亏损，而保持行业分散、资产分散配置的投资者，在行情切换时大概率不会出现大幅亏损的情况，因为表现不够理想的单一个股或基金的波动可以在整体组合中得到缓和。换言之，就是系统的资产配置优于各部分个股的简单相加，能够保证投资者在长期投资中获得更为理想的收益。

资产配置可以解决长期投资中的选股和择时问题

截至 2021 年 6 月，全市场的公募基金有 8000 多只，要从中选一只适用各种行情，且长期能够创造较高收益的基金产品其实很难，买股票更是难以判断上市公司中是否有潜藏的"地雷股"。相对而言，资产配置降低了对选股、选基金准确度的要求。

此外，资产配置也可以帮助投资者规避择时的误区。主动择时失败的原因主要来自两方面：一方面是信息不对称，作为普通投资者，我们很难获取投资市场上第一手的信息；另一方面是追涨杀跌，想要做出低位加仓、高位止盈的决策，是对人性的挑战。

资产配置通过配置多种风险收益特征不同的基金，熨平了组合整体的波动水平，这样一来，投资者就能争取到更为稳健的收益。

4.9　资产配置对投资组合绩效的作用有多大

一些海外和国内的数据

很多投资者应该都听说过美国经济学家哈里·马科维茨，他因提出"资产配置理论"而获得了 1990 年的诺贝尔经济学奖。通过对美国近几十年来各类投资者的投资行为和最终结果进行研究分析，他发现：在所有参与投资的人群里面，约有 90% 的人不幸以投资失败而出局，能够幸运留下来的投资成功者仅有约 10%，他们之所以能够留下来就是因为他们做了资产配置。

同样，瑞银集团（简称 UBS）对过去 20 年全球股市进行研究统计后指出，资产配置对收益的影响可以达到 91.5%，这一比例要远远高于选择股票的 4.60% 和进出场时机的 1.80% 等因素的比例（见图 4-7）。

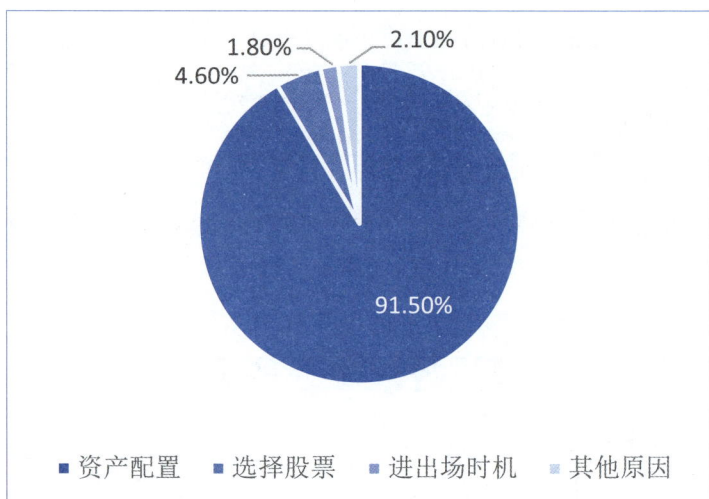

图 4-7

作为投资者，搞清楚资产配置对投资组合绩效的影响逻辑，才会知道资产配置对投资组合绩效的影响有多大。下面，我们将通过一个案例来感受一下资产配置在促进业绩增效方面的能力。

经典案例：耶鲁大学的资产配置

耶鲁大学通过践行哈里·马科维茨的投资组合理论，将捐赠基金分散投资到绝对收益类资产、国内股票资产、固定收益资产、境外股票资产等七大类资产中。通过资产配置，耶鲁大学捐赠基金在23 年间保持了年均净收益率 16.1% 的骄人成绩，用实际行动证明了资产配置的重要性。

在 2013—2017 年这五年中，除 2016 年受市场影响收益较低外，耶鲁大学捐赠基金的年均收益率均保持在 10% 以上，其中，2014 年更是高达 20.2%（见表 4–7）。

表 4-7

	2017 年	2016 年	2015 年	2014 年	2013 年
市值（百万美元）	27,176.1	25,408.6	25,572.1	23,894.8	20,780.0
收益率	11.3%	3.4%	11.5%	20.2%	12.5%

合理的资产配置之所以能对投资组合绩效产生正面效应，主要是通过分散持仓风险和抓住不同资产的轮动机会这两方面来实现的。

降低风险，更好地实现长期投资的复利效应

什么是复利效应？

"股神"巴菲特曾经使用过一个很知名的比喻描述复利效应：

"复利有点像从山上往下滚雪球，最开始时雪球很小，但是只要往下滚的时间足够长，而且雪球粘得足够紧，最后雪球会变得很大很大。"因此，要想获得复利效应，一个必要条件就是投资的期限要足够长。

但在现实生活中，我们往往可以看到许多普通投资者由于缺乏耐心更偏向于短线操作，即在短期内买入和卖出高收益、高风险的资产（如股票），渴望趁市场行情之东风实现资产的"爆发"。这种带有投机心理的操作在现实中想要达到理想的效果是非常困难的，即使是全世界最优秀的投资者也难以预测市场的每一次转折，因此，许多短期投资者经常会为自己买在高点、卖在低点而懊悔不已。

资产配置可以有效地解决以上问题。已经有很多专业学者通过反复验证，证实了通过配置不同类型、不同风险收益特征的资产，可以有效地降低组合风险，获取长期超额收益，进而赢得复利效应。

如果用 1∶1 的上证综指和中证全债指数来模拟简单的资产配置，股债 1∶1 组合的单年度收益应该介于二者之间。但神奇的事情发生了，如果单独计算上证综指和中证全债在 2003 年到 2019 年期间的累计涨跌幅，分别是 126.70%、104.03%，而 1∶1 的股债组合则为 221.43%。也就是说，上证综指涨了 1 倍多，中证全债也涨了 1 倍，但是股债 1∶1 组合却涨了 2 倍多，比单一配置上证综指或中证全债指数都要高很多。

这是为什么呢？

一个很重要的原因就是，虽然股债 1 ∶ 1 简单配置组合的单年度收益在二者之间，但在长期更稳定收益的作用下，资产配置后的表现比大涨大跌的效果更好，这就是复利效应，就像滚雪球一样。假设每年是 10% 的收益率，两年收益率就是 21%；如果第一年大涨 100%，第二年又跌 50%，最终收益率为 0，所以，每年 10% 的收益率比第一年 100% 的收益率，第二年又跌 50% 要强很多。总结下来就是：长期资产配置能有效地平滑市场波动带来的负面影响，在复利效应的帮助下保护收益，不断积累组合的绩效表现，如表 4-8 所示。

表 4-8

年度	上证综指	中证全债	股债 1 ∶ 1	股八债二	股二债八
2003 年	10%	1%	6%	8%	3%
2004 年	−15%	−2%	−8%	−13%	−4%
2005 年	−8%	12%	2%	−4%	8%
2006 年	130%	3%	67%	105%	28%
2007 年	97%	−2%	47%	77%	17%
2008 年	−65%	16%	−25%	−49%	0
2009 年	80%	−1%	39%	64%	15%
2010 年	−14%	3%	−6%	−11%	0
2011 年	−22%	6%	−8%	−16%	0
2012 年	3%	4%	3%	3%	3%
2013 年	−7%	−1%	−4%	−6%	−2%
2014 年	53%	11%	32%	44%	19%
2015 年	9%	9%	9%	9%	9%

年度	上证综指	中证全债	股债 1∶1	股八债二	股二债八
2016 年	−12%	2%	−5%	−9%	−1%
2017 年	7%	0	3%	5%	1%
2018 年	−25%	9%	−8%	−18%	2%
2019 年	22%	5%	14%	19%	8%
2020 年以来	11%	2%	7%	9%	4%
累计涨跌幅	151.64%	108.11%	243.93%	216.08%	175.85%
年度收益为负的年数	8	4	7	8	3

数据来源：Wind，时间区间为 2003-01-01 到 2020-11-30

不惧牛熊，能更好地抓住不同机会

没有任何一种资产是投资中的"常胜将军"，资产配置的实质是避开押宝单一资产的误区，把更多的机会留在投资组合中，静待市场轮动带来的不同机会，这在一定程度上规避了极端风险。用投资界知名的美林投资时钟（Merrill Lynch Investment Clock，也称美林时钟）理论来进一步解读就是，经济周期可分为衰退、复苏、过热、滞胀四个阶段，与这四个阶段依次对应的最佳配置资产分别是债券、股票、大宗商品和现金，它对资产分类的理念还是颇具借鉴意义的。"股牛债熊"和"股熊债牛"交替的跷跷板效应一直都存在，既然投资者无法精准把握在什么时间点选什么样的资产，那为何不通过资产配置争取机遇、控制风险呢？

4.10　为什么资产配置的本质是分散投资

被誉为资产配置鼻祖的哈里·马科维茨提出了资产配置的四个核心要素：分散、低相关性、对冲风险和最优投资组合，其中，分散是资产配置的本质。

本节将深入解读分散投资，告诉读者为什么做好分散投资很重要，以及分散投资有哪些可行的操作思路。

为什么要分散投资

1．金融市场没有先知

在二十世纪六七十年代，美国有一个被广泛应用在投资中的理论，时至今日仍有许多投资者颇为追捧，那就是"随机漫步"理论。该理论认为：证券价格的波动是充满不确定性的，就像一个在偌大的广场上漫无目的行走的人一样，没有人能够预测他（证券价格）下一步会走到哪个位置（点位）。

之所以这么说，是因为证券价格会受到多方面因素的影响，即使是一个微不足道的小事件，也有可能在整个金融市场中形成"蝴蝶效应"，并进而影响到证券价格的走势。基于这一理论，也就不难理解为什么在金融市场中不同资产和产品的收益曲线总是起伏不定了。

有效的市场中没有先知，那么怎样才能尽量降低震荡所带来的损失风险呢？分散投资就是常用的方法之一。单一资产的市场走势总是难以捉摸，但在市场中不同类别的资产同时下跌的概率是很低的，因此，将资金分散投资在不同资产上，可以有效平滑掉单一资产所带来的损失风险。

2. 难以保持信息优势

许多有经验的投资者都知道，投资仅靠"第六感"是极不靠谱的，对市场信息充耳不闻的投资者很难做到顺势而为，在投资收益方面自然也就不甚理想了。相反，每天坐在屏幕前盯盘、每时每刻关注金融市场最新动态的投资者，在信息获取速度上往往更占优势，因此也更有可能及时捕捉到投资机会。

由此可见，拥有信息优势是投资成功的必要条件，但需要注意的是这绝非充分条件。且不说能够真正读懂信息、利用信息需要丰富的经验和知识，即使是日复一日地保持信息优势对大部分人来说也几乎是不可能实现的，因为很少有人能 24 小时不间断地进行信息搜寻。基于此，分散投资也是解决大多数人难以保持信息优势这一问题的方法之一——既然精力不足，无法把握单一资产的轮动机遇，那就进行分散投资，因为它总能从轮动趋势中分得一杯羹。

3. 规避风险是为了保护收益

以上谈到的两点更多的是理论，对于投资者来说，获得理想的收益才是最终目的。下面通过一组历史数据做一个模拟测试。

假设投资者 A 对投资风险较为厌恶，因此，在他的基金投资组合中股债比为 3 ：7，那么从 2015 年 11 月 4 日至 2020 年 11 月 4 日他的投资收益情况如图 4-8 所示。

图 4-8

相反，投资者 B 对投资风险的容忍度较高，因此，在他的基金投资组合中股债比为 7 ： 3，同期 B 的收益情况如图 4-9 所示。

通过图 4-9 中的走势情况我们可以发现，分散投资后的组合涨跌幅恰到好处地中和了单一投资股票型基金和债券型基金的优缺点，一方面有效地平滑了单一投资股票型基金大涨大跌的风险，另一方面也获取了明显高于单一投资债券型基金的收益。

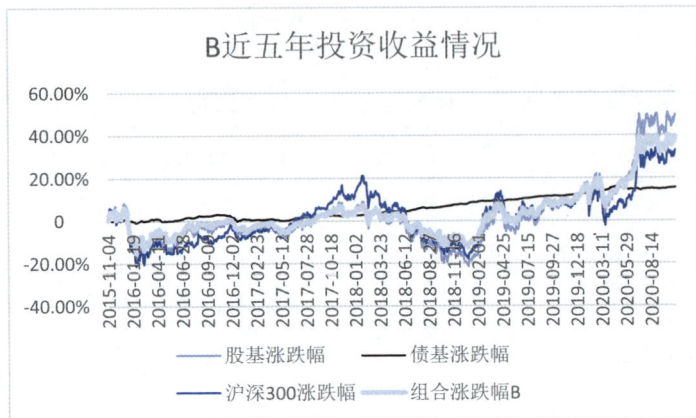

图 B近五年投资收益情况

数据来源：Wind，其中，股基涨跌幅数据参考指标为中证股票型基金指数（H11021.CSI），债基涨跌幅数据参考指标为中证债券型基金指数（H11023.CSI），组合涨跌幅数据＝股基涨跌幅 × 股票型基金占比 + 债基涨跌幅 × 债券型基金占比

图 4-9

怎样进行分散投资

1. 资产类别维度

做好资产配置相当于合理买入不同类型的资产，只有了解不同资产赚的是什么类型的钱，才能做到对投资操作了然于胸。

（1）股票类资产：股票是股份公司发行的可以证明股东在公司中拥有所有者权益的一种股权凭证，对投资者来说，可以直接购买并持有，也可以通过购买基金的方式间接持有。其优点在于可以有效抗通胀；其缺点是股票标的良莠不齐，持有期内波动较大，需要投资者具有一定的风险承受能力。

（2）债券类资产：持券人按照约定可以在特定时间内取得固定收益的资产，包括国债、企业债和可转债等。相比股票类资产来说，其风险和收益较低。它可以提供相对稳定的现金流，且其涨跌变化与股票、房地产的相关性较弱，因此被很多投资者视为有效的防御性工具。

（3）商品类资产：包括能源（原油、汽油等）、金属（黄金、白银、铜、铁等）、谷物（玉米、大豆等）、活畜等大类资产，交易方式分为现货交易和期货交易。商品类资产由于与其他资产相关性较弱，因此在投资组合中能起到较好的分散风险的作用，但对投资者的专业性要求相对较高。

（4）房地产类资产：投资者可直接投资房地产，或者通过参与基金投资间接持有该类资产。房地产具备很强的抗通胀能力，投资的主要风险是通货紧缩。

（5）其他类资产：现金类资产流动性强、风险较低，但长期持有现金可能会导致其购买力下降；外汇类资产是指持有的外国货币、外币支付凭证等，持有这类资产有助于消化跨区域市场风险；私募股权投资是指对非上市公司进行的股权投资，其收益率和波动风险均很高，因此对投资者的眼光要求较高，有条件的可以将其作为多元化资产配置的选择之一。

2. 风险维度

分散投资的核心目标之一便是降低损失，根据各大类资产的风险特征对资产进行多元化配置，可以有效帮助实现这一目标，如图 4-10 所示。

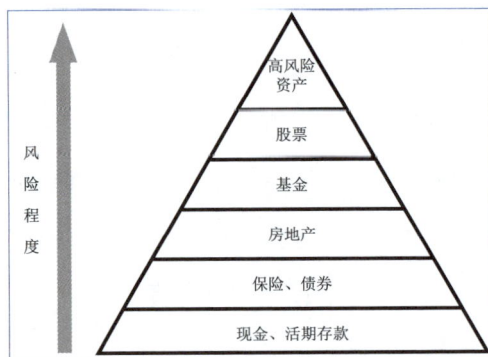

图 4-10

我们前面提到过" 不要把所有的鸡蛋都放进同一个篮子里"，然而在生活中，有很多投资者并没有充分理解这句话的含义。例如，对于一些喜欢炒股的投资者来说，他们进行分散投资仅仅停留在配置不同行业的股票，忽视了股票这一标的资产的剧烈波动性，这样就容易在遭遇股市熊市时铩羽而归。对于这个问题，明智的做法是将适当的资金投入到低风险的债券和现金货币等资产上，这样在资产行情转换时就等于为自己备好了安全垫。

3. 地域维度

一般来讲，能够从资产类别及风险维度进行多元化配置已经算是合格的分散投资了，但这种程度的分散其实还可以进一步深化。让我们仔细思考一下：自 2020 年下半年以来，面对股市震荡不定、债市持续疲软的情况，无论我们怎样分散投资似乎都难以获得较为理想的收益。

为什么会出现这种情况呢？

那是因为我们的分散投资主要局限在国内市场，在国内市场行情不明朗时，大多数标的资产都难以幸免。因此，投资者还要拥有全球投资的理念，在紧抓国内市场的同时，还要关注海外市场的投资机会，这样或许会出现不同的结果。

🔵 **南方基金** SOUTHERN ASSET MANAGEMENT ｜ 托付南方·成就梦想 WITH US，YOU CAN	编写	🔵 **南方基金** SOUTHERN ASSET MANAGEMENT ｜ 托付南方·成就梦想 WITH US，YOU CAN	审阅
南方基金成立于 1998 年，其母子公司资产管理规模达 16,982 亿元，客户数量超 1.74 亿人，累计向客户分红超 1574 亿元（截至 2022/3/31）。历经牛熊交替考验，南方基金始终坚持以客户需求为导向，以持续稳健的投资业绩、完善专业的客户服务，赢得投资人的认可			

第 **5** 章

经典的资产配置策略与配置模型有哪些

5.1 买入并持有策略

买入并持有策略是最简单易懂的资产配置策略。顾名思义，买入并持有策略就是在适当的时间买入资产，然后坚定持有。

在买入并持有策略下，首先需要我们根据投资目标去构建一个投资组合，然后在未来的一段时间内（比如 3 至 5 年内），不改变该资产配置的状态。这是一种典型的被动型投资策略，这种策略不以积极地频繁交易获得超额收益为目标，而是通常与价值型投资相联系，所以往往会忽略短期的波动，更着眼于长期投资。

买入并持有策略最大的优点就是操作简单，我们只需要找到优质的投资标的，适时买入并坚定持有即可。这种策略可以让我们与市场保持一定的距离，避免追涨杀跌影响心态。需要注意的是，买入并持有策略虽然看上去很简单，但并不是简单地随机买入资产并持有，它要求投资者对资产的买入时机有较高的把握能力。买入并持有策略无须频繁调仓，因此交易成本较低。

买入并持有策略的缺点也很明显：投资者需要承受较大的波动和回撤的压力，在市场低迷的年份（如 2018 年），需要接受净值长期不涨甚至浮亏的局面。

买入并持有策略适合以下几种类型的投资者。

- 金融专业知识不足；

- 时间、精力有限；

- 有长期投资计划；

- 满足于战略性资产配置。

很多人都会有这样的疑问，在国外市场被证明有效的买入并持有策略，在国内 A 股适用吗？

下面，我们以上证基金指数为例来回答这个问题。上证基金指数于 2000 年 4 月 26 日编制，反映了我国基金市场的综合变动情况，可用于模拟投资者买入任意一只基金后的平均收益情况。假设投资者在 2016 年 11 月 18 日至 2019 年 11 月 18 日这 3 年中任意一天购入上证基金指数并一直持有至 2020 年 11 月 18 日，其年化收益率的频率分布如图 5-1 所示。

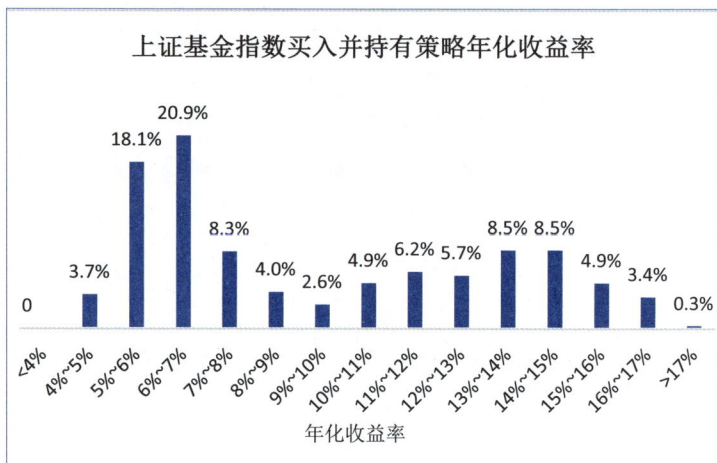

图 5-1

从图 5-1 中可以看出，这 4 年来，在我国购买基金平均都有正收益，但由于进场时机不同，买入并持有策略的收益大相径庭，其中约 42% 的天数会获得超过 10% 的年化收益率，约 4% 的天数年化收益率不足 5%。

可见，买入并持有策略虽然简单且交易成本低，但如果想取得较好的收益，需要投资者拥有较强的择时和选择产品的能力。若具备以上两方面的能力，买入并持有策略就是一个方便、有效的投资方法。

5.2 恒定混合策略

恒定混合策略是保持投资组合中各类资产占比不变的配置策略。在这种策略下，当各类资产的市场表现出现变化时，我们需要进行相应的调整，以维持各类资产的占比恒定。

假如我们构建了一个债券占比 60%、股票占比 40% 的组合，在股票价格下跌时，股票市值在组合中的占比会下降到 40% 以下，这时就需要增加股票配置从而使其占比回到 40%，同时风险收益补偿也会随之上升；反之，当股票价格上涨时，我们需要减少股票配置使其比例下降到 40%，这时风险收益补偿也将随之下降。

从以上例子中我们可以发现，恒定混合策略在股票价格下跌时增加了股票配置，在持续下跌的情况下会增加损失；而在股票价格上涨时减少了股票配置，在持续上涨中将损失部分收益。因此，当股票价格表现出明显的上涨或下跌趋势时，恒定混合策略的表现不如买入并持有策略。

但是，在波动行情中，恒定混合策略的表现将优于买入并持有策略。为了便于说明，我们再做一个假设。假如我们构建了一个 50% 股票和 50% 债券的组合，股票价格为 100 元 / 股，债券价格为 100 元 / 张，各买一只本金合计 200 元。如果在波动行情中股票价格由 100 元 / 股下跌至 50 元 / 股后，再涨回到 100 元 / 股，而债券价格不变，则可以得到表 5-1 所示的组合收益率。

表 5-1

股票价格从每股 100 元下跌至每股 50 元	
买入并持有策略	恒定混合策略
不操作	买入 50 元股票以维持原有比例
本金 200 元不变	本金变为 250 元
股票价格从每股 50 元涨回到每股 100 元	
买入并持有策略	恒定混合策略
总市值回到 200 元	股票市值上涨到 200 元，总市值为 300 元
组合收益率	
买入并持有策略	恒定混合策略
0	20%

在这种假设中，买入并持有策略的组合收益率为 0，而恒定混合策略由于在低位增加了股票配置，收益率为 20%。由此可见，在波动行情中恒定混合策略的表现优于买入并持有策略。

在 5.1 节中我们以上证基金指数为例阐述了买入并持有策略的使用情况，那如果我们以恒定混合策略来投资，其效果又会如何呢？这里，我们以中证 800、上证国债及恒定股债比例的三个投资组合为例进行说明。图 5-2 展示了股债指数及不同股债比例投资组合自 2005 年以来的走势及统计指标，其相应的波动率、复合年化收益率和夏普比率如表 5-2 所示。

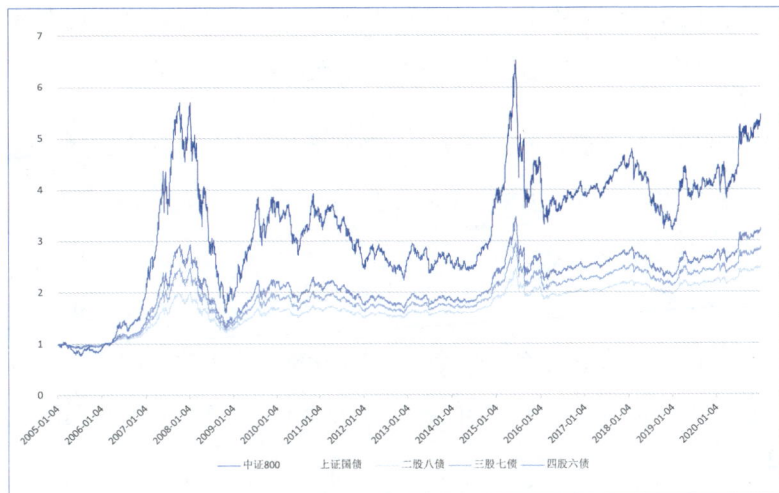

图 5-2

表 5-2

	波动率	复合年化收益率	夏普比率
中证 800	8.14%	11.13%	0.28
上证国债	0.33%	4.35%	0.92
四股六债	3.25%	7.99%	0.42
三股七债	2.44%	7.19%	0.46
二股八债	1.64%	6.31%	0.53

以上数据的时间区间为 2015-01-01 至 2020-12-31

从以上图表中我们可以看出，自 2005 年以来，股市上有比较大的波动，三个不同股债比例的投资组合的年化收益率虽然低于中证 800，但其波动率得到了很大程度的控制。此外，三个投资组合的夏普比率均高于中证 800，这说明在风险收益的效率上三个投资组合比仅配置股票资产要好很多。虽然全部配置债券的夏普比率最高，但其年化收益率最低，难以满足多数投资者的需求。

另外，在恒定大类资产比例的基础上，基金经理还会通过优选具体标的来提高收益。以国联安锐意成长和华夏蓝筹核心基金为例，它们均为偏股混合型基金，均将"沪深300指数收益率×60%+上证国债指数收益率×40%"作为业绩比较基准。从图5-3中我们可以看出，虽然从2018年到2020年股市指数没有太大的波动，但所选的两只混合型基金样本的收益表现均优于沪深300指数和上证国债指数。

因此，在国内市场，恒定混合策略的收益和波动适中，能给投资者带来较好的体验。在恒定混合策略的基础上进行资产优选，有可能获得超越股票或债券单一资产的收益。

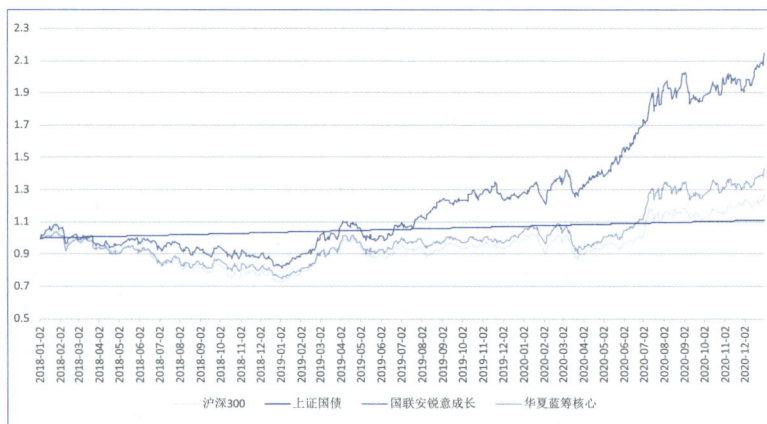

图 5-3

5.3　投资组合保险策略

投资组合保险策略的一种简化形式是知名的恒定比例投资组合保险（Constant Proportion Portfolio Insurance，CPPI）策略，目前已被国内金融机构广泛运用到银行理财等稳健类产品中。CPPI 策略通过对投资组合进行动态调整，既能使资产在下行风险中得到保护，又能使潜在收益最大化。

这个策略的一般形式如下。

股票投资金额 =M ×（ 投资组合价值 – 最低价值）

其中，M 是风险乘数，决定投资风险资产的市值，即组合的风险暴露，M 通常大于 1。

在投资组合保险策略下，我们首先要确定组合的最低价值，投资组合价值与最低价值的差值就是最低价值的保护层。

例如，假设我们的投资本金为 100 元，能接受的最低价值为75 元，风险乘数 M=2，那么保护层就是 100–75=25 元，股票投资金额为 2 × 25=50 元。

当股票价格下跌 20% 时，投资组合中股票的价值下跌至 50 ×（1–20%）=40 元，亏损 10 元，组合价值变为 90 元，此时的保护层为 90–75=15 元。运用 CPPI 策略，此时股票投资金额应为2 × 15=30 元，也就是我们需要卖掉 10 元市值的股票，并将其投资于货币市场工具。当股票价格上涨时，我们应通过减少投资到货币市场工具的金额来买入股票。

运用 CPPI 策略，即使在严重衰退的市场环境下，我们也能期待投资组合的市值至少保持在我们设定的最低价值之上。在这种策略下，当股票价格下跌时我们减少股票投资金额，当组合价值接近最低价值时，股票投资减少到 0 元，如图 5-4 所示。

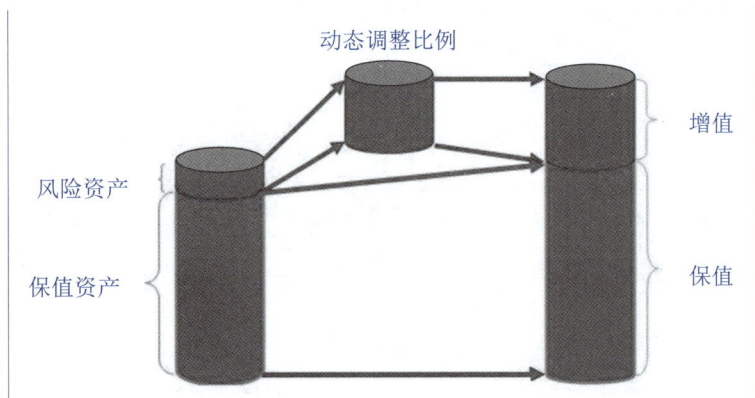

图 5-4

CPPI 策略在上涨或下跌趋势明显的市场环境下更为适用。在牛市中，CPPI 策略可以通过在股票价格上涨时不断买入股票来有效提高组合收益。在熊市中，该策略又可以通过乘数效应更快地减少股票占比，降低市场下跌的影响。而在无明显趋向或波动的市场中，CPPI 策略表现相对较差，因为这意味着我们会在较高价格上买入股票，在较低价格上卖出股票。

投资组合保险策略主要用于什么产品呢?

早在 2003 年 8 月,新发行的南方避险增值基金便引入了投资
组合保险策略。2004 年 2 月 16 日,银华保本增值基金发行,成为
我国首只保本基金,该基金限量募集资金 60 亿元,由于投资者认
购非常踊跃,提前就结束了发行。随后,大量保本基金涌现,它们
都采用了投资组合保险策略或其升级版作为其基本投资策略。

投资组合保险策略的"保险"效果在市场大跌时展现得淋漓尽
致。2015 年 6—8 月,股市大幅下跌,上证综指下跌达 30%,而保
本基金平均仅亏损 4.2% 且全部跑赢大盘指数(见图 5–5)。

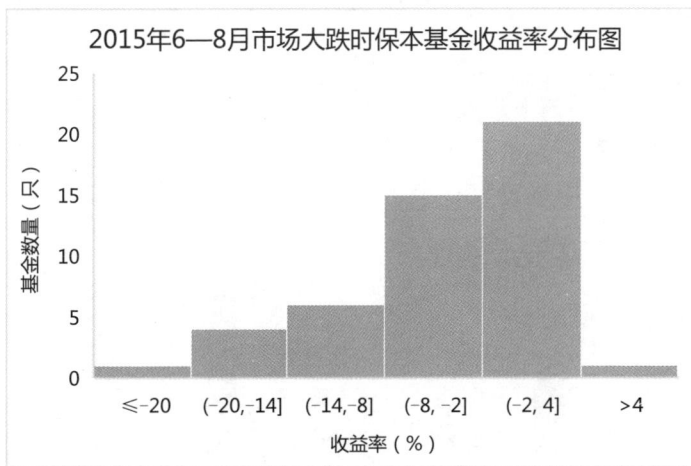

图 5-5

然而,为避免投资者形成对保本基金产品绝对保本的"刚性兑
付"预期,2017 年 1 月证监会发布了《关于避险策略基金的指导意

见》，该意见将保本基金名称调整为"避险策略基金"，并取消了连带责任担保机制。之后，151 只净值 3200 亿元的保本基金开始迈入漫长的转型或清盘之路。2019 年 10 月，最后一只保本基金"汇添富保鑫保本混合型证券投资基金"转型为"汇添富保鑫灵活配置混合型证券投资基金"，保本基金正式退出历史舞台。

虽然保本基金退出了历史舞台，但其背后的投资组合保险策略并无不妥之处，先后被运用于其他混合型基金或绝对收益类产品中。截至 2020 年 11 月 18 日，市场中共有 48 只公募基金在基金合同中明确说明会使用投资组合保险策略，其中，偏债混合型基金 21 只、二级债券型基金 13 只、平衡混合型基金 6 只、灵活配置型与偏股混合型基金各 4 只（见图 5–6）。另外，在一些基金专户、私募、信托等产品中，也会用到投资组合保险策略。

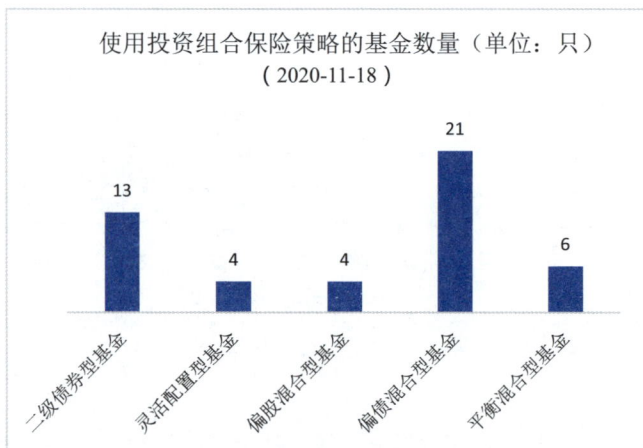

图 5-6

5.4 动态资产配置策略

动态资产配置策略（Dynamic Asset Allocation Strategy）是根据市场表现及经济环境对资产配置状态进行动态调整，从而增加投资组合价值的积极战略。动态资产配置策略的目标是：在不提高系统性风险或投资组合波动性的前提下提高长期收益。

动态资产配置策略是我们之前介绍过的三种策略（买入并持有策略、恒定混合策略、投资组合保险策略）的结合，具有如下特征。

- 通常建立在分析工具的基础上，如回归分析、优化决策等，较为客观、量化；

- 资产配置主要受不同资产预期收益率的客观测度驱使，属于价值导向；

- 能客观测度哪些资产已失去市场的注意力，并引导投资者更多关注这类资产；

- 一般遵循"回归均衡"的原则，这是动态资产配置中的主要利润机制。

大多数动态资产配置过程具有相同的原则，但结构与实施准则各不相同。例如，一些动态资产配置依据的是各种资产预期收益率的简单对比，其他配置则努力将情绪化措施或宏观经济条件标准考虑在内，以提高这些价值驱动决定的时效性。另一些动态资产配置组合可能还包含技术分析。一般来讲，那些更为复杂的方法经常比简单的价值驱动模型表现得更好。

动态资产配置策略效果会更好吗？

灵活配置型基金是使用动态资产配置策略的代表，它们可以对股票与债券的比例在较大幅度内进行调整。而偏债混合型、偏股混合型、平衡混合型基金则会将自己的股债配置维持在某一固定比例附近，属于恒定混合策略。

从 2017 年到 2020 年，灵活配置型基金虽然在收益率（见图 5-7）和波动率（见图 5-8）上均低于偏股混合型基金（2018 年的收益率除外），处在第二位，但其夏普比率（见图 5-9）与偏债混合型、偏股混合型、平衡混合型基金相比总体表现较好。这说明，平均而言，动态资产配置策略在处理风险、获取收益的效率上更胜一筹。

2017—2020年不同类型基金收益率（%）

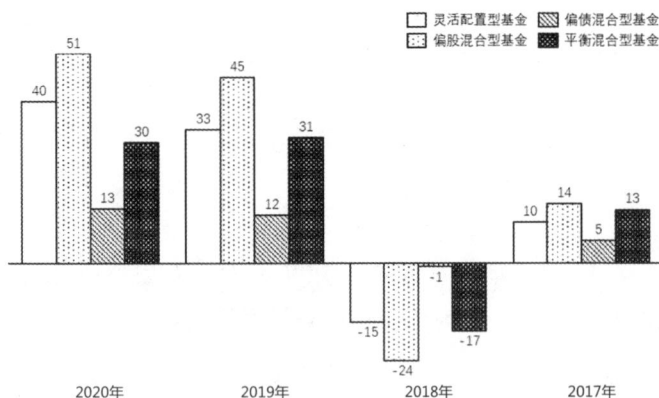

图 5-7

但需要说明的是，图 5-7 ~ 图 5-9 展示的只是平均情况，由于市场
行情变化及基金经理管理风格的差异，采用恒定比例策略可能比采
用动态配置策略能有更好的夏普比率，比如在 2019 年。

2017—2020年不同类型基金波动率（%）

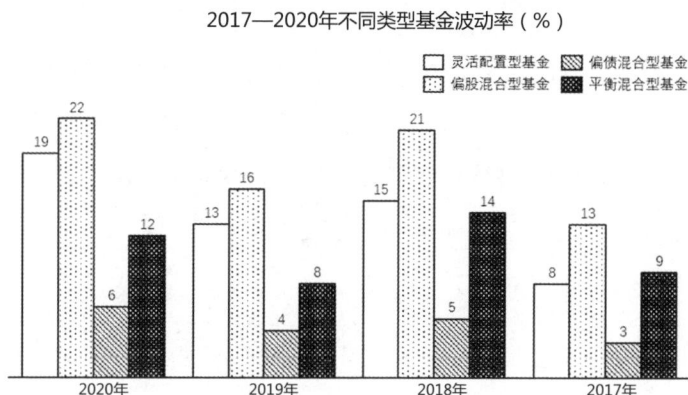

图 5-8

2017—2020年不同类型基金夏普比率

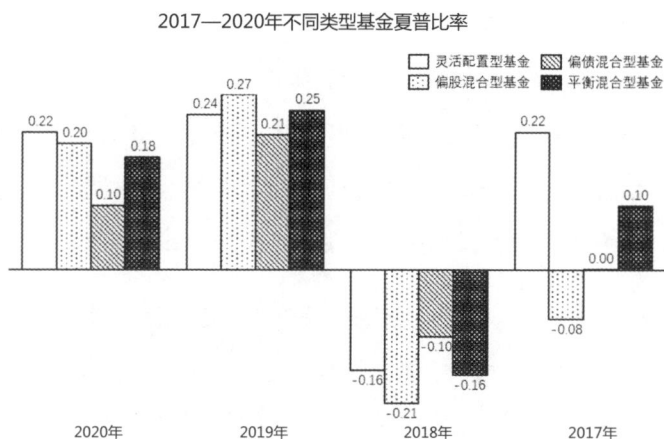

图 5-9

5.5 均值 – 方差模型

均值 – 方差模型（Mean-Variance Model）由哈里·马科维茨在1952 年提出，是现代投资组合理论的重要组成部分。

"不要把所有的鸡蛋都放进同一个篮子里"是我们都知道的道理，这也是哈里·马科维茨首次将数理统计的方法应用到投资组合选择的研究中，并将这个常识用数学形式证明出来。均值 – 方差模型用于确定组合在不同资产上的投资比例，它可使收益与风险达到最佳的平衡效果。

在均值 – 方差模型中，均值指投资组合的期望收益率，它是组合中单只证券的期望收益率的加权平均值；方差指投资组合的收益率的方差，它可以衡量实际收益率和均值的背离，刻画投资组合的风险。

那么，在给定的收益水平下，如何找到风险最小的组合呢？如果我们有 10,000 元，要投资到 5 种不同的资产中，如何配置才能让组合在给定收益水平下将风险降到最低呢？哈里·马科维茨告诉我们：可以在有效前沿上找到这样的投资组合（见图 5–10）。

从图 5–10 中可以看出，横轴表示风险，纵轴表示收益，图中曲线右侧每一个点代表一个投资组合，每一个组合对应一组收益和风险。在给定收益水平下风险最小的组合在哪里呢？我们可以看到，正是位于这条曲线的边界上。曲线上所有的点，都是在同一个收益水平下风险最小的组合。

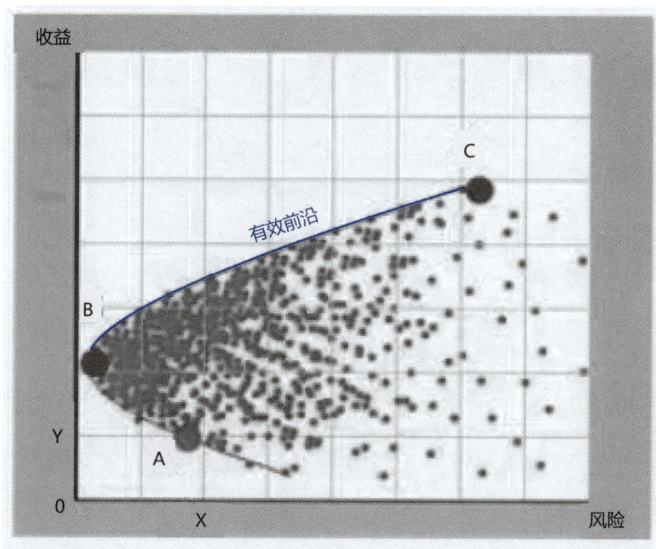

图 5-10

在图 5-10 中曲线边界上所有的点都是最优组合吗？显然不是。我们可以看到 B 点和 A 点相比，B 点收益更高，风险更小。我们还可以看出 B 点优于 AB 区间上所有的点，BC 这一段上的点才是最优组合。哈里·马科维茨称 BC 这一段为有效前沿，这条曲线的数学表达形式如下：

$$\sum_{i=1}^{n} w_i E(R_i) = E(R_P)$$

$$\sigma_p^2 = \sum_{i=1}^{n} w_i^2 \sigma_i^2 + 2\sum_{i=1}^{n}\sum_{j=1}^{n} w_i w_j \sigma_{ij}$$

其中：

- $E(R_p)$：投资组合的期望收益；

- w_i：资产 i 在投资组合中的权重；

- $E(R_i)$：资产 i 的期望收益；

- σ_p^2：投资组合的方差；

- σ_i^2：资产 i 的方差，σ_i 是资产 i 的标准差；

- w_j：资产 j 在投资组合中的权重；

- σ_{ij}：资产 i 和资产 j 的协方差，它等于相关系数 ρ_{ij}、资产 i 的标准差、资产 j 的标准差三者的乘积。

通过对资产的均值方差分析，我们可以找到一条有效前沿，在这条有效前沿上的点就是最佳的投资组合，这些组合的特点是：在同等收益水平下，组合的风险最小；在同等风险水平下，组合的收益最高。这就是均值－方差模型的原理。

5.6 BL 模型

均值－方差模型通过使预期收益和风险之间保持平衡，从理论上给出了资产配置的最优组合。然而，实际操作要比理论复杂得多，不仅预期收益很难估计，风险也难以预测。因此，均值－方差模型输出的组合常常和我们的直观认识相差甚远。

针对这一问题，高盛的两位研究员 Fischer Black 和 Robert Litterman 提出了著名的 Black-Litterman（BL）模型，这个模型通过引入投资者的主观观点，对传统的均值－方差模型进行了修正。

BL 模型借助贝叶斯分析，以市场均衡组合为基础，根据投资者对市场的主观观点调整预期收益，然后再使用哈里·马科维茨的优化框架得到相应的投资组合。因此，BL 模型能够反映投资者的主观观点。

简单来说，如果投资者对市场完全没有观点，那么应该持有市场均衡组合，也就是所谓的"基准"；如果投资者对某些资产有特别的观点，那么就可以根据对该观点的信心程度来调整均衡收益，从而影响投资组合的资产配置。

BL 模型可以用图 5-11 来表现。

构建 BL 模型有如下几个步骤。

（1）计算市场均衡（按市场权重配置）收益。

（2）设定投资者观点。

（3）计算预期收益（新结合的收益）：预期收益＝市场均衡收益＋投资者观点收益。

（4）根据预期收益计算组合资产的最优权重。

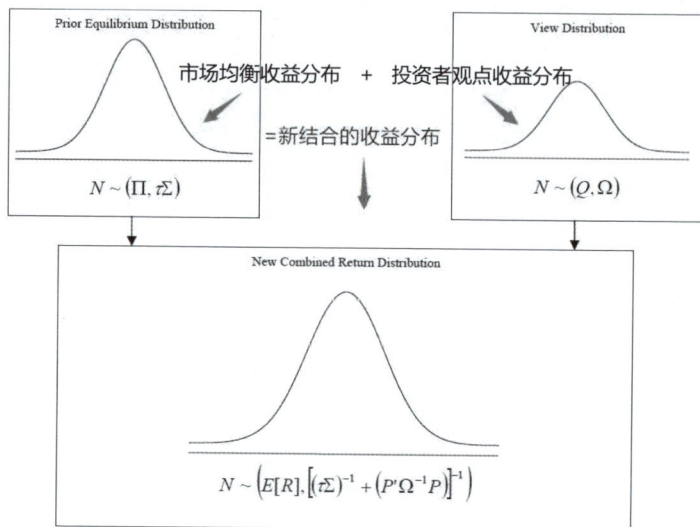

图 5-11

BL 模型并不比均值 – 方差模型更优，它的价值在于保证资产权重的变化和投资者观点一致，即投资者可以通过 BL 模型来获得符合自己预期的资产权重调整方案。

5.7 风险平价模型

风险平价（Risk Parity）模型是对投资组合中的不同资产分配相同的风险权重的一种资产配置理念。

为了更好地理解分配相同风险权重与分配相同资金权重的区别，我们通过以下案例进行说明。

假如我们的组合需要配置股票和债券两类资产（见表 5-3 ）。

表 5-3

	资产类别	
	股票	债券
上涨概率	40%	60%
上涨幅度	60%	15%
下跌概率	60%	40%
下跌幅度	−20%	−10%

股票的预期收益率 $=40\% \times 60\%+60\% \times（−20\%）=12\%$

债券的预期收益率 $=60\% \times 15\%+40\% \times（−10\%）=5\%$

股票的波动率 $=\sqrt{（60\%−12\%）^2 \times 40\%+（−20\%−12\%）^2 \times 60\%}=39.19\%$

债券的波动率 $=\sqrt{（15\%−5\%）^2 \times 60\%+（−10\%−5\%）^2 \times 40\%}=12.25\%$

通过计算我们可以看到，股票的波动率是债券波动率的 3 倍多，如果按照 50% 的资金投资于股票、50% 的资金投资于债券，依然不能有效地分散风险。

如果我们按照风险配比，股票的风险占比是 50%，债券的风险占比也是 50%，这就是风险平价了。

那么如何计算风险比重呢？

组合整体风险的计算公式如下。

$$\sigma\left[R_p\right] = \sqrt{w_1^2 \sigma\left[R_1\right]^2 + w_2^2 \sigma\left[R_2\right]^2 + 2w_1 w_2 \operatorname{cov}\left[R_1, R_2\right]}$$

假设资产 1 在组合中的资金占比为 w_1，那么资产 1 对组合整体风险的贡献如下。

$$TRC_1 = w_1 \frac{\partial \sigma\left(R_p\right)}{\partial w_1} = \frac{w_1^2 \sigma\left(R_1\right)^2 + w_1 w_2 \operatorname{cov}\left(R_1, R_2\right)}{\sigma\left(R_p\right)} = w_1 \frac{\operatorname{cov}\left(R_1, R_p\right)}{\sigma\left(R_p\right)}$$

我们可以用上面的公式计算出 TRC_i、TRC_j 等任何一项资产的风险贡献。当组合中各类资产对组合整体风险的贡献相等时，即当 $TRC_1 = TRC_2 \cdots = TRC_n$ 时，便实现了风险平价。我们也可以根据上述方程组反求出风险平价组合中各类资产的权重。

5.8 目标风险模型

资产配置组合追求的是在低风险的前提下获取稳定的财富增值。我们虽然难以预测资产的收益率，但对资产的风险预测准确度较高，因此，基于风险视角的资产配置的稳定性会更强。

在构建目标风险策略组合时，首先要根据自身的风险承受能力确定风险等级，然后再根据相应的风险等级配置资产。风险等级不同，组合中风险控制的阈值就不同，每类资产的占比也就不同。

在具体操作上，首先要根据市场状态设定刚性的风险预算，然后再根据不同类别资产的预期风险决定最终组合的风险资产仓位，并结合市场情况进行阶段性的调整。所有资产的权重配比均需基于目标波动率、目标回撤控制的算法计算，从而严格控制风险，确保无论市场如何震荡，组合的风险都能维持在特定水平，如图 5-12 所示。

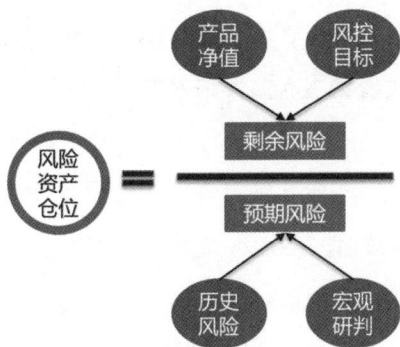

图 5-12

波动率是衡量金融资产风险的常用量化指标，目标波动率策略也是市场上目标风险策略组合中最常见的资产配置策略。目前，我们可以使用的波动率控制方法主要有以下三种。

（1）配置波动率较低的产品，如上证 50 等蓝筹基金。

（2）增加配置资产种类，通过分散投资降低波动率，如配置大宗商品、不同风格的权益类产品等。

（3）增加动态资产配置的比例，使用现代金融工程技术加强战术调整，过滤下行风险。

由于风险水平恒定，目标风险策略组合不需要我们主动对市场趋势进行研判，因此，可以降低由于误判带来的亏损。近年来，国内股市和债市波动加剧，目标风险策略在这种行情下可以使组合收益表现得更加平稳，避免投资收益"坐过山车"，从而有效提升我们的投资体验。

但为何目标风险策略在国内比在国外表现更好呢？这可能与国内股市以中小投资者为主有关。国内投资者的投机性较强，市场预期易受不理性因素的影响，具体体现为股价、指数的剧烈波动。以沪深300指数为例，与发达国家或地区的代表指数相比，A股沪深300指数的牛市持续时间较短，有更大的波动性。然而，诸多投资者对收益的认知大于对风险的认知，往往不能将期望收益与风险预期进行恰当匹配，容易受情绪影响频繁操作，从而出现"基金赚钱而基民不赚钱"的现象。

根据现代金融理论，风险与收益是相匹配的。目标风险策略可以将资产组合的风险控制在较低水平，进而使投资者获取与其风险相对应的、较为稳健的增值财富，帮助广大投资者克服国内市场波动大、易受情绪影响的弊端。

下面以广发稳健养老 FOF 为例来说明目标风险策略的效果。该基金采用的是目标风险策略，有相对较长的成立年限和较大的规模。图 5-13 展示了自该基金成立以来，该基金、沪深 300 及上证指数的累计收益率走势。

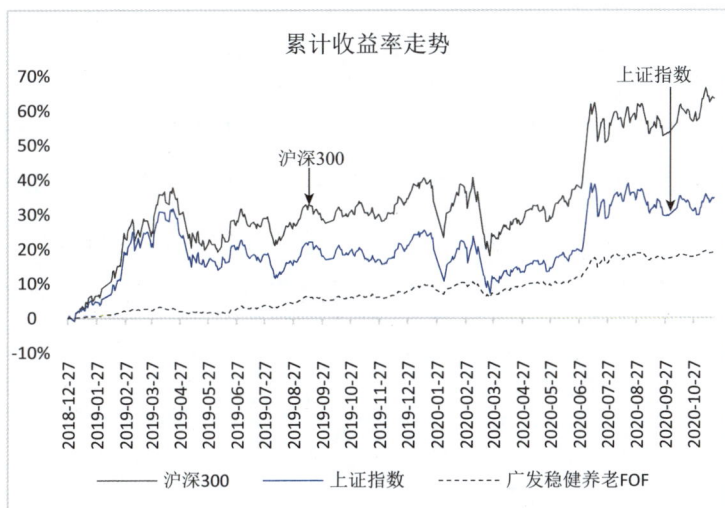

图 5-13

从图 5-13 中我们可以看出，在目标风险策略的指导下，虽然广发稳健养老 FOF 的累计收益率不如沪深 300 和上证指数，但其基金的波动率明显下降，组合收益率更为平稳，尤其是在 2019 年 4 月和 2020 年一季度 A 股市场下跌的行情中，广发稳健养老 FOF 没有太大的净值回撤。这将有助于提高投资者的长期持有意愿，也有助于投资者获取长期稳健的收益，实现基金公司与基民的双赢。

5.9 美林投资时钟模型

美林投资时钟简介

"美林投资时钟"由美林证券于 2004 年在 *The Investment Clock* 报告中提出，这一理论基于对美国从 1973 年到 2004 年的 30 年历史数据的研究，将资产轮动及行业策略与经济周期联系起来，是资产配置领域的经典理论。美林投资时钟模型将经济周期划分为衰退、复苏、过热和滞胀四个阶段，资产类别划分为债券、股票、大宗商品和现金。在一轮完整的经济周期中，经济从衰退逐步向复苏、过热方向循环时，债市、股市、大宗商品的收益依次领跑，如图 5-14 所示。

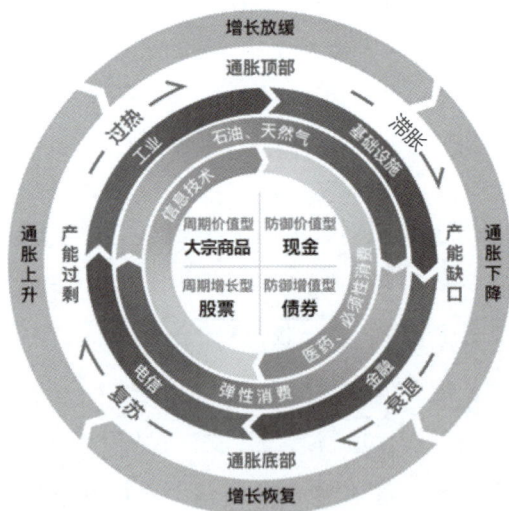

图 5-14

关于美林投资时钟的相关说明如下。

- 衰退期：经济下行，产能缺口减少，通胀下行。货币政策趋松，债券的收益表现最突出，即债券＞现金＞股票＞大宗商品。

- 复苏期：经济上行，产能缺口增加，通胀下行。经济转好，企业盈利改善，股票获得超额收益，即股票＞大宗商品＞债券＞现金。

- 过热期：经济上行，产能缺口增加，通胀上行。通胀上行增加了现金的持有成本，加息的可能性降低了债券的吸引力，商品受益于通胀的上行，明显走牛，即大宗商品＞股票＞现金／债券。

- 滞胀期：经济下行，产能缺口减少，通胀上行。经济下行对企业盈利形成拖累，对股票构成负面影响，债券的吸引力提升，即现金＞大宗商品／债券股票。

美林投资时钟的国内研讨

关于美林投资时钟在中国的有效性，学术界和产业界都有不少研究，由于时间区间和周期划分不同，结论也大相径庭。

在学术界，孙云等学者在 2015 年发表于《经济问题探索》杂志上的《美林投资时钟理论在中国金融市场应用探索》一文指出：

2003 年至 2013 年，中国资本市场在滞胀阶段中表现最好的是现金类资产，在衰退阶段中表现最好的是债券类资产，在复苏阶段中表现最好的是股票类资产，在过热阶段中表现最好的是大宗商品类资产。这与美林投资时钟的理论是相符的。

另外，张子能、董必焰在 2012 年发表于《经济视角》杂志上的《投资时钟在我国资本市场的实践探索》也取得了类似的结论。

但在产业界，多家机构分析师针对近十年的市场表现，得出了不同的结论。

例如，时任华泰证券首席宏观分析师李超在 2017 年发现，自 2011 年以后，货币政策和金融监管政策考虑经济和通胀以外的因素越来越多，从而导致只有两个输入变量的美林投资时钟，其解释能力变得非常弱，而且经常出错，按照美林投资时钟的思路，只有 28% 的正确率。导致美林投资时钟在中、美两国效果差异的原因是货币政策框架的不同：美联储的货币政策框架由经济和通胀两大因素决定，存在"增长和物价—货币政策及其预期—市场利率—大类资产走势"的传导渠道和对应的"利率定价方程"；但在中国，利率和货币政策的决策因素较其他国家更为复杂，是一个多目标制的决策体系，除了经济与通胀因素，金融稳定和国际收支平衡也是央行的重要考量因素。

根据华泰证券相关人员的研究，以利率为轴，可将美林投资时钟拓展为四个维度，分别是利率强上行、利率上行和利率下行、利率强下行，各维度及其最适合投资的资产如表 5-4 所示。

表 5-4

利率强上行		经济上行	经济下行	货币政策快速收缩或加强监督
	通胀上行	现金	现金	
	通胀下行	现金	现金	
利率上行		经济上行	经济下行	货币政策边际收紧
	通胀上行	大宗商品	现金	
	通胀下行	股票	现金	
利率下行		经济上行	经济下行	货币政策边际宽松
	通胀上行	大宗商品	债券	
	通胀下行	股票	债券	
利率强下行		经济上行	经济下行	货币政策快速宽松或放松监督
	通胀上行	股票	大宗商品	
	通胀下行	股票	债券	

模型修正后，华泰证券的数据显示，大类资产配置的正确率从28%大幅提升至72%。因此，李超认为，研究2011年以后的中国宏观经济与大类资产配置，应该将利率也纳入考虑范围，甚至有时候利率会成为主要矛盾变量。

同样，中信证券在对2004年至2016年的数据进行研究后也发现，我国经济周期的四个阶段并没有明显遵循美林投资时钟的轮转。

综上所述，我们可以发现，美林投资时钟很好地解释了1973年到2004年这段时间内美国市场的数据，但当前在中国市场的现实使用中具有一定的局限性。为什么会出现这种现象呢？

首先，预测经济周期并非易事。当投资者对经济所处的阶段达成共识时，相对应资产的价格往往已经经历了一轮上涨。

另外，政策干预可能会引起时钟逆转或跳跃。例如，在2008年金融危机时，各国央行都实施了前所未有的货币政策，直接将各类资产的价格推高，使得资产表现与美林投资时钟不符，导致美林投资时钟失效。在中国市场，资产价格切换迅速，美林投资时钟一度被市场人士戏称为"美林电风扇"。

总体来讲，美林投资时钟在我国具有一定的指导意义，但由于国情不同，现阶段其解释能力偏弱，在分析我国宏观经济与进行大类资产配置时，需要更多考虑符合我国市场的一些因素。因此，我们在具体投资中可以参考美林投资时钟，但也要结合实际情况去分析考量。

5.10 全天候策略

全天候策略（All Weather Strategy）是全球最大对冲基金——桥水基金的创始人瑞·达利欧（Ray Dalio）[1]制定的资产配置策略。在全天候策略中，有四种经济环境影响资产的价格：通货膨胀、通货紧缩、经济增长率上升及经济增长率下降。这四种潜在的经济环境

---

[1] 瑞·达利欧：美国著名对冲基金桥水基金的创始人，企业家、投资者，著有《原则》一书。

被称为"全天候"。经济也有"四季",我们无法预测接下来会是哪一季。瑞·达利欧认为:只要做到配置风险而不是配置资金,无论经济处在哪个阶段,也不管利率和通胀是高还是低,采用风险平价策略都可以有效地控制风险,从而帮助投资者平稳度过每个周期。

全天候策略的目标是配置合适的资产以削弱组合整体对宏观经济变化的敏感性。

图 5-15 所示为桥水资产配置与超预期经济环境的对应关系,如果把组合整体风险均匀分布到四个场景中,不管未来经济环境如何变化,组合整体的投资收益都不会受到特别大的影响。

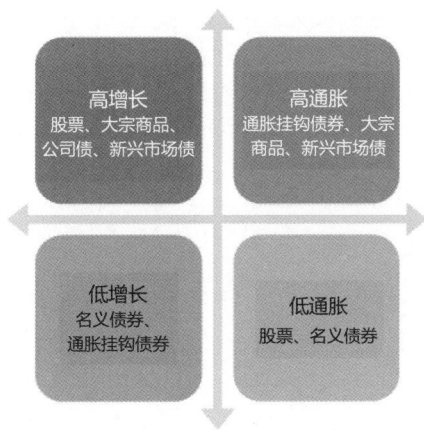

图 5-15

瑞·达利欧认为,以上每种情况发生的概率都是 25%,而这四个子组合对于整体组合而言风险都是平价的,这种策略就是全天候策略，也是风险平价策略理论的一种延伸。

全天候资产配置在 2008 年金融危机之后名声大噪，当时全球金融市场巨震，其他再分散的资产配置都未能在几乎所有大类资产联动下跌的环境下独善其身，而全天候策略经受住了危机的考验。

全天候策略的优势在于其能适应各种经济环境，在风险较小的情况下获得市场平均收益。但需要注意的是，全天候策略并不是没有风险，只是从长期来看，组合的表现对宏观经济环境的敏感度较低而已。

华宝基金 Hwabao WP Fund	编写	华宝基金 Hwabao WP Fund	审阅

华宝基金管理有限公司成立于 2003 年，是国内首批成立的中外合资基金管理公司之一。华宝始终秉承"恪守投资边界，策略胜过预测"的投资理念和基本策略，坚持严格的风险管理和控制，现已成为一家向客户提供国内公募基金产品、海外投资基金产品和专户理财服务的综合性资产管理公司

第**6**章
资产配置有哪些类型

6.1 什么是保守型资产配置

保守型资产配置是指采用低风险投资策略的一种资产配置类型，采用这种配置的基金就叫保守型资产配置基金，简称保守型基金，跑赢通胀通常是保守型基金的目标。如果投资者投资风格偏保守或投资者即将面临退休，就比较适合采用这类资产配置。

从基金资产配置的角度来讲，保守型基金的资产组合风险较低，通常将 20% ~ 50% 的资金配置在股票上，剩余的资金配置在债券和现金的组合上。如果资产在整个市场周期中能保持或增加价值，波动性较低，并且能轻易地变现而不会造成重大损失，一般就会被视为"安全"的资产，这些资产一般与整体市场的相关性较低，或呈负相关性，有望在市场承压时为投资组合提供保护。

在决定是否要投资保守型基金之前，投资者要先确定自己的投资目标是什么，是为了保住本金，跟上通胀，还是为了通过长期投资取得更好的收益？如果是长期投资，不妨增加一些股票配置以达到温和型的资产配置；如果是为了保住本金、完全回避市场风险，并且不介意几乎零利息，保守型基金可能不是最佳的选择；如果是为了跟上通胀的步伐，投资者可以考虑保守型基金。

6.2 什么是均衡型资产配置

根据经济日报社中国经济趋势研究院发布的《中国家庭财富调查报告（2019）》，房地产是中国家庭财富中占比最大的一部分，剩余部分多为金融资产。

目前，中国家庭金融资产比较单一，将近90%的金融资产为现金、活期存款和定期存款。虽然持有较高比例的现金让人安心，但每年的通货膨胀都会侵蚀现金的购买力。从长远来看，商品的价格往往呈现上涨的趋势，如果投资组合没有跟上商品价格上涨的步伐，收益率落后于通货膨胀，反而会造成资产的"缩水"，而股票和债券敞口可能会提供更多的保护，抵御通货膨胀的侵蚀效应。对此，我们可以留置部分现金用于短期支出与临时急用，部分现金搭配分配得当的长期投资组合，这样做不仅能应对目前市场的不确定性，同时还能让财富随时间稳步增长，以满足未来的需求。

当然，在选择具体的投资工具时，也要根据自己能承受的风险水平选择。根据西南财经大学的调查，中国家庭在金融资产投资上表现出明显的两极化特征。中国人民银行党委书记、中国银行保险监督管理委员会主席郭树清在 2018 年就防范非法集资风险发表演讲时强调，一定要向大众普及金融知识，提高大众对金融风险的识别意识。这提醒我们，在投资的道路上要摒弃短期投机取巧的思想，进行长期稳健的投资。

投资者最好按照自己的风险承受能力和风险偏好进行长期分散投资，寻求更好的均衡性和多元化配置，以缓冲市场的波动。一个兼具资本增值与收益潜力的投资组合，有助于抵御市场下跌带来的风险。

均衡型基金是将钱投资在不同的资产类别中，它可以随着市况的改变灵活调整资产。从长期投资来看，均衡型基金的长期收益率未必能追上股票基金，为了达到风险分散的目的，基金中除了配置股票，还会配置债券、现金等资产，而这些资产的长期收益率一般比股票低。

但在股市表现欠佳时，此类基金的下跌幅度也远小于股票，因为债券的走势往往与股票相反，在股市下跌时，债券往往能帮助投资者对冲部分损失。因此，在股市表现欠佳时，多元资产配置策略（均衡型基金）就非常重要；而当股市大热时，基金经理也可以通过调整配置以捕捉部分增长机遇。

总体来讲，均衡型基金的收益普遍比较稳定，很少出现大起大落的情况，能够达到攻守兼备的效果。

6.3　什么是战略性资产配置

战略性资产配置就是在较长时期内以长期回报为目标的资产配置，通俗地说就是确定投资的大方向。我们一般根据自己的收支情况来保留一定数量的流动性资产，然后把可以用来投资的资产配置在股票和债券里。所以，在进行战略性资产配置的时候，投资者主要考虑股票和债券之间的份额分配问题。

目前，投资者需要从收益和风险两个角度把握大方向。不同的人生阶段对投资收益的要求不同。随着收入的变化，人们对风险的承受能力也在不断地发生变化，战略性资产配置的目标就是根据每个人所处的生命周期及其对收益的要求和对风险的承受能力，来决定各类资产的基本配比。

25 岁左右的职场新人

25 岁左右的职场新人由于刚开始工作，剩余资金普遍不多，而且还需要为成家立业做准备，因此，对收益的要求比较高。正常情况下，职场新人未来的工资收入会不断上涨，而且他们距离退休还有很长一段时间，即使投资失误，也有很多修正的机会，所以，风险承受能力是比较高的。

基于以上情况，我们建议职场新人在此阶段多配置一些股票。在股票市场中，他们可以提高一些新兴市场股票、成长型股票的配比；在债券市场中，他们可以多配置一些高收益债券。虽然这些资产的波动性较大，但拉长时间维度来看，收益也是较好的，即使短期内面临损失，也有机会通过拉长投资年限或利用工资收入进行定投或逢低补仓来实现比较高的收益。

40 岁左右的中年人

一般情况下，40 岁左右的中年人已经有了一定的积蓄，如果能投资一些收益率比较稳定的资产，其收益可以用来补贴生活费用。另外，40 岁左右的中年人离退休还有 20 年左右的时间，仍然可以考虑配置一些长期收益比较高的资产，争取储备比较多的资产以享受退休生活。

与年轻人相比，中年人面临着"上有老、下有小"的现实状况，对抗风险的能力相对较弱。因此，建议其在股票和债券之间进行平衡配置，在股票市场中多配置一些成熟市场的股票、价值型股票，而在债券市场中投资级债券占比要高一些，这样有助于达到一个波动率可控、在较长时间内能实现较好收益的配置。

60 岁左右的退休人士

一般人在退休时已经有了一定的积蓄，但除了退休金几乎就没有其他收入来源了，因此，他们可以依靠资产收入来补贴家用，但同时也要尽量防止投资损失。所以，我们建议退休人士的资产配置倾向于债券，利用投资级债券和高收益债券提供的票息收益补贴生活，同时也可以适当配置一些股票来提高收益。

需要说明的是，以上配置仅供参考，投资者可以根据自己的需要及当时的市况适时调整。

6.4　什么是战术性资产配置

由 6.3 节的内容可以看出，确定资产配置的大方向就是确定战略性资产配置。但市场是动态的，当某段时期市场发生改变时，我们需要根据对市场趋势的判断及资产收益的变化，对配置组合进行及时的、适当的调整，这就是战术性资产配置。一年有四季变化，经济状况也有高潮和低谷，所以，我们的行为也要配合经济环境的变化来及时调整。

一方面，在目前的经济环境下，假如"新冠肺炎"有了良好的医疗解决方案，将有望推动全球股市广泛地回暖，使目前表现落后的股票迎头赶上。如果疫情状况持续得到改善，将可以提振滞后行业，助力股市上涨。对投资者而言，这其中最大的挑战是能否正确把握时机。

另一方面，由于市场无风险利率可能会保持在低水平，世界各国央行倾向于宽松政策。成熟市场国家的央行加大力度推出货币刺激政策，以期维持市场流动性，提升企业的融资能力。低息环境下，传统的收益来源如现金存款和政府债券均承受一定的压力，同时市场不明朗因素持续存在，如图 6-1 所示。

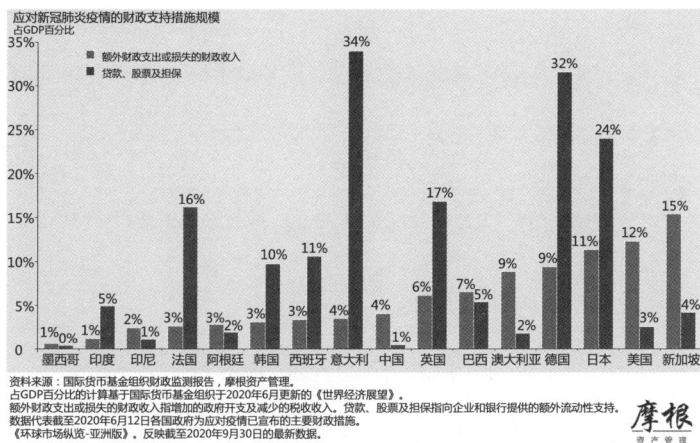

图 6-1

从图 6-1 可以看出，一方面，市场波动及低息环境预期会持续一段时间，投资者要面对这些挑战，就需要以灵活的方法辨识及捕捉投资机遇。另一方面，收益来源也应更加多元化，除了股票派息和债券票息，投资者也可从全球不同地区及资产类别中获取收益，各资产类别收益率如图 6-2 所示。

需要说明的是，收益率并无保证，正收益率并不代表正回报。

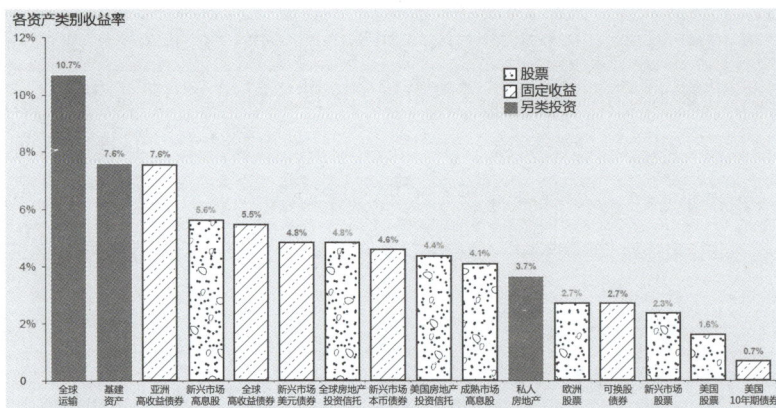

资料来源：彭博，FactSet, Alerian, 美国银行, Clarkson, Drewny Maritime Consultants, 美联储, 富时, MSCI, 美国房地产投资信托人士协会, 标准普尔, 摩根资产管理。全球运输：运输资产的杠杆收益率以租船费用（租金收入）、营运开支、债务摊销与利息开支之间的差额占股票价值的百分比计算。已计算以上各类型船舶的收益率，并对各行业应用各自比重得出全球运输的当前杠杆收益率；各资产类别基于美国房地产投资信托人士协会 ODCE 指数（私人房地产）、富时 NAREIT 全球／美国房地产投资信托指数（全球／美国房地产投资信托）、MSCI 全球基建资产指数（基建资产）、彭博巴克莱美国可换股债券综合指数（可换股债券）、彭博巴克莱全球高收益债券指数（全球高收益债券）、摩根政府债券指数-新兴市场全球（新兴市场本币债券）、摩根新兴市场债券全球指数（新兴市场美元债券）、摩根亚洲信用债指数（亚洲高收益债券）、MSCI 新兴市场指数（新兴市场股票）、MSCI 新兴市场高息指数（新兴市场高股息）、MSCI 世界高息指数（成熟市场高股息）、MSCI 欧洲指数（欧洲股票）、MSCI 美国指数（美国股票）。全球运输收益率截至 2020 年 6 月 30 日，基建资产截至 2020 年 3 月 31 日，新兴市场高息股及成熟市场高息股截至 2020 年 8 月 31 日。过往表现并非当前及未来业绩的可靠指标。《环球市场纵览 - 亚洲版》。反映截至 2020 年 9 月 30 日的最新数据。

图 6-2

6.5 什么是大类资产配置

想了解如何进行资产配置，投资者就要对主要大类资产的属性有所了解。其中，股票和债券是最基本的两大资产类别，占据了投资市场上的绝大部分份额，其余资产类别包括房地产、黄金、原油、铁矿石，以及玉米、大豆和咖啡等。

在 A 股的每一次牛市期间，上证指数的涨幅都很大，即使在美股长期的"慢牛"行情中，过去十年其年化收益率也超过了 10%。由此可见，股票是普通投资者实现资产增值的主要渠道。但获得高回报的同时也伴随着高风险，股票价格的波动很大，如果操作过于激进，可能会严重亏损，甚至失去东山再起的机会。如果将所有的资金都投入到股市里，遇到波动性大的情况，有可能在短期内赚到很多钱，但也可能导致大幅亏损。图 6-3 所示为 MSCI 综合亚太（不包括日本）指数从 1988 年到 2020 年 6 月 30 日的历年回报与最大年内回撤情况。

MSCI综合亚太(不包括日本)指数的历年回报与最大年内回撤

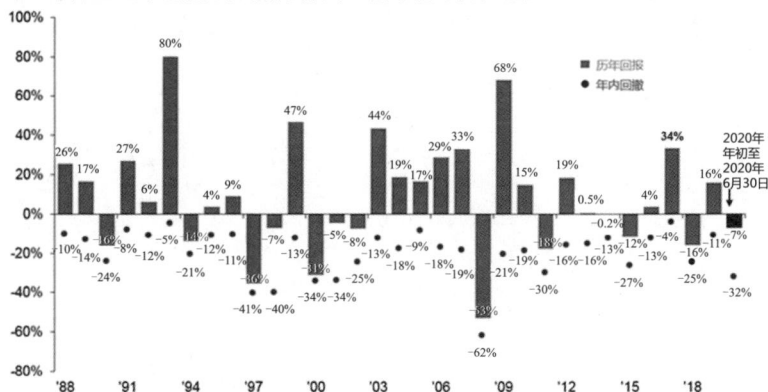

资料来源：FactSet，MSCI，摩根资产管理。
回报力基于 MSC 综合亚太（不包括日本）指数之美元计价格回报。
年内国家是指在相关年度内由高位跌至低位的最大幅度。
所示回报为 1988 年至 2020 年 6 月 30 日的历年回报。过往表现并非当前及未来业绩的可靠指标。
《环球市场纵览 - 亚洲版》。反映截至 2020-06-30 的最新数据。

图 6-3

与投资股票相比，投资债券通常不容易在短期内带来丰厚的回报，但它在大多数情况下能帮助投资者获得稳定的收益，有望抵消部分通胀带来的风险。债券的票息能提供较为稳定的收益现金流，同时，债券价格的波动率普遍低于股票，在投资组合中加入债券，组合价值的稳定性通常更高。在市场剧烈波动时，债券的票息收益和波动率较低的价格有助于稳定投资者心态，防止出现错误操作。图 6-4 所示为彭博巴克莱全球综合债券美元指数的年内回撤和历年回报情况（2003 年到 2020 年 6 月）。

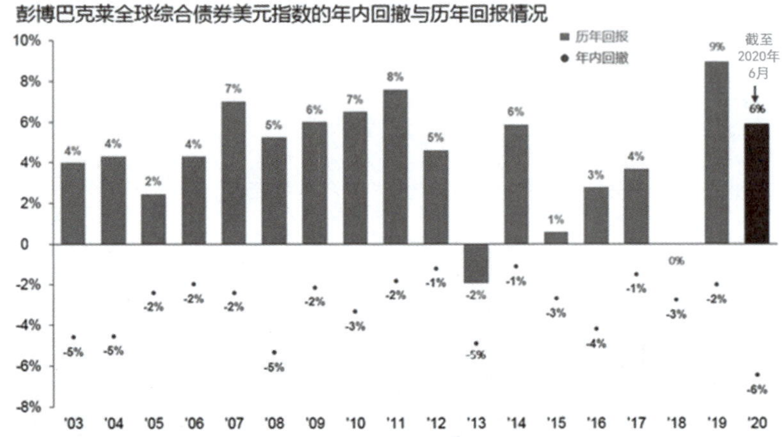

图 6-4

投资者可以自行买卖不同类别的资产，从而达到多元配置、分散风险的效果。例如，与股票相比，债券普遍能带来稳定收益，有望降低组合亏损的概率。因此，在股市欠佳时，多元资产配置策略就非常重要。当然，在股市大热时，也有可能错过增加收益的机会。

总体来讲，多元资产配置基金的收益不太会出现大起大落的情况，有望达到攻守兼备的效果。然而，这样的做法非常考验投资人的精力和专业知识，一般来讲，由职业经理人管理侧重多元资产配置的基金更容易获得高收益，也是更有效的选择。

6.6 什么是全球资产配置

一般来讲，在投资上选择全球资产配置可以降低仅配置单一市场的风险。2020 年，新冠肺炎疫情和全球石油价格发生共振，造成了市场激烈动荡，美股在 2020 年 3 月破天荒地经历了几次熔断，而油价也历史性地跌入负区间。但经过一段时间的发酵，股票市场消化掉了部分恐慌情绪，随后出现强劲反弹，各国央行再次采取行动以缓解波动率上升带来的风险。

短短数月，市场波动犹如过山车一般大起大落，作为投资者如何避免恐慌？首先，我们要明白波动是市场的永恒定律，要接受波动。其次，对于长线投资者来说，既然接受了这个定律，在实际操作时就应该将目光放长远，坚持长线、分散投资，以达到理想的回报。市场情绪逆转和波动率上升的可能性再次提醒投资者不应忘记分散投资的好处。

多元化投资是达到投资目标极为重要的法则之一。全球及国内的经济环境都是多变的，世界政治环境也错综复杂，这令不同种类的投资目标走势出现分歧。投资者不能控制市场，但可以控制自己的资产配置。配置不同种类的资产有望达到在赚取回报的同时又将波动的影响降到最低。

从 2000 年至 2019 年，单独看中国股票市场会发现年化波动率较大，如果将中国股票市场、全球股票市场和环球债券市场合起来看，平均回报并没有出现太大的改变，但其高点和低点大幅收窄。这背后的其中一个原因就是中国股票市场和环球市场现阶段的相关性偏低，同时，股票和债券往往呈现负相关性，因此，当股票市场出现调整时，债券及固定收益通常能发挥稳定作用。投资者亦可以投资一些表现出色的亚洲或其他市场的企业，从国外一些投资主题或政策方面获取降低组合相关性的机会。

"不要把所有的鸡蛋都放进同一个篮子里"，而应将资金分散投资于股票、债券、地产及黄金等不相关的资产组合中，同时，通过全球资产配置降低单一市场风险，这也是在波动中将收益最大化的方法之一。图 6-5 展示的是截至 2020 年 11 月 30 日的全球及亚洲股市回报。

2012	2013	2014	2015	2016	2017	2018	2019	2020	2021
海外股票—恒生指数 22.91	国内股票—创业板指 82.73	国内债券—可转债 56.94	国内股票—创业板指 84.41	商品—南华工业品 60.89	海外股票—新兴市场 35.99	另类—房价 11.98	基金—权益类 45.02	国内股票—创业板指 64.96	商品—原油 50.46
海外股票—纳斯达克 15.91	海外股票—纳斯达克 38.32	国内股票—万得全A 52.44	基金—权益类 43.17	商品—原油 50.65	海外股票—新兴市场 34.35	国内债券—国债 8.87	国内股票—创业板指 43.79	基金—权益类 55.91	海外股票—标普 26.89
海外股票—新兴市场 15.15	海外股票—标普 29.6	国内股票—沪深300 51.66	国内股票—中证500 39.01	商品—南华农产品 20.61	国内债券—综合 31.12	国内债券—综合 8.22	国内股票—沪深300 36.07	海外股票—纳斯达克 43.64	商品—南华工业品 25.89
海外股票—欧洲 15.15	海外股票—发达市场 24.1	国内股票—万得全A 38.5	国内股票—万得全A 38.5	海外股票—标普 9.54	海外股票—亚太地区 28.71	国内债券—信用债 7.44	海外股票—纳斯达克 35.23	国内股票—沪深300 27.21	海外股票—纳斯达克 21.39
海外股票—亚太地区 13.61	国内股票—中证500 21.68	基金—固收+ 26.99	基金—固收+ 12.48	另类—房价 8.88	海外股票—纳斯达克 28.24	基金—纯债 5.94	国内股票—万得全A 33.02	国内股票—万得全A 25.62	海外股票—发达市场 20.14
海外股票—标普 13.41	国内股票—中证500 16.89	基金—权益类 22.24	基金—纯债 10.12	商品—黄金 8.66	海外股票—欧洲 22.13	外汇—人民币兑美元 5.43	国内股票—中证500 26.38	商品—黄金 24.85	国内债券—可转债 18.48
海外股票—发达市场 13.18	基金—权益类 12.73	海外股票—纳斯达克 13.4	外汇—美元 9.34	海外股票—新兴市场 8.58	国内股票—沪深300 21.78	外汇—美元 4.14	海外股票—发达市场 25.15	国内股票—中证500 20.87	国内股票—中证500 15.58
国内股票—沪深300 7.55	海外股票—亚太地区 9.27	国内股票—创业板指 12.83	国内债券—信用债 9.07	海外股票—纳斯达克 7.5	海外股票—发达市场 20.11	基金—固收+ -0.32	商品—原油 22.73	海外股票—发达市场 16.26	商品—南华农产品 15.11
商品—黄金 6.84	国内股票—万得全A 5.44	外汇—美元 12.56	国内债券—综合 8.18	外汇—人民币兑美元 7.02	商品—原油 17.25	国内债券—可转债 -1.16	海外股票—欧洲 20.03	海外股票—新兴市场 15.84	海外股票—欧洲 13.75
基金—固收+ 6.66	海外股票—恒生指数 2.87	国内债券—国债 10.94	海外股票—发达市场 5.77	商品—南华农产品 7.5	基金—权益类 14.12	商品—黄金 -1.88	商品—黄金 18.63	商品—南华农产品 12.23	国内股票—创业板指 12.02
商品—南华工业品 6.45	国内债券—信用债 1.71	另类—房价 10.69	海外股票—纳斯达克 5.73	基金—纯债 5.32	商品—黄金 13.32	海外股票—纳斯达克 -3.28	商品—南华工业品 16.58	基金—固收+ 9.12	国内股票—万得全A 9.17
国内债券—信用债 6.26	基金—纯债 0.94	国内债券—综合 10.34	国内债券—国债 4.67	海外股票—亚太地区 2.33	商品—南华工业品 11.68	商品—南华工业品 -3.68	海外股票—新兴市场 16.26	商品—南华工业品 8.74	基金—固收+ 7.82
基金—纯债 5	外汇—美元 0.55	国内债券—信用债 10.09	国内股票—沪深300 2.48	海外股票—发达市场 2.33	国内债券—国债 4.93	海外股票—纳斯达克 -6.24	国内债券—可转债 15.84	国内债券—可转债 5.25	基金—固收+ 7.68
国内股票—万得全A 4.68	基金—固收+ 0.39	海外股票—发达市场 2.93	国内债券—综合 2.21	外汇—美元 3.73	基金—固收+ 2.32	商品—南华农产品 -8.79	海外股票—新兴市场 15.43	国内债券—信用债 3.32	外汇—美元 6.68
商品—原油 4.12	商品—原油 -0.19	海外股票—亚太地区 2.48	国内债券—综合 1.85	国内债券—国债 4.67	国内债券—信用债 2.31	海外股票—发达市场 -10.44	基金—固收+ 10.16	海外股票—欧洲 3.14	国内债券—国债 5.85
国内债券—可转债 4.11	国内债券—综合 -0.47	商品—南华农产品 1.28	基金—纯债 1.56	海外股票—纳斯达克 5.73	基金—纯债 2.15	海外股票—恒生指数 -13.61	海外股票—恒生指数 9.07	国内债券—综合 2.98	另类—房价 5.33
基金—权益类 3.65	另类—房价 -1.06	海外股票—恒生指数 1.59	海外股票—恒生指数 -0.39	基金—固收+ 1.28	海外股票—亚太地区 1.85	海外股票—亚太地区 -16.64	国内债券—信用债 5.04	基金—纯债 2.84	国内债券—综合 5.09
国内债券—综合 3.6	国内债券—可转债 -1.41	海外股票—标普 -0.73	海外股票—发达市场 -2.74	海外股票—发达市场 -3.39	海外股票—可转债 -0.16	海外股票—新兴市场 -17.27	基金—纯债 4.59	基金—纯债 2.65	国内债券—信用债 4.3
另类—房价 2.79	外汇—人民币兑美元 -2.83	商品—南华农产品 -2.46	海外股票—亚太地区 -7.16	国内股票—沪深300 -7.16	国内股票—中证500 -0.2	商品—原油 -19.02	国内债券—综合 3.94	另类—房价 0.67	基金—纯债 4.13
国内债券—国债 2.72	国内债券—国债 -2.86	海外股票—新兴市场 -4.63	海外股票—欧洲 -5.32	国内股票—沪深300 -11.28	国内债券—国债 -1.83	基金—权益类 -16.64	基金—纯债 4.33	基金—纯债 2.84	外汇—人民币兑美元 -2.55
国内股票—中证500 0.28	商品—南华农产品 -3.62	海外股票—新兴市场 -4.63	国内股票—沪深300 -10.44	国内股票—万得全A -10.44	商品—南华农产品 -6.3	国内债券—综合 -28.25	商品—南华农产品 1.46	海外股票—恒生指数 -3.4	海外股票—亚太地区 -3.4
商品—南华农产品 0.06	海外股票—新兴市场 -4.98	商品—南华农产品 -8.59	国内股票—万得全A -11.28	商品—南华农产品 -11.76	海外股票—南华 -6.81	国内股票—万得全A -28.25	外汇—人民币兑美元 1.46	海外股票—恒生指数 -3.4	海外股票—亚太地区 -3.41
外汇—美元 -0.57	国内股票—沪深300 -7.65	商品—南华农产品 -10.15	海外股票—新兴市场 -12.91	国内股票—万得全A -12.91	国内债券—国债 -6.3	国内股票—万得全A -28.25	商品—南华农产品 1.46	外汇—人民币兑美元 -6.12	国内股票—沪深300 -4.59
外汇—人民币兑美元 -1.02	商品—南华工业品 -17.08	商品—南华工业品 -20.98	国内股票—万得全A -13.03	国内股票—中证500 -17.78	外汇—人民币兑美元 -9.89	外汇—美元 -28.65	外汇—美元 -6.73	外汇—美元 -6.73	国内股票—沪深300 -5.2
国内股票—创业板指 -2.14	商品—黄金 -27.86	商品—原油 -47.24	商品—原油 -34.74	国内股票—创业板指 -27.78	国内股票—创业板指 -10.67	国内股票—中证500 -33.32	另类—房价 0.39	商品—原油 -21.64	海外股票—恒生指数 -14.08

图 6-5

6.7 什么是风险配置

风险配置，顾名思义就是通过设立目标风险来配置组合，从而达到分散组合风险的目的。在传统的 60/40 组合中，60% 的股票和40% 的债券并不意味着 60% 的风险来自股票。由于股票的波动性通常大于债券，所以，股票对整个组合的风险贡献可能远超 60%。那么，如果我们希望通过目标风险来配置组合应该怎么做呢？

首先，我们需要设立自己的风险目标，判断自己的风险承受能力，这里引入风险胃纳的概念。风险胃纳主要包括两方面：接受风险的意愿和驾驭风险的能力。从财富来源的角度看，通过自己奋斗积累财富的投资者通常比被动接受财富的投资者（如继承遗产者）接受风险的程度高。理论上讲，驾驭风险的能力通常在年轻时较强，随着年龄的增长而逐渐降低。从投资回报的重要性角度讲，一个投资者对组合回报的依赖性越高，则该投资者驾驭风险的能力普遍越低。

在设立好目标风险以后，我们可以选择主要的风险敞口类型或不同的风险因子来配置权重，从而使组合达到分散风险的目的。历史数据证明，多元投资，比如在组合中配置不同类别的资产，可以在回报不变的前提下消除一类风险，这一类风险就是非系统性风险。非系统性风险主要是公司层面的风险，如公司管理层的能力、单一公司面临的法律诉讼等。而系统性风险，如市场的总体回报、经济萧条情况、政府的政策调整等，则无法通过多元化分散。

投资者在 2020 年都面临着一个很大的难题：在既定的投资组

合风险下是否能获得可接受的回报。我们可能观察到，除非多维度地考虑风险因素（如流动性风险、货币风险或日趋动态的资产配置），否则市场风险水平可能会超出预期。鉴于"新冠肺炎疫情"以来新技术的迅速采用，生产力的复苏带来了比前几年更大的上行风险，持续的贸易摩擦仍然是主要的下行风险之一。2020 年，债券在第一季度证明了自己的投资价值，随着经济的停滞产生了可观的回报，但展望未来，随着经济的复苏及低利率环境的长期存在，从债券中获得实际回报的可能性变小。因此，在进行风险配置时，不能低估未来风险的规模和性质，要做到合理地分散风险。

6.8 什么叫因子配置

做资产配置，首先需要找到尽可能广泛的投资范围和阿尔法（α）来源。投资范围和阿尔法可以来自资产类别，如股票和债券，也可以来自投资工具或投资因子。

Smart Beta（聪明贝塔）是一种基于因子投资理论的新兴量化投资策略，这种策略在被动投资的基础上，融合了一定的主动投资经验。它通过改变指数的市值加权方式，使用基于规则的量化方法，增加了指数在某些特定因子的风险敞口，以争取获得相应的超额收益。

目前，全球主要的 Smart Beta 策略因子包括价值、成长、股息、风险导向及多因子。与美国因子策略相对均衡的布局相比，中国市场上的策略因子主要分布在股息策略中，约占整个 Smart Beta 策略的 41.6%。

传统市值加权的指数存在着潜在的弊端，大部分资产都集中在市值最大的公司与板块，风险过于集中。而 Smart Beta 策略通过剔除投资组合中不带来收益的风险因子（如区域、行业等）和增加一些能够带来超额收益的风险因子（如价值、质量、动量等），通过更加分散的个股投资，取得比传统被动指数更优厚的风险调整后回报，表 6-1 所示为主要的策略因子占比。

表 6-1

策略因子	美国（总规模 9609 亿美元）	中国（总规模 25 亿美元）
股息	24.0%	41.6%
价值	23.4%	25.2%
成长	23.4%	13.2%
风险导向	9.2%	10.7%
多因子	6.8%	4.7%

数据来源：Morningstar Direct, Morningstar Research（晨星研究），数据截至 2019 年 12 月 31 日

需要说明的是，多元分散组合不能保证投资回报，亦不能消除损失风险。

JPMorgan	编写	JPMorgan	审阅
JPMorgan（摩根大通）自 1921 年开始在华开展业务。摩根大通为客户提供广泛的金融服务，涵盖投资和企业银行、环球企业支付、市场业务、销售和研究、证券服务、商业银行以及资产管理等领域。目前，我们通过在北京、上海、天津、广州、成都、哈尔滨、苏州及深圳的业务网络及分支机构为中国本土及跨国公司、金融机构和政府机构提供全方位的金融服务			

第 **7** 章
国内资产配置的产品有哪些

7.1　国内强调资产配置价值的产品有哪些

前面我们讲了很多资产配置的意义，除了自己可以利用资产配置做好投资规划，还有一个简单的方法，就是选择资产配置型产品。接下来我们就介绍国内强调资产配置价值的产品有哪些。

资产配置的基本要点是分散投资，即将资金分配到多种资产上。由此可以看出，资产的多元化是资产配置最基础也是最重要的特征，一个强调资产配置价值的产品就应该至少包括两大类资产。从前面章节可知，国内可投资的大类资产有股票、债券、大宗商品、另类投资、现金等价物等，其中最重要的两类资产是股票和债券，专业机构通常称之为权益和固定收益（简称固收）。

根据所投资的资产配置比例范围的不同，就可以对国内的金融产品进行分类了。例如，股票型基金就是指将 80% 以上的基金资产投资于股票的基金，而将 80% 以上的基金资产投资于债券的就是债券型基金，只能投资于货币市场工具的称为货币基金，同时投资于股票、债券等多种资产但又不满足于股票基金和债券基金定义的就是混合基金。理论上，很少有一个产品只投资一类资产，即便是指数基金，出于流动性管理的目的，也会保留一部分现金或现金等价物的资产以便应付投资者的日常赎回。

也就是说，几乎所有的金融产品都涵盖了多元资产，都可能涉及资产配置。不同类型的产品之间，由于产品合同约定投资比例限制的不同，资产配置的作用也会有差异。混合基金和基金中的基金（Fund of Funds，简称 FOF）明确同时投资于股票、债券、基金等多种资产，资产配置的作用是较为明显的。而货币基金、不能投资于股票和可转债的纯债基金、较少投资于债券的股票基金、商品基金和 REITs 基金等，单一资产对产品的风险收益影响最大，产品的投资策略不依赖于多元的资产配置，因而不在我们的讨论范围之内。通常我们认为如下几类产品较为依赖资产配置策略。

（1）可投资于权益资产（含可转债）的混合债券型基金，其典型的股债配置比例为 20/80。

（2）混合型基金，根据股票和债券投资比例范围的不同可将混合型基金分为表 7-1 所示的几类。

表 7-1

项目	典型的股债配置比例
偏债混合	30/70
平衡混合	60/40
偏股混合	75/25
灵活配置	30/70 或 70/30

（3）FOF，包括养老目标基金。

基金投顾服务提供的组合通常也非常强调资产配置的价值。

在投资过程中，人们之所以要做资产配置，其根本的出发点和目的是利用资产之间的低相关性，对投资组合绩效进行优化，追求更好的风险收益比，即在一定风险水平上追求更高的回报或在一定收益预期下追求更低的风险，更好地实现投资目标。因此，衡量资产配置的作用就可以重点参考风险调整后收益这个综合指标。这里需要特别说明的一点是，要对一个投资组合的绩效进行准确的归因分析，计算出其资产配置及行业配置、选券、择时等贡献，是一件非常专业而复杂的事，这里不详细展开说明。接下来我们以公募基金为例，对国内几类资产配置型产品的绩效进行一一分析，看看这些资产配置型产品在实际中的表现如何，我们又能从中得到什么样的结论及启发。

7.2　什么是"固收+"

近年，在资管新规横空出世，刚兑被打破，净值化产品成为主流的时代背景下，"固收+"应运而生。很多投资者尤其是大量的原银行理财、信托理财及部分保险理财的客户不想或无法承受较大的风险，但又不甘于把钱存银行或不满足于货币基金的收益，于是，市场设计了"固收+"这一产品以满足投资者的需求。

"固收+"并非是一种严格的产品分类，而是指以风险较低的债券等固收类资产提供基础收益，在控制波动的前提下，通过配置其他类型的资产来增加组合收益的一种投资思路或投资策略，采取这种投资思路的产品就称为"固收+"产品，简称"固收+"。"固收+"产品可投资的资产类别较为丰富，包括债券、可转债、股票，甚至还有一些另类资产。"固收+"策略很好地体现了资产配置的投资理念，它通过对多元资产的分散投资，合理配置，追求风险相对可控情况下收益的提升。和权益类产品相比"固收+"产品的风险更低、波动更小，其风险较固收产品有所放大，但收益更有弹性。由此可以看出，"固收+"产品属于绝对收益策略产品。

"固收+"中固收部分的投资一般较为固定，主要配置低风险的债券，包括中短期利率债、中高等级中短期限的央企国企信用债等。"固收 +"策略的不同主要体现在所 "+" 部分的不同，具体可将其分为以下几种。

- **+ 可转债策略**：可转债兼具了股债双重属性，在熊市期间，更多地呈现出债性，相对抗跌，还可以贡献部分票息收入；在牛市期间，则以股性为主，波动较大，预期收益较高。

- **+ 打新策略**：网下新股申购（俗称打新）是绝对收益基金的重要收益来源，也是"固收 +"产品的一种重要策略。网下申购目前只允许 A、B、C 三类专业机构投资者参与，其中，A 类机构投资者获配比例相对较高, 公募基金占有较大优势。但要注意的是，公募基金只有混合基金和股票基金可以参与打新，因此，想要使用打新策略的"固收 +"产品就只剩下偏债混合基金。

- **+ 定增策略**：定增就是上市公司的定向增发。为了吸引投资者参与，通常定增价格和二级市场价格之间存在价差（折价），这就为定增策略提供了基本的收益来源。除此之外，整个市场的上涨也可能带来股价的上涨，该上市公司本身良好的成长性也能给投资者带来较好的成长性收益。

- **+ 股票策略**：这里的股票策略专指二级市场的股票交易策略。由于"固收 +"的定位是绝对收益，更接近固收，因此，在投资高风险的股票时，"固收 +"产品通常会选择主要配置一些市值较高、股息率较高、估值较低、波动率较低、盈利较为稳定、现金流充裕的价值股，少配置一些高波动的成长股。

- **+ 套利策略**：国内市场存在套利机会的地方主要在金融衍生品市场，如股指期货、国债期货、商品期货的期现套利、期权的套利。ETF（Exchange Traded Fund，交易型开放式指数基金）和 LOF（Listed Open-ended Fund，上市型开放式基金）虽然是基金，但由于能上市交易，所以一二级市场有两种价格，导致存在套利的可能。可转债由于转债价值内置看涨期权，因此也存在套利的可能。需要注意的是，所有的套利机会并非完全的无风险套利，也可能存在套利失败的情况。

- **+ 对冲策略**：对冲策略包括股票对冲策略和债券的对冲策略，并且通常采用的是量化对冲手段。对冲策略的基本原理是：通过主动的选股（债）择时，借助股指期货（国债期货）对冲掉市场风险，以期无论市场涨跌都能获得较为稳定的超过市场那部分的阿尔法收益。

- **+ 多策略**：考虑到每一种策略都有适用的环境，有的产品为了更好地应对市场变化，可能会将多种策略进行组合或根据形势进行动态调整，以便更好地控制回撤，争取更稳定的收益。当然，这对管理人员的专业能力提出了更高的要求。

7.3 "固收 +"产品的表现如何

根据 7.2 节中"固收 +"的定义,"固收 +"产品主要来自这几种基金类型:

- 可投可转债的债券基金,如鹏华产业债;

- 大部分二级债基,如工银瑞信双利 A;

- 大部分偏债混合基金,如华夏永福 A;

- 部分灵活配置基金,如安信稳健增值 A;

- 部分 FOF,如南方全天候策略 A;

- 所有量化对冲基金,如汇添富绝对收益 A。

"固收 +"产品因为含有风险资产,其表现自然会受行情因素的影响,可能存在短期内发生亏损的情况。但由于这类产品总体上追求绝对收益,会主动对回撤进行控制,因此,如果把产品持有的时间拉长,比如持有一年以上,绝大多数"固收 +"产品的盈利概率都能达到 90% 以上,部分优质产品甚至能达到 100%。以上几只典型的"固收 +"产品,它们无论是在风险控制、绝对收益率,还是在风险收益比(夏普比率)方面都是较为突出的,这无疑很好地实现了"固收 +"产品的定位,满足了投资者追求较高收益又不想冒太大风险的需求。也就是说,"固收 +"产品能给投资者带来更好的投资体验，更好地帮助投资者盈利。

我们来看下最为典型的"固收＋"产品偏债混合基金的数据：截至 2020 年 11 月 10 日，Wind 偏债混合基金指数自基准日 2003 年 12 月 31 日以来的年化收益达到了 9.43%，年化夏普比率为 1.27，而过去十年的年化波动率仅为 4.20%，Wind 偏债混合型基金指数过去十年走势图如图 7-1 所示。

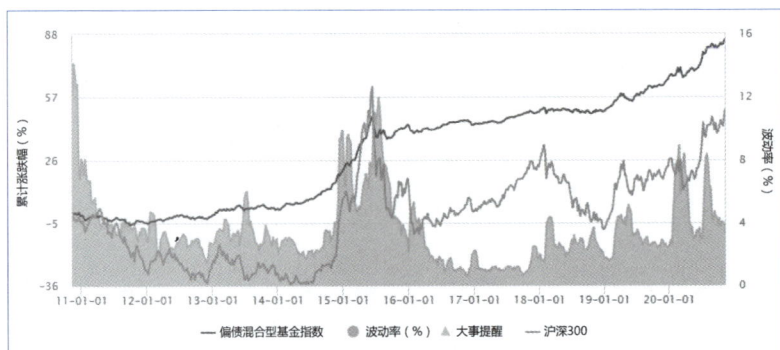

图 7-1

再来看一下部分典型的"固收＋"产品最近三年的表现。表 7-2 所示的几只优质"固收＋"各策略的代表性产品最近三年都分别跑赢了股市的代表指数沪深 300 和债市的代表指数中证全债，不仅收益相当可观，而且风险水平，无论是从最大回撤还是从年化波动率来看较股市都有非常大的下降，其夏普比率都超过了 1，部分产品还达到了 2 以上，很好地体现了"固收＋"产品在提升风险收益比方面的优势。表现突出的"固收＋"产品近三年的表现如表 7-2 所示。

表 7-2

基金简称	基金投资类型	主要策略	最大回撤	年化波动率	夏普比率	基金年化收益率	中证全债年化收益率	沪深300年化收益率
鹏华产业债	混合债券型二级基金	+ 可转债	1.45%	2.32%	2.50	7.36%	5.19%	6.41%
安信稳健增值 A	灵活配置型基金	+ 多策略	1.58%	2.55%	2.29	7.49%	5.19%	6.41%
工银瑞信双利 A	混合债券型二级基金	+ 股票	3.26%	2.95%	2.12	7.87%	5.19%	6.41%
汇添富绝对收益 A	量化对冲	+ 量化对冲	5.85%	4.80%	1.48	8.68%	5.19%	6.41%
南方全天候策略 A	FOF	+ 股票、基金	5.48%	5.48%	1.31	8.88%	5.19%	6.41%
华夏永福 A	偏债混合型基金	+ 股票	8.16%	9.71%	1.07	12.03%	5.19%	6.41%

数据来源：Wind；数据截至 2020 年 11 月 10 日

7.4 如何选择"固收 +"产品

从表 7-2 的数据可以明显地看出，"固收 +"产品所"+"的部分确实带来了收益的增长，但任何投资都是有风险的，我们不能只在乎收益而不关注风险。特别要注意的是，"固收＋"产品的基本定位还是偏固收，并非单纯地追求更高的收益，如果特别在意收益，投资者就应该去买预期收益更高的权益基金。因此，我们在分析和选择"固收＋"产品时，首先要考虑的不是收益而是风险。具体来讲要注意以下几点。

首先，不仅要看所"＋"的部分是如何带来收益增加的，效果如何，持续性如何，也要关注基础的固收部分是不是稳固，投资的固收资产其风险是不是较低，尤其要关注信用风险，最好选择那些较少做风险下沉、信用等级较高的产品。

其次，对于所"＋"的部分，更要看是如何控制风险的，仓位是如何限制的，因为仓位水平决定了所"＋"部分的风险情况，在很大程度上也决定了整个产品的风险等级。例如，如果是＋股票策略，股票的仓位中枢是多少，10%、20%，还是30%？很显然股票仓位中枢为30%的产品，其风险大概率上是高于股票仓位中枢只有10%的产品的。投资者通过查看多期基金季报就可以了解以上情况。此外，我们还要关注仓位是动态调整的还是基本保持不变的，有没有控制风险的手段。比如，有的策略就对整个组合的最大回撤有严格的控制，有的则采用了目标波动率的手段，还有的可能什么都没有。通常这些风险控制目标不一定会写进产品合同，但通过组合经理的公开访谈或产品的实际表现可以大致了解到这些信息，投资者可以据此来判断和选择适合自己的产品。

然后，要综合看整个产品表现出来的风险大小情况，如最大回撤和年化波动率等指标。毫无疑问，投资者应该选择那些在自己风险承受能力范围之内的产品，而非预期收益最高的产品。如果一只产品的历史收益看起来很不错，但风险控制不太好，其回撤水平远远高于你能接受的范围，那么作为理性的投资者就应该选择放弃。

最后，对于"固收 +"产品策略的选择需要结合市场行情和宏观政策来综合分析，这里提供一些简单易行的操作思路：如果预期股市行情走牛，权益资产机会较大，则"+ 股票"和"+ 可转债"策略的固收产品机会较大；如果股市行情震荡，前景不明，则"+ 打新策略""+ 套利策略""+ 对冲策略"及"+ 多策略"的产品可能机会更好；而如果股市行情明显较弱或走熊，"+ 对冲策略"可能存在机会，"+ 打新策略"的机会也可以。这里要特别提醒一下，如果宏观政策不太友好，尤其是货币政策收紧，资金面较为紧张时，很可能会出现股债双杀的情况，这个时候除"+ 对冲"产品机会相对好一些外，大部分"固收 +"产品也难有太好的表现。

另外再谈一谈产品的管理人员。由于"固收 +"产品对投资的要求比较全面，不仅包括固收的投资，还包括权益的投资，以及打新、定增、套利、对冲乃至多策略，因此，投资人需要考察管理人员的综合投资能力，具体可以查看其所管理产品的产品线情况是否完善，各类产品的表现是否存在明显的短板，以及"固收 +"产品的整体历史业绩等。

7.5 股债平衡策略效果如何

股债平衡策略是指在资产配置上股和债保持较为平衡的配置，不仅要求在配置上能实现平衡，而且在收益和风险之间、短期收益和长期收益之间也希望能够实现平衡。从定位上看，股债平衡策略是在"固收+"的基础上对风险收益做了进一步的升级，基本偏离了固收的特征，但又未达到权益类产品的风险收益特征。这类策略可以充分发挥股债各自的优势，进可攻、退可守，并利用两者之间的低相关性，提升组合的风险调整后收益。股债平衡策略的股债配置比例通常为 60/40 或 50/50，在实践中，60/40 组合更为普遍，这也是国际上较为经典的资产配置法则。理论上，作为经典的资产配置策略，可以充分发挥资产配置的作用，实现提升组合绩效的目的。

国内股债平衡配置策略的实际情况如何？我们对国内的平衡混合型基金进行了研究，根据 Wind 数据，从基准日 2003 年 12 月 31 日至 2020 年 11 月 10 日，平衡混合型基金指数的年化收益率为 12.62%，同期沪深 300 的年化收益率为 10.84%（见图 7-2）。在过去 10 年里，平衡混合型基金的年化波动率为 14.52%，大幅低于沪深 300 指数的 22.99%，更是将夏普比率从沪深 300 的 0.5 提升到了 0.75，提升了 50%（见图 7-2），这说明，平衡混合型基金的表现是明显优于沪深 300 指数的。平衡混合型基金不仅收益率更高，风险也更低，充分反映了资产配置的价值，这其中有不少历史悠久的老基金表现更为抢眼（见表 7-3）。

Wind 平衡混合型基金过去 10 年走势

	最新	本周	本月	近一月	近三月	近一年	近三年	基日以来
平衡混合型基金指数	-0.19%	0.43%	1.68%	1.85%	1.99%	17.13%	5.55%	12.62%
沪深300 ✎	-0.99%	0.39%	4.46%	4.78%	4.77%	25.67%	6.23%	10.84%

年化波动率			年化换手率			夏普比率			
近三年	近五年	近十年	近三年	近五年	近十年	近三年	近五年	近十年	基日以来
11.52%	12.44%	14.52%	--	--	--	0.41	0.35	0.36	0.75
21.38%	20.09%	22.99%	109.05%	109.14%	123.90%	0.34	0.29	0.21	0.50

图 7-2

表 7-3

基金简称	基金成立日	成立以来年化波动率	成立以来年化收益率	成立以来年化超额收益率
华夏回报 A	2003-09-05	16.19%	18.17%	16.89%
华安宝利配置	2004-08-24	20.66%	19.38%	17.70%
博时价值增长	2002-10-09	19.17%	10.82%	7.28%
易方达平稳增长	2002-08-23	18.05%	14.02%	12.46%
南方核心竞争	2015-12-29	9.34%	13.72%	14.92%
广发稳健增长 A	2004-07-26	19.92%	17.07%	5.59%
国富中国收益	2005-06-01	16.40%	13.46%	23.00%
交银定期支付双息平衡	2013-09-04	19.37%	26.60%	11.04%
汇丰晋信 2026	2008-07-23	22.86%	12.52%	16.89%

数据来源：Wind；数据截至 2020-11-10，超额收益率是相对于沪深 300 而言的

7.6　偏股混合型基金表现如何

从偏债混合基金到股债平衡配置混合基金，其股票资产配置的比例逐步升高，风险收益特征也呈现升级的趋势。沿着这个思路，我们再来看一看偏股混合型基金的情况。

Wind 的数据显示，自基准日 2003 年 12 月 31 日至 2020 年 11 月 10 日，Wind 偏股混合型基金指数的年化收益率为 15.76%，大大高于沪深 300 的 10.84%，相比 Wind 股票基金总指数同期的 14.84% 也有一定的提升。从风险角度看，偏股混合型基金最近十年的年化波动率也低于沪深 300 的 22.99% 和股票型基金总指数的 21.55%。偏股混合型基金在收益和风险都较股票和股票基金有所提升，从而带来了夏普比率明显的提升。值得注意的是，按照 Wind 二级分类标准，偏股混合型基金是目前国内长期回报最高的一类基金。

偏股混合基金跟股票基金的风险收益特征较为接近，主要的区别在于偏股混合型基金的股债配置比例范围更广，基金经理的主动操作空间稍大一些，而其他条件是相同的，所以我们有理由认为偏股混合型基金的收益及风险收益比的提升主要是资产配置的贡献。

7.7　灵活配置型产品有哪些优势

另一个在资产配置方面有充分发挥空间的产品类型是灵活配置型，

这里的灵活配置指的是股债的配置比例较为灵活，通常在30% ～ 70%，最宽泛的可在0 ～ 95%。国内股市的波动较大，牛短熊长，这在理论上为灵活配置创造了更好的条件，也给了基金经理更大的操作空间，使其可以采取更为丰富的投资策略，甚至可以实行产品策略定制。可能是基于此种考虑，在实践中，基金公司热衷于发行灵活配置型产品。目前，灵活配置产品是市场上混合型基金中产品数量最多的产品类型，远超偏债混合型、平衡混合型和偏股混合型，总数超过了 2000 只。从实际表现来看，灵活配置基金作为一个整体，其业绩相当突出。

Wind 数据显示，自基准日 2003 年 12 月 31 日至 2020 年 11 月 10 日，Wind 灵活配置基金指数的年化收益率达到了 15.21%，大幅高于沪深 300 的 10.84%。更值得称道的是，在提升收益率的同时，风险也出现了明显的下降。灵活配置基金指数近十年、近五年、近三年的年化波动率分别为 14.19%、11.88% 和 13.09%，较沪深 300 指数都下降了 30% 以上（见图 7–3），因此也带来了夏普比率接近 80% 的提升幅度。

不仅如此，相对于偏股混合型基金、股票型基金，灵活配置基金指数也体现出了自己的优势：还是同样的期间，Wind 偏股混合型基金指数和股票型基金总指数的年化收益率分别为 15.76% 和 14.84%，而它们近十年的年化波动率为 21.15% 和 21.55%，也就是说，灵活配置基金指数的收益率与偏股混合和股票型基金相差无几。但从风险上看，无论是近十年、近五年，还是近三年，灵活配置型基金指数都低了很多，这也让灵活配置基金的风险调整后收益指标夏普比率得到了明显的改善。这种改善对投资者是相当有利的，不仅使投资者的投资体验更好，而且获取收益的概率和幅度也都上升了。

	最新	本周	本月	近一月	近三月	近一年	近三年	近五年	近十年	基日以来
灵活配置型基金指数	-0.50%	0.69%	3.39%	3.49%	3.88%	38.16%	14.56%	10.13%	9.47%	15.21%
沪深300	-0.99%	0.39%	4.46%	4.78%	4.77%	25.67%	6.23%	5.19%	3.50%	10.84%

年化波动率			年化换手率			夏普比率			
近三年	近五年	近十年	近三年	近五年	近十年	近三年	近五年	近十年	基日以来
13.09%	11.88%	14.19%	--	--	--	1.08	0.79	0.64	0.87
21.38%	20.09%	22.99%	109.05%	109.14%	123.90%	0.34	0.29	0.21	0.50

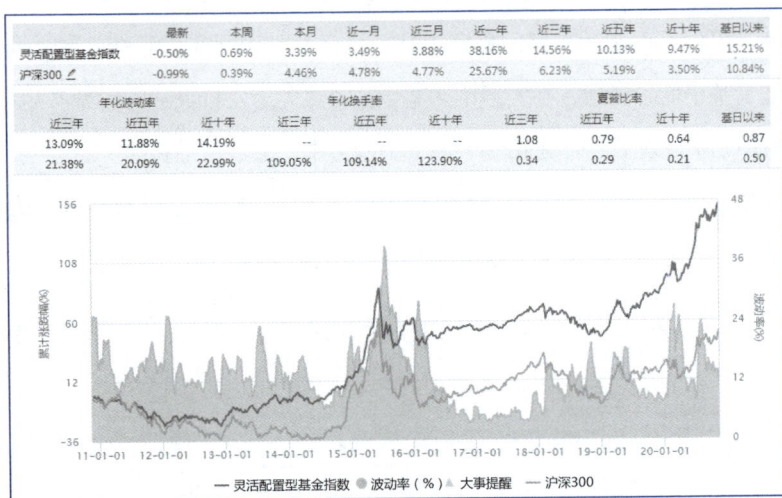

数据来源：万得资讯，时间区间为 2011-01-01 至 2020-12-31

图 7-3

为何灵活配置基金从整体看是所有权益基金类型中风险收益最好的？究其原因，可能都跟资产配置的作用有关，具体存在以下几种情况。

（1）第一种情况，灵活配置基金的资产配置比例非常宽泛，这给基金经理带来了更大的操作空间，有利于具备较好主动投资能力的基金经理发挥特长。从理论上讲，因为灵活配置基金的投资范围很宽泛，既可以主要投资股票，也可以主要投资债券，还可以股债平衡，即其可据市场行情不断变化，一切都取决于对产品的定位和基金经理对市场的判断。因为国内的股市波动较大，并且牛短熊长，在熊市当中，灵活配置型基金拥有较大的仓位调整空间，所以有可能带来组合下行风险的降低。与此同时，债券部分因为和股市具有跷跷板效应，所以在股市处于熊市时债券往往还有不错的收益。这使得即使是一些更偏股票方向的灵活配置型基金，哪怕是追求相对收益，与股票配置比例下限较高的偏股混合基金和股票型基金相比，其有了获得更好收益的可能。

（2）第二种情况，灵活配置基金不仅资产配置比例范围更广，策略也更丰富。除了传统的股票债券，还可以加上打新、股票定向增发，以及可转债和各种衍生品的套利策略，甚至还可以使用对冲策略。部分灵活配置基金为了能满足更多稳健型投资者的需求，充分利用灵活配置基金的上述优势，将产品定位于"固收＋"，追求绝对收益。这类绝对收益型灵活配置基金的风险收益比是非常突出的，它把灵活配置基金的整体风险调整后收益拉高了。

（3）作为一个指数，灵活配置型基金指数是把众多基金组合在一起，主要组成部分是风险较低但风险调整后收益较高的绝对收益型灵活配置基金，以及风险较高预期收益也较高的偏股方向、追求相对收益的灵活配置基金，还有少量中等风险收益特征的股债平衡基金。也就是说，灵活配置基金指数在本质上相当于把混合基金的其他三种风险收益特征不同的基金类型（偏债混合、平衡配置混合和偏股混合）组合在了一起，这本身就体现了资产配置的思想。灵活配置型基金指数的突出表现，进一步说明了资产配置的意义。

混合基金包括偏债、平衡、偏股和灵活配置四种类型，前几节我们对每一种细分类型都做了分析，从整体上看，每种类型都发挥了资产配置的作用，都带来了较高的风险调整收益。如果我们把所有的混合基金作为一个整体来分析，结论会是什么呢？答案是：表现依然非常突出。

Wind 数据显示，Wind 混合型基金指数自基准日 2003 年 12 月 31 日至 2020 年 11 月 13 日，年化收益率为 14.28%，年化波动率维持在 15% 左右，基准日以来年化夏普比率达到了 0.81。这些数据都明显优于股市和股票基金，充分说明资产配置发挥了很好的作用。

7.8　FOF 产品值得买吗

FOF 与一般的以股票、债券等为投资标的的基金不同，它主要以基金为投资标的。也正因如此，债券的比重很少，相对于普通的基金，FOF 在投资上进一步分散，风险也进一步降低，对资产配置的应用更加广泛、深入。虽然从短期来看，其流动性和收益表现有可能不如普通的基金，但从长期来看，因为 FOF 更注重收益和风险之间的平衡，所以有可能带来更好的风险收益比，表现会更加稳定，长期回报非常值得期待。

更值得关注的是，以养老目标基金为代表的 FOF 产品更强调从客户需求和偏好出发，在明确的投资目标和资产配置策略的支撑下，注重风险控制，强调长期投资，这将更加有助于发挥资产配置的作用。

我们先来看看 FOF 在国内的整体表现情况。自基准日 2018 年 2 月 22 日以来，中证 FOF 基金指数的年化收益率为 10.44%，年化波动率仅为 5.76%，夏普比率高达 1.59（见图 7-4）。收益虽然不算太突出（这跟产品追求稳健的定位有关，投资上不会特别激进），但夏普比率是相当突出的，高于同期所有其他可投资于权益的基金类型的平均值，包括二级债、偏债混合、平衡混合、偏股混合和股票型基金，仅低于纯债基金。这反映出 FOF 基金整体较好的风险收益比，实现了追求稳健收益的目标，更是充分体现了资产配置的价值。

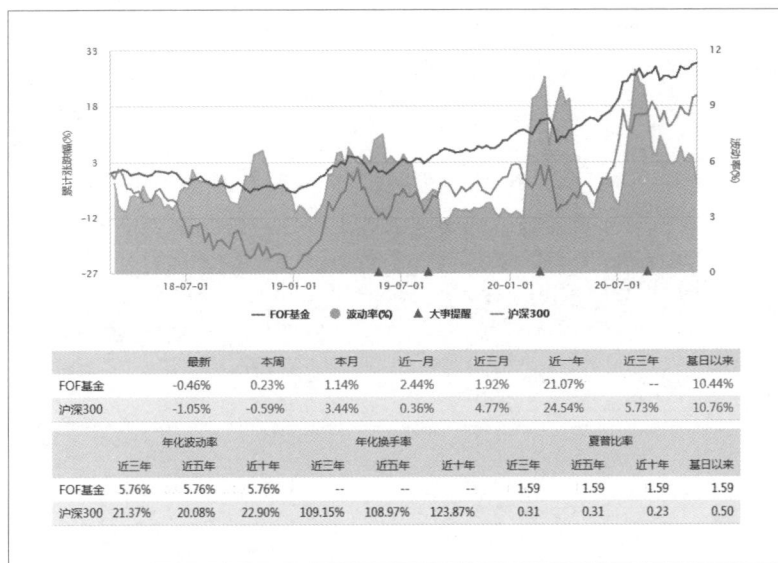

	最新	本周	本月	近一月	近三月	近一年	近三年	基日以来
FOF基金	-0.46%	0.23%	1.14%	2.44%	1.92%	21.07%	--	10.44%
沪深300	-1.05%	-0.59%	3.44%	0.36%	4.77%	24.54%	5.73%	10.76%

	年化波动率			年化换手率			夏普比率			
	近三年	近五年	近十年	近三年	近五年	近十年	近三年	近五年	近十年	基日以来
FOF基金	5.76%	5.76%	5.76%	--	--	--	1.59	1.59	1.59	1.59
沪深300	21.37%	20.08%	22.90%	109.15%	108.97%	123.87%	0.31	0.31	0.23	0.50

图 7-4

FOF 基金中最典型的代表是养老目标基金，其资产配置更是立足之本。养老目标基金通常采取两种资产配置策略，一种叫作目标日期，另一种叫作目标风险。

- 目标日期：根据退休日由远到近，通过设置权益类等风险资产配置比例的下滑轨道，逐步降低权益资产的比例。

- 目标风险：通过对整个组合设定风险管理目标来配置权益等风险资产的比例，比如用波动率来衡量，当波动率上升，接近风险控制目标阈值时，基金就会降低风险资产的配置比例，反之则会增加风险资产的配置比例。

国内养老目标基金成立的时间较短，大多不足两年，已满一年的仅有 70 只。Wind 数据显示，截至 2020 年 11 月 13 日，自成立以来，养老目标基金的平均年化收益率为 17.12%，超过比较基准的年化收益率 4%，其年化波动率仅为 8.52%，平均夏普比率超过了 1.80。初步看来，养老目标基金的业绩也是非常突出的，资产配置的作用已经开始有所体现。

刘明军	编写	刘明军	审阅

第 **8** 章

基金投顾服务及选择技巧

8.1　如何选择资产配置的产品和服务

明确自己的资产配置

全球资产配置之父加里·布林森曾说：做投资决策，最重要的是要着眼于市场，确定好投资类别。从长远看，大约 90% 的投资收益都来自成功的资产配置。

事实上，大量海外研究也都表明：资产配置对收益的贡献非常显著，通常可以决定 85% ~ 95% 的收益，是长期投资成功的关键。

虽然资产配置至关重要，但对许多投资者而言，资产配置实则知易行难。

大多数人在描述自己的投资需求时往往非常简单，比如：我有 100 万元，希望在未来的几年内把 100 万元变成 200 万元。

- 如果想要资产在 10 年内翻一倍，年化收益率要在 7% 左右，现金、债券等低风险的资产很难实现，需要配置一定比例高风险的权益资产。

- 如果想要资产在 5 年内翻一倍，年化收益率要在 15% 左右，这就意味着我们必须 100% 配置权益资产，甚至配置潜在收益率更高的资产。图 8-1 为各大类资产的波动率和收益率。

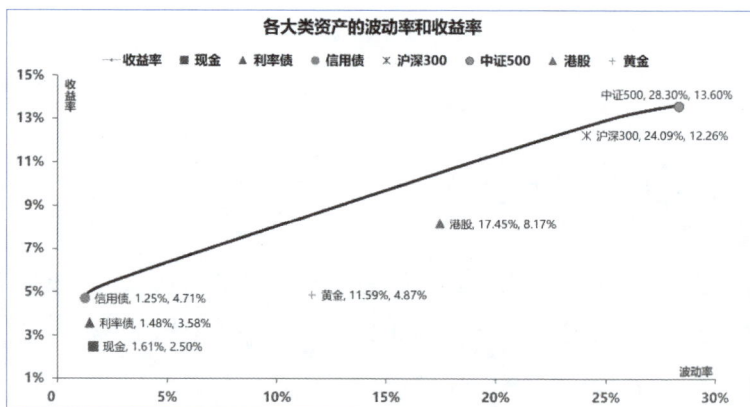

数据来源：Wind，中欧基金整理，截至 2020 年 3 月 30 日

图 8-1

但高回报意味着高风险。研究表明，许多人在进行资产配置时其实并不十分清楚自己的风险收益偏好，这样就容易出现错配的现象，进而影响投资体验。

因此，在进行资产配置前，投资者首先要了解各大类资产的特征。

大类资产的现状

- 股票：这是一种价格波动非常大的资产，其波动幅度甚至超出了大多数人的实际承受能力，但很多投资者，尤其是新手，都没有认识到这一残酷的事实。

- 债券及银行理财：债券资产及银行理财的优点是波动相对较小，缺点是收益空间也相对较低。随着利率的下滑，债券类资产的吸引力也在连年走低。

- 房产：房产一直是国内投资者的最爱，但最近几年，除了极少数热点城市，大多数城市的房价涨幅都很一般。随着相应政策管控的持续，未来房产投资的收益空间也会逐渐下降。

- 黄金：黄金的价值在于保值，从长期来看，投资的收益表现并不是特别理想。

除了上述这些大类资产，保险、股权、期权等在资产配置中也比较常见。

资产配置之路

那么，我们在进行资产配置时，应该如何选择产品呢？大家可以按照以下三个步骤操作。

第一步：明确自己的收益目标与风险承受能力。

每个人的预期收益率和风险承受能力都不一样，所以，投资者一定要充分考虑自己的实际情况。比如，你的预期收益率是 20%，是否能同时做好可能损失 10% 的准备？

第二步：制定具体策略，选择符合自己实际需求的产品。

在资产配置方案确定后，最重要的就是实际执行情况了，这个过程可能会很枯燥，但好的投资方式，就是这样的机械执行。虽然枯燥，但是安心。

所以，如果你承受不了 10% 左右的回撤，那么建议你将股票类资产的比重控制在 30% 以内。

第三步：耐心持有，静待花开。

在资产配置方案确定后，需要用信心和毅力换取时间的玫瑰。

不过，一般的投资者自行进行资产配置还是有很大难度的，一方面受限于专业的金融知识储备，另一方面也有"偷懒"心理的存在。因此，在进行资产配置过程中，很多人还需要寻求一些外部力量的帮助，如理财规划师、智能投顾等。

专业的理财规划师更多服务于高净值人群，服务的专属性更强，收费也相对较高；智能投顾可能更符合大多数投资者的需求。

智能投顾通过运用金融科技技术将用户的投资需求与投资顾问相结合，其低门槛、低费用与智能化的优势越来越受到投资者的青睐。Statista 统计数据显示，预计到 2022 年，中国的智能投顾管理资产总额有望超 6600 亿美元，服务的人数或将超过 1 亿人次。

目前，我国的智能投顾市场呈现出百花齐放的发展态势，银行系、基金系、券商系及大型互联网金融平台的智能投顾产品不断推陈出新，让普通人在挑选资产配置服务时有了更多的选择。

8.2 如何借助专业机构的力量寻找合适的资产种类

中美两地投资者差异

虽然大家都知道资产配置的核心在于"把鸡蛋放在不同的篮子里"，但在实际操作上却难以入手。具体通过哪些金融工具才能达成投资目标、实现分散风险？各个资产类别的合理配比又是怎样的？个人投资者往往缺乏专业的金融知识，市场信息也不对称，这都加大了投资的风险，个人投资者想获取高收益往往是心有余而力不足。

上交所发布的《上海证券交易所统计年鉴（2019卷）》显示，截至2018年12月31日，从持股账户数看，沪市投资者为2.14亿人，其中自然人投资者2.13亿人，占比超过99%。据2017年统计年鉴显示，沪市中个人投资者的整体盈利为3108亿元，而机构的整体盈利为11,156亿元，个人投资者的盈利金额不足机构投资者的1/3。

他山之石，可以攻玉。对比美国金融市场来看，一战结束后，美国经济高速发展，企业盈利激增，带动了股市的繁荣。手持大量资金的大批民众"跑步"入市，散户持有流通股的市值一度达到股市总市值的90%以上。直到20世纪70年代中期，养老金入市后才开启了美国资本市场"去散户化"的进程。截至2018年6月底，美国资本市场已转为机构主导，个人投资者持有的市值占比不到6%。可以预见的是，随着国内专业机构和个人投资者之间投资赚钱效应差距的逐渐拉大，通过专业机构进行资产配置将逐渐成为市场主流。

专业机构的几点优势

和个人投资者相比，专业机构具备以下四点显著的优势。

1. 资产配置能力

与专业机构相比，个人投资者普遍缺乏资产配置的意识和对自己风险承受能力的准确判断，在投资过程中难免发生盲目买入不适合自己的理财产品，以及出现资产配置不均衡等问题。而专业机构能够帮助投资者匹配基于个人的投资时长、投资目标和风险偏好，帮投资者选择适合自己的资产配置方案。

2. 后市研判能力

由于对金融行业相关知识把握有限，个人投资者在投资过程中面对市场波动和风格转化时难免会陷入焦虑，短频交易、高买低卖时有发生。相比之下，专业机构通常配有各类资产的投研团队，他们能够根据市场波动和行情变化持续优化资产组合。

3. 资金实力、信息透明

市场上稀缺的优质资源往往都设有投资门槛，将普通个人投资者挡在门外，通过交由专业机构集合理财的方式则能够获得这些优质资源的投资机遇。同时，在其他投资项目中，专业机构往往拥有更多和投资项目管理层面对面交流、实地调研的机会，比个人投资者能更好地了解被投项目的经营情况，更好地判断其投资价值。

4. 专人管理，轻松理财

投资是一件非常专业的事。随着专业机构规模的逐渐壮大，投资者的盈利体验和持有体验也亟待提升，未来将会有更多的个人投资者愿意委托专业机构进行资产配置，让专业的人去做专业的事。

但值得注意的是，在过去，传统银行的私人理财业务因服务门槛较高，仅面向少数高净值人群，无法满足大量处于长尾、资产较少的人群的理财需求，个人投资者的主要投资手段仍以公募基金、股市和银行理财为主。但近年来，随着监管部门出台的资产新规打破了刚性兑付，加上注册制改革对投资者的择股能力提出了更高的挑战，使得个人投资者更难以应付。由于缺乏专业人士的指导，投资者习惯了短线交易，基金投资长期存在基金赚钱而基民不赚钱的问题。

2019年10月24日，中国证监会印发《关于做好公开募集证券投资基金投资顾问业务试点工作的通知》，放开公募基金投顾试点，国内资产管理行业开启了以基金投顾为载体，满足普通投资者个性化理财需求、资产配置需求的新篇章。

传统个人投资者通过购买单只基金参与投资，并且还需要自行选择基金和择时。与之不同的是，基金投顾团队可以为投资者的个性化需求提供多种资产配置解决方案，同时，管理型的投顾团队在接受委托后还可以代投资者完成组合基金的申购/赎回，并根据行情变化持续优化管理，并定期提供业绩报告、市场解读和持续的顾问陪伴服务。

以中欧财富投顾为例，中欧财富投顾提出"财富成长、稳健理财、活钱管理、人生规划"这四笔钱，覆盖的投顾策略可满足投资者不同投资时长、风险偏好和投资目标的资产配置需求。其中，中欧水滴养老系列可为从"65后"到"90后"不同年龄段的客户完成一站式养老金解决方案。

8.3 什么是基金投顾服务

除了基金产品以外，还有一个较新的、特别强调资产配置作用的地方就是基金投顾服务。为了解决基金赚钱基民不赚钱的问题，一种低门槛、站在客户角度、完全以客户需求为导向、以基金为投资标的、提供资产配置建议的在线投顾服务应运而生，即基金投顾服务。

简单来说，就是投资者签约了这个服务，等于把钱交给了投顾专家，由其根据投资者的需求、目标、偏好、风险承受能力等为投资者精选基金并按照资产配置策略来构建组合，当市场环境、基金产品或整个组合出现重大情况的时候，专家会去实时调整，尽量保证投资者目标的实现。当然，这项服务是需要收取一定费用的。

实际上，基金投顾业务在美国等海外市场发展迅速。除最早推出这个业务、管理资产规模已经超过 300 亿美元的 Betterment 和 Wealthfront 这两个科技型创业公司外，全球资产管理规模领先、管理着数万亿美金的资产管理公司如先锋领航（Vanguard）、贝莱德（BlackRock）、嘉信（Charles Schwab）等巨头也加入了进来。巨大的市场需求，加上业务本身在低门槛、较低费率、较高效率和优质服务等方面的优势大大推动了在线投顾业务的发展。目前，美国的在线投顾规模已经超过 3000 亿美元。

基金投顾业务在国内是监管部门的一项重大政策，旨在促进行业健康发展，解决行业痛点。

2019 年 10 月 24 日，中国证监会印发的《关于做好公开募集证券投资基金投资顾问业务试点工作的通知》标志着投顾业务正式起航。截至 2020 年 10 月底，监管部门共批复了 18 家投顾试点机构，包含公募基金（及其子公司）、第三方独立销售机构、券商、银行等多种机构类型。首批获得业务资格试点的是易方达、华夏、南方、嘉实、中欧五家公募基金。腾讯旗下的基金代销公司腾安基金作为第三方独立基金销售机构是第二批获得基金投顾业务资格的，现已开展业务。

8.4　基金投顾服务的优势在哪里

基金投顾服务的优势主要体现在以下几个方面。

产品方面的优势

投顾服务的投资标的为基金，那么 FOF 具备的优势，基金投顾业务也具备，包括资产配置的作用、基金的优势等；FOF 体现出来的整体表现稳健、具备更高的风险收益比等优势也有望在基金投顾业务上得以体现。

服务上的优势

基金投顾的本质更多的不是一个产品，而是一种服务，提供基金组合是为了实现投资者目标而采取的一种服务工具和手段。基金投顾服务提供的基金组合是完全基于客户需求偏好来做的，通过技术手段理论上可实现个性化定制、甚至完全定制。说到这里，不得不提一下在线基金投顾业务的另一大看点和优势，那就是智能化。从客户的分层、画像、标签到需求分析和确认，从模型和系统的开发应用到资产配置模型、组合的构建调整，都可以加入科技手段，在 UI 方面也非常简洁顺畅，交易体验和服务体验极好。在线基金投顾业务的线上化、个性化、智能化，使得服务的效率和质量都非常突出。

商业模式上的优势

在传统的基金销售模式中，卖基金是卖方视角，主要赚取的是买卖手续费，部分客服为了赚取交易佣金可能存在让客户频繁交易的问题，并且卖方还有可能从上游的产品提供方获取一定的利润，这样就有可能导致不客观、不独立，甚至发生伤害客户利益的情况。

如果要求完全代表客户利益，就必须是买方视角，向客户收取顾问费，对客户负责，做到完全从客户需求和利益出发来选择产品、构建组合，以及提供一揽子的顾问服务。当然，这并不是说基金销售就不需要专业服务、就不需要遵循以客户为本的理念，事实上，作为一个负责任的企业，任何时候做任何业务都会充分考虑用户的利益。我们只是说传统的基金销售商业模式存在一定的缺陷，这一点可能就是基金投顾业务和传统的基金销售业务之间较为根本的差异。

虽然历史很短，但基金投顾业务的业绩还是令人满意的。据蓝鲸财经报道，截至 2020 年 10 月 16 日，基金投顾业务的上述优势已初露端倪，较早开展投顾业务的几家基金公司提供的投顾组合总体表现较好（见图 8-2），最重要的是盈利客户占比超过了 90%，且复购比例占比较高。这说明了客户的投资体验较好，基金投顾业务初步得到了市场的认可。

四家基金公司的投顾策略及年化收益率		
机构名称	部分投顾策略	自上线以来年化收益率
南方基金—司南智投	货币增强策略月利宝	2.37%
	货币增强策略双月宝	3.69%
	绝对收益策略稳健型	7.10%
	绝对收益策略平衡型	9.95%
	股债配置策略积极蓝筹型	38.57%
	股债配置策略积极成长型	46.30%
	多因子策略股基蓝筹精选	52.21%
	多因子策略股基蓝筹指数	38.07%
	多因子策略股基成长精选	56.58%
	多因子策略股基成长指数	48.50%
华夏基金—查理智投	货币优享	2.72%
	固收增强	9.24%
	权益优选	42.69%
	国内培优教育金组合	27.73%
	常春藤教育金组合	29.28%
	60后智享财富组合	27.95%
	70后智赢人生组合	30.77%
	80后智领未来组合	39.41%
	90后智享自由组合	46.03%
嘉实基金—嘉实财富投顾	货币增强	2.18%
	固收plus	6.24%
	固收优选	5.24%
	权益甄选	58.85%
	智盈慧投	6.50%
中欧基金—水滴投顾	超级股票全明星	22.03%
	经典股债均衡	21.70%
	年年乐偏债进取	4.01%
	双季乐稳健增强	8.10%
	季季乐稳健回报	4.35%
	指数严选长投	17.41%
蓝鲸基金制图，数据截至2020年10月16日		

图 8-2

8.5 选择资产配置产品或服务时应注意哪些问题

前面讲到的众多资产配置产品和服务让我们清楚地看到了资产配置在中国市场发挥了很好的作用，很多产品的表现更加突出，具备了更好的风险收益比，给投资者带来了更好的长期回报和良好的投资体验。但一个较为残酷的现实是，很多资产配置型产品尽管表现良好，但规模并不大，多数只有几个亿，甚至有的还属于袖珍型，这跟很多动辄上百亿元甚至几百亿元的主动权益基金甚至一些热门指数基金相比，相去甚远。这个现象背后的原因值得我们深思！为此，在这里就投资者应该如何对待资产配置产品和服务、如何选择产品和服务，以及在选择资产配置产品和服务时应该注意哪些问题等，做一个分析和总结。

具备清晰的目标

具备清晰的目标是所有投资的前提和基础，对资产配置产品和服务来说尤其如此。

在资产配置的步骤中，第一步是确定目标。因此，我们在选择资产配置产品和服务前必然要先确定自己的目标。只不过，单纯的投资目标和个人的理财目标要能对应。这就需要将理财目标更加具体化，这里涉及几个关键的投资因素，即风险承受能力、投资期限、收益预期。如果目标不清楚，就很容易导致我们对风险的容忍度、对收益是否满足、对流动性的要求、对产品短期表现的态度、对产品好坏的判断等出现偏差，甚至出现重大的操作错误，最终导致投资结果偏离我们的目标，甚至让我们付出昂贵的代价。

第二步是对产品的定位有精准的把握。在我们的目标清晰之后，要想选到合适的产品，就需要了解产品，准确把握产品的定位，以便判断其是否与我们的目标相吻合。产品的定位主要包括：产品的投资目标（是追求绝对收益还是相对收益）、风险收益特征（尤其是要深入了解风险控制的目标和手段）、投资的范围和投资的理念。把握了产品的定位之后，我们就有了对产品预期收益进行分析的依据。

正如前面的章节曾提到过的，我们不能高估个人对风险的容忍度，尤其是短期波动带来的冲击，大部分人的容忍度不足，当遇到持续的调整时，很多人就会选择赎回。如果我们无法克服这一点，就要在选择产品的时候多关注风险而非收益。历史收益更多的只是一种参考，并不意味着未来的回报。事实上，无论是国内的股市还是债市，应该说机会都很多，收益并不低，前面的数据已经说明了这一点，问题出在波动较大上。因此，控制住了波动就有希望让投资更为稳健，而且，以上资产配置型产品的表现也充分证明了，在降低波动后，投资的风险收益比是能够获得较大提升的。也就是说，控制波动是投资者首要考虑的问题，这不仅对基金管理人而言是如此，对于我们普通投资者而言也是如此。因此，我们在选择资产配置产品时，首先应该查看这些产品或服务是如何控制风险的，它的风险控制目标和手段又是怎样的。

理解资产配置的优势

要充分理解资产配置产品在风险控制上的优势及现实意义。我们都知道，任何投资都是有风险的，短期的波动是难免的，如果波动太大，确实就可能对我们的投资结果产生重大的不利影响，其背后的数学原理如表 8-1 所示。

表 8-1

下跌幅度	回本需要的上涨幅度	下跌幅度	回本需要的上涨幅度
5%	5.3%	50%	100%
10%	12%	60%	150%
20%	25%	70%	230%
30%	42%	80%	400%
40%	66%	90%	900%

从表 8-1 中可以看出，如果跌幅不大，比如在 20% 以内，涨幅不需要太高就有希望回本。如果跌幅在 10% 以内，跌多少再涨多少差不多就能回本，难度不算大。资产配置型产品发挥了资产配置的作用，在风险控制方面具备优势，通常比那些不重视资产配置、

不重视风险控制的产品表现更为稳健，尤其是追求绝对收益的"固收＋"产品。这类产品本身就非常重视风险控制，有着回撤或波动率的目标，大多数产品的回撤都可以控制在 10% 以内，有的还可以控制在 5% 以内，甚至 3% 以内。从投资角度来看，我们应该尽可能避免大的损失。另外，从心理承受能力来看，很多人也确实不能承受大大的风险。因此，对于多数不太激进的投资者，资产配置型产品是很好的投资选择，不仅因为其波动小，能够提升投资体验，而且其择时的难度也低，尤其是绝对收益的"固收＋"产品，基本上不需要择时，大部分时间都可以随时买入。

给予产品足够的耐心

要给予资产配置产品或服务足够的时间和耐心。资产配置产品能有效地降低风险，但即便风险控制好了，也不免会存在行情较好时，产品的收益与不太重视风险控制的产品相比不那么突出的情况。这个时候就特别需要我们去理解并接受这一点，给予产品足够的耐心和时间。随着时间的拉长，最后产品很可能带来的总回报并不低，甚至高于那些短期收益高但波动大、在熊市时出现较大调整的产品。

我们不可能指望一只产品在跌的时候很抗跌，在涨的时候还能大涨，这样完美的产品是不存在的。投资者不要想着能有一只完美的产品，关键还在于我们自己的选择。资产配置的优势往往需要较长的时间才能发挥出来，我们对此一定要有足够的耐心。投资者最容易犯的错误是涨的时候希望涨得快一点，一旦觉得涨得慢了就放弃。其实，这类在短期表现很稳健的产品有可能就是长期表现很突出的优质产品。这就是很多资产配置型产品尽管长期回报较高，给投资者带来了很好的实实在在的回报，但大多数时间里规模并不大的根本原因。比如南方宝元，作为最早的一只偏债型基金，其长期年化收益达到了两位数，但其规模在十几年时间内都稳定在较小的几个亿内，直到最近一年其规模才得以快速增长到过百亿元。

刘明军	编写	刘明军	审阅

第 **9** 章

资产配置有哪些基本原则

9.1 资产配置黄金三原则

资产配置是指根据收益目标将资金在不同的资产类别之间进行配置，通常是将资产在低风险、低收益证券与高风险、高收益证券之间进行分配，最终目的是实现收益目标并提高风险收益比，即承担单位风险获得更高回报。

正如哈里·马科维茨所说"分散投资是投资中唯一免费的午餐"。

哈里·马科维茨的"现代组合理论"从数学的角度证明了分散投资的合理性。该理论用投资组合的标准差衡量风险，而标准差与组合内部各资产的权重、期望回报，以及资产之间的相关性有关。

"现代组合理论"的一大贡献是在数学上证明了多元分散的价值。在一个多资产的投资组合中，我们把不同的资产类别（前提是它们是能够带来回报的资产，并且各类资产在价格上的相关性低或呈负相关性）组合起来，就能提高投资组合的有效性，达到在不影响投资组合回报的前提下，降低投资组合风险的目的。

资产组合越多样化，相关系数越低，组合的整体风险也越低。因此，在投资基金中，我们也要遵循"东方不亮西方亮"的原则，保持我们的资产组合中资产的相关性尽量低。

如何通过分散投资降低资产的相关性，进而降低投资的风险？要解决这个问题，我们可以参照资产配置的黄金三原则。

原则一：跨资产类别配置

首先，在各类资产中没有"常胜将军"。如图 9-1 所示，每年表现最好的资产都不尽相同，投资者难以精确挑选出一定时期内表现最佳的资产，而且新的未知因素不断出现，也使得资产的未来收益难以预测。因此，投资者通过资产配置的方式布局"一篮子"资产是较优的选择。

其次，长跑健将不一定是短跑冠军。

权益类资产长期表现最佳。在 2006 年到 2019 年的各类资产中，股票型基金表现最佳，其年化收益率超 15%。就整体市场而言，无论是 A 股还是美股，长期持有均可实现年化收益率 10% 以上，这个收益率几乎跑赢了所有固定收益和绝对收益类资产。

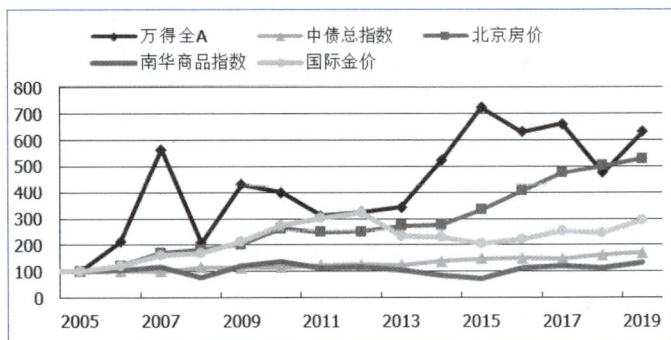

数据来源：Wind，富国基金整理，以 2005 年 12 月 31 日为基期 100

图 9-1

既然权益类资产长期收益最佳，那为什么还要做资产配置？我们全投资股票型基金不就好了吗？

长期向好，不代表会阶段性占优。下面再来看一组数据。

（1）在 2016 年 1 月 1 日至 2018 年 12 月 31 日的三年时间里，长期表现最佳的股票型基金平均下跌了 24.12%，只有持有到 2019 年年底才能获得 7.06% 的正回报。

（2）在 2010 年 1 月 1 日到 2019 年 12 月 31 日的十年时间里，沪深 300 指数上涨了 14.57%，但年化收益率仅 2.17%，期间最大回撤达 46.70%。这就意味着如果我们在最高点买入沪深 300 指数基金可能会录得最大 46.70% 的大幅亏损。

（3）在 1999 年 1 月 1 日到 2008 年 12 月 31 日的十年时间里，标普 500 指数下跌了 26.52%。这就意味即使我们坚定持有标普 500 指数基金十年，总回报仍然为负。

所以，即使是长期向好的资产，在部分时间段内也可能会经历长时间的亏损。展望未来，我们能预测哪类资产的表现最优吗？又能确定当前是站在资产价格的顶部、底部，还是腰部吗？即便是站在腰部，投资者又能确定未来一段时间内的市场趋势是向上还是向下吗？

都不能！

在充满不确定性的未来，投资者能做的就是利用好资产配置，进行跨资产类别的配置。

原则二：跨地域的资产配置

跨地域的资产配置主要有三点优势。

第一，跨地域的资产配置可以降低资产间的相关性。由于不同地区的宏观经济、政府政策、人文环境不同，不同地域资产间的相关性较弱。因此，跨地域进行资产配置可以降低资产组合间的相关性，从而降低投资风险。

第二，投资单一地区的资产风险较大。如果持有单一地区的资产，当单一地区发生"黑天鹅"事件时（如 1998 年的"亚洲金融危机"），投资者就会面临巨大的风险敞口。因此，将资产进行跨地域配置，才能真正达到分散和规避风险的目的。

第三，单一地区可能出现优质"资产荒"，跨地域资产配置可以给我们提供更多选择。某一地区的优质资产毕竟是有限的，受 2020 年"新冠肺炎疫情"的影响，世界各国央行开始"放水"，这将导致资产越来越稀缺。因此，投资者要在全球视角下，从多地域去寻找优质资产，做最佳的资产配置。

如表 9-1 所示，从 2006 年至 2019 年，中证 500 指数年化收益率虽然最高，但其年化波动率也最高；而美国的标普 500 指数虽然年化收益率仅为 6.98%，但其年化波动率最低。因此，跨地域资产配置可以给我们提供不同风险收益水平的资产，让我们更好地达到分散配置的目的。

表 9-1

2006—2019 年各类资产表现对比		
证券简称	年化收益率	年化波动率
股票型基金指数	13.23%	22.26%
中证 500	14.23%	31.44%
沪深 300	11.56%	26.37%
纳斯达克指数	10.47%	18.34%
标普 500	6.98%	16.30%

数据来源：Wind，富国基金整理，时间区间为 2006-01-01 至 2019-12-31

原则三：适当配置另类资产

另类资产的市场表现往往和其他资产的相关性较低，因此，配置另类资产往往是降低各资产间相关性从而降低投资风险的有效方法。

另类资产主要指的是私募股权（直接投资）、私募股权基金、实物房地产、自然资源、房地产投资基金（包括 REITs）、对冲基金等资产（见图 9-2）。

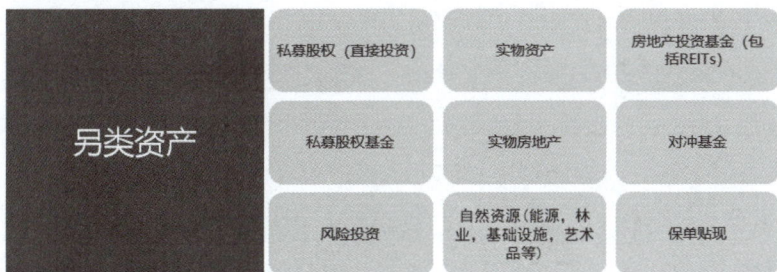

另类资产	私募股权（直接投资）	实物资产	房地产投资基金（包括REITs）
	私募股权基金	实物房地产	对冲基金
	风险投资	自然资源（能源，林业，基础设施，艺术品等）	保单贴现

数据来源：富国基金

图 9-2

- 私募股权投资由于有较高的投资风险，可以提供较高的绝对回报。

- 实物资产的投资有较强的抗通胀性，在通胀对传统金融资产收益有较大冲击的时候，实物资产有时却能逆势而上，在关键时刻贡献正收益。

- 对冲基金则可以通过风险对冲手段提供较为稳定的收益，有效降低资产组合的收益波动情况。

世界闻名的耶鲁大学捐赠基金在过去 20 年实现了年化 20% 以上的投资回报，其投资委员会的目标是：长期维持非流动资产类别占组合的 50%。而非流动资产就包括前述的私募股权、实物房地产、自然资源等。耶鲁大学捐赠基金正是通过对另类资产的持续配置才获得了较佳的长期回报。

总体而言，一方面，另类资产和其他资产有较低的相关性，可以降低资产组合的投资风险；另一方面，另类资产的长期回报较佳，可以更好地为资产组合提高收益贡献。因此，在资产配置中，投资者也要有一定的另类资产配置。

9.2 为什么要尽量考虑长期目标

为什么基金赚钱，基民却不赚钱

在过去的 15 年中，股票型基金的年化复合收益率超 15%，而中国证券投资基金业协会（简称基金业协会）通过对 3 万多名投资者进行研究得出的《基金个人投资者投资情况调查问卷分析报告（2018 年度）》（简称《分析报告》）显示，仅有 41.2% 的基金持有人自投资基金以来有盈利。基金长期收益较佳，但基民却收益较差，很大一部分原因就是没有坚持长期投资。

华尔街教父本杰明·格雷厄姆曾说过，"市场短期来看是投票机，长期来看是称重机"。相对于长期趋势，短期波动更加难以估计，因此，想要提高投资收益和胜率，考虑长期目标是投资者必然的选择。

长期投资确实伴随着更高的投资收益率和胜率。如图 9-3 所示，从 1991 到 2019 年，以上证综指为投资标的的，投资时间越长，收益就越高，同时取得正收益的概率也越高。持续投资 10 年，取得正收益的概率可高达 95%。

不同投资期限收益率对比（上证综指1991—2019年）				
投资周期	持续投资1年	持续投资3年	持续投资6年	持续投资10年
总收益中值	6.56%	22.49%	47.50%	76.76%
最大收益率	165.34%	553.40%	618.61%	152485%
最小收益率	-65.39%	-46.63%	-59.78%	-37.14%

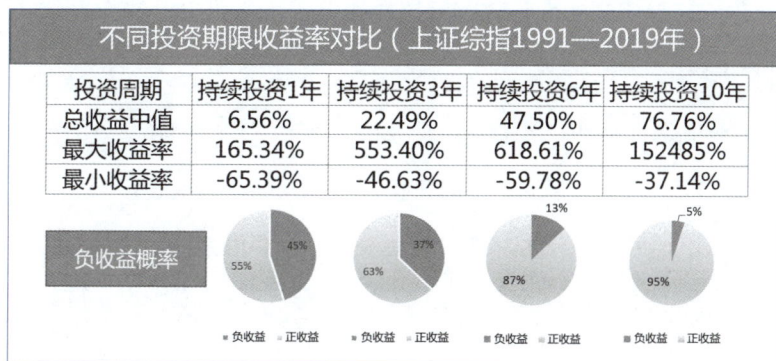

数据来源：富国基金，时间区间为 1991-01-01 至 2019-12-31

图 9-3

先锋基金（Vanguard）的创始人菲利普·卡雷特是"真正的长期投资者"。卡雷特于 1928 年创办先锋基金，到 1983 年退休时，管理该基金超过了半个世纪。在卡雷特管理该基金的 55 年时间里，先锋基金的年化复合收益率达 13%。这就意味着如果有人在基金成立之初投入了 1 万美元，并选择红利再投资的方式，55 年后将得到 800 万美元之多。

把握复利

"红利再投资"就是复利，复利的背后是以时间作为杠杆的，那它的威力有多大呢？

我们假设一个人的年化投资收益率为 25%，那么 10 年后他的资产规模就能翻 10 倍，20 年后就是 100 倍，30 年后就是 1000 倍，40 年后就是 10000 倍。假设最初投入的是 1 万元，40 年后就变成了 1 亿元。

复利是如何让这 1 万元以如此惊人的速度增值的呢？原因就在于复利的计算考虑了前一期的收益，前一期的收益也会计入下一年的本金中，成为下一年新本金的一部分，这比单利计算得到的收益要多得多。

"复利"就意味着时间越长收益率越高，前面的收益几乎可以忽略不计。例如，投资 1 万元，30 年后"只有"1000 万元，而后多持有 10 年，会增加 9000 万元，是前面 30 年收益的 9 倍之多。巴菲特 90% 的财富，也是来自其 60 岁之后，这就是复利的力量。

虽然复利与利率、持有期限都成正比，但是即使利率较低，只

要持有期足够长，收益率一样会很高。如表 9-2 所示，3 年 3 倍需
要 44.22% 的年化复合收益率，5 年 5 倍需要 37.97% 的年化复合收
益率，30 年 30 倍却只需要 12% 的年化复合收益率，时间越长，翻
倍所需的年均收益率就越低。

表 9-2

资产倍数	投资期限3年	投资期限5年	投资期限8年	投资期限10年	投资期限20年	投资期限30年
3倍	44.22%	11.61%	11.61%	11.61%	5.65%	3.73%
5倍	–	37.97%	17.46%	17.46%	8.38%	5.51%
8倍	–	–	29.68%	23.11%	10.96%	7.18%
10倍	–	–	–	25.89%	12.20%	7.98%
20倍	–	–	–	–	16.16%	10.50%
30倍	–	–	–	–	–	12.00%

数据来源：富国基金

坚持长期投资，能取得更高的投资收益率和胜率，通过复利可
使资产加速升值。

不坚持长期投资，"择时"买入和卖出资产行吗

权益类资产长期涨幅较大，但对择时的要求同样也高。如表 9-3
所示，当我们错过上证综指涨幅最高的 10 天，2000 年至 2020 年
9 月 30 日的总收益率为 8%，年化复合收益率仅为 0.37%，不足长
期持有上证综指年化复合收益率的 10%。由于短期市场波动难以
预测，因此，成功的择时对于投资者而言也较难实现，坚持长期
投资才是"锦囊妙计"。

表 9-3

上证综指	总收益率	年化收益率
从 2000 年至 2020 年 9 月	136%	4.01%
错过涨幅最高的 1 天	121%	3.88 %
错过涨幅最高的 2 天	105%	3.53 %
错过涨幅最高的 5 天	57%	2.22 %
错过涨幅最高的 10 天	8%	0.37 %

数据来源：Wind，由富国基金整理，时间区间为 2000-01-01 至 2020-09-30

当然，如果部分投资者对短期流动性有需求，那持有一部分投资周期较短的资产，如短债基金，也是不错的选择，但我们要尽量坚持长期投资。

如果自律能力差，无法坚持长期投资怎么办

如果"管不住手"，则可以选择购买封闭期较长的基金产品，通过延长封闭期被动增加投资者的持有时间，这样就可以帮助投资者培养长线投资的习惯，解决因为拿不住好基金而无法实现收益最大化的问题。

9.3 为什么做好风控很重要

美国橡树资本管理有限公司创始人霍华德·马克斯曾说过："杰

出投资者之所以杰出,是因为他们拥有与创造收益能力同样杰出的风险控制能力。"

投资大师彼得·林奇也曾说过:黎明前总是最黑暗的,心理暗示可能是错的,很多人觉得事情已经变得这么糟糕了,未来还能糟糕到哪儿去,但有时在最后变得一片漆黑之前也总是最黑暗的,投资者始终要问问自己能不能承受。

巴菲特更是形象地总结道:只有当大潮退去,才知道谁在裸泳。从任意五年时间段来看,巴菲特都不是全世界收益率前 10% 的基金经理,但是如果将时间跨度扩大到 50 年、60 年,你就会发现巴菲特在投资方面居世界领先地位。

纵观大师们多年的投资生涯,风控始终被置于首位。长期投资中,投资者要做时间的朋友,而风控则是成功投资的生命线。

风险控制是指投资者采取各种措施和方法,减少风险事件发生的各种可能性或减少风险事件发生造成的损失。

金融学上有个简单的公式,投资收益 = 投资回报 − 投资风险损失。所以,在投资回报既定的情况下,投资风险损失越小,投资收益就越大。如果想让投资收益最大化,就需要把投资风险最小化。由此看来,风控就显得格外重要。

随着市场不断成熟,超额投资回报或靠制度红利获取的投资回报正逐步减少，当市场上投资者的收益差距缩小时，真正拉开收益差距的就是风控能力。

在投资基金时，我们不仅要追求收益最大化，同时还要注意风险控制。权益类资产长期表现较好，但更容易遭遇"黑天鹅"的冲击。受 2020 年春季"新冠肺炎疫情"的冲击，上证综指最大回撤超 15%，如果 2019 年年底我们将所有资产都配置在股票型基金上，那么我们将很难承受如此大的基金净值回撤。而做好风控，从"顶层设计"上进行资产配置，考虑我们的资产组合承担系统性风险的水平，并和我们个人的风险承受能力相匹配，或许能在某种程度上降低"黑天鹅"事件带来的冲击。

另外，由于下跌的"基数"大于上涨的"基数"，风控就显得更为重要。比如一只股票的初始价格为每股 100 元，连续上涨 20% 后再连续下跌 20%，最后价格会变成每股 92.16 元。看似上涨和下跌的幅度和次数相同，但由于基数不同，最终投资会录得亏损。所以，当资产出现较大幅度的上涨时，更需要注重风险控制，这样在资产价格出现波动时投资者就可以通过降低投资比例，降低风险敞口。

此外，"资管新规"发布后，投资者要"打破刚兑"的惯性思维，当大部分投资品的收益和本金都不再保本时，风控就变得愈发重要了，如图 9-4 所示。

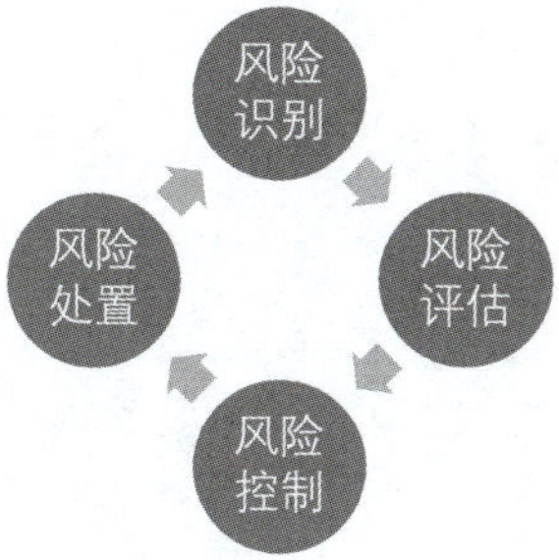

图 9-4

9.4　为什么再平衡很重要

什么是再平衡

再平衡是指当投资组合的资产配置与投资目标出现偏差时，及时调整各类资产的权重以实现投资组合的资产配置与初始目标水平相符的策略。

再平衡是投资组合管理和风险控制的重要工具之一。具体来看，即假设资产中配置了 50% 的股票与 50% 的债券，近期由于股票价格上涨、债券价格下跌，资产配置比例偏离了目标位（当前为 65% 股票，35% 债券），为了能再次达到目标位需要卖出股票、买入债券，使资产配置比例重回平衡，这就是再平衡操作。

投资者也可以把资产比例看作是一个天平，如图 9-5 所示，不管哪一方的占比过大，势必都会影响天平的平衡从而使风险增加，再平衡操作就是让资产重回平衡状态，减少风险。

图 9-5

再平衡有什么作用

1. 再平衡的主要作用是风险控制

前面谈及"风控"的重要性，再平衡的主要作用就是风险控制。再平衡可能会降低投资组合获得极高回报的机会，但它也会降低出现较大回撤的可能性。随着时间的推移，再平衡策略能有效地降低投资组合的回撤风险和波动幅度。因此，再平衡是对风险与回报的权衡，它可使投资者避免因市场急剧变化而对某些资产类别承担过度的风险敞口，也可使投资组合有效规避"资产泡沫化"带来的崩盘风险。

2. 其次，再平衡能够实现"逆向投资"

投资者可能经常会被一些表现良好的资产吸引而追高买入，又在资产价格出现波动时低价抛售，这样不仅加剧了投资组合的波动程度，而且也有可能造成资产下行的风险，再平衡则可以控制这一冲动。再平衡可能会迫使投资者大幅减持表现超越大市的资产并增持价格偏低的资产，这样看似不符合直觉，但这一策略遵循了低买高卖的投资原则，控制了回撤风险，有助于投资组合取得更高的长期回报。

3."均值回归"的历史经验将强化再平衡的作用。

市场上没有"常胜将军"，从图 9-6 中可以看出，在大类资产配置中，没有一类资产可以连续两年收益最佳，各类资产都表现出"均值回归"，即一段时间的表现超越大市，之后一段时间的表现又落后于市场。再平衡就是通过降低强势资产的配置比例，增加弱势资产的配置比例，来持续获得较为均衡的收益。

(单位：%)	总回报高 →								→ 总回报低
2011	黄金 10.1	利率债 6.1	理财 4.5	房地产 4.3	信用债 4.2	可转债 -12.8	商品 -17.0	海外中概股 -20.3	A股 -22.4
2012	海外中概股 19.0	黄金 7.1	信用债 6.3	A股 4.7	理财 4.6	商品 4.2	可转债 4.1	利率债 2.3	房地产 0.0
2013	房地产 11.5	利率债 5.4	理财 4.8	信用债 1.7	海外中概股 0.4	可转债 -1.4	A股 -2.4	商品 -12.4	黄金 -28.0
2014	可转债 56.9	A股 52.4	利率债 11.8	信用债 10.1	理财 5.3	海外中概股 4.7	黄金 -1.8	房地产 -2.7	商品 -16.5
2015	A股 38.5	信用债 9.1	利率债 8.4	理财 4.9	房地产	海外中概股 -10.0	黄金 -10.4	商品 -14.5	可转债 -26.5
2016	商品 51.3	房地产 18.7	黄金 8.5	理财 4.0	信用债 2.3	利率债 0.8	海外中概股 -1.4	可转债 -11.8	A股 -12.9
2017	海外中概股 51.1	黄金 13.2	商品 7.9	房地产 7.2	A股 4.9	理财 4.5	信用债 2.3	可转债 -0.2	利率债 -1.6
2018	利率债 9.5	信用债 7.5	房地产 5.1	理财 4.7	可转债 -1.2	黄金 -1.6	商品 -5.8	海外中概股 -20.4	A股 -28.3
2019	A股 33.0	可转债 25.1	海外中概股 20.9	黄金 18.3	商品 15.6	信用债 5.0	利率债 4.2		房地产 3.2
2020YTD	黄金 30.2	A股 20.9	海外中概股 11.7	可转债 5.5	信用债 2.1	理财	利率债 1.7	房地产 1.7	商品 -3.5

数据来源：Wind，由富国基金整理，时间区间为 2011-01-01 至 2020-09-30

图 9-6

9.5 为什么资产配置要因时而异

从前面内容可知，知名的资产配置框架"美林时钟"将经济分成四个阶段，分别是复苏、过热、滞涨和衰退。依据这一理论，不同阶段应当配置不同的大类资产和行业股票，资产配置也要根据宏观经济阶段进行调整，因时而异。

例如，在经济滞涨阶段，我们要持有更多现金来对抗市场的波动；而在经济复苏阶段，我们则要持有更多股票来提高投资收益。

受宏观经济波动的影响，投资者在进行资产配置时要因时而异，同样，由于投资者在不同年龄阶段的资金收支不同，在进行资产配置时也要因时而异。

如图 9-7 所示，在 20 ~ 40 岁时，投资者的收入在快速增长，支出也在快速增长，收入增长的速度快于支出，即我们可以用盈余进行收益较高的资产配置，以使在养老期有更多的资产。

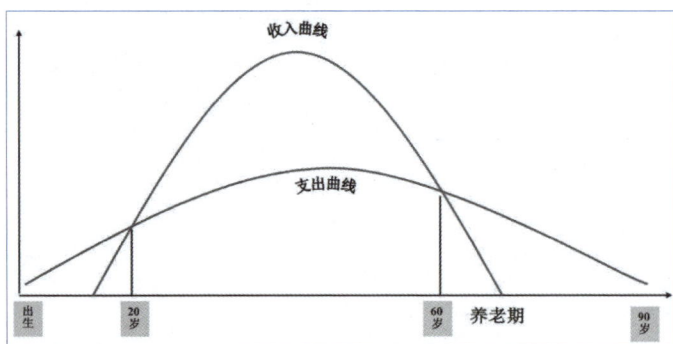

图 9-7

大约在 40 岁以后，投资者的收入逐步减少，支出也开始减少，但收入减少的速度快于支出，这时投资者的资产配置需要更稳健，并在稳健的基础上保值增值，如选择配置一部分债券型基金，以使在养老期的收入更有保障。

另外，在 30 岁前后时，可以做相对长期的投资，因此，可以首先考虑资产的收益率，比如配置 80% 的股票型公募基金、15% 的债券型公募基金和 5% 的货币基金，通过长期投资来提高个人的资产规模，以期在养老期能获得更好的收入。

而在养老期，我们首先要考虑的是风险。由于收入很难再大幅提高，资产扩张主要依靠"钱生钱"，所以，在本金有一定保障的前提下进行投资，投资更强调稳健。这时我们可以选择配置 80% 的债券型公募基金、15% 的股票型公募基金和 5% 的货币基金来达到收益较佳、风险可控的目的。

9.6 为什么资产配置要因人而异

每个人的风险偏好、资金使用需求、资产情况都不相同，自然需要进行不同的资产配置，这也是大家在投资前做风险评测的原因。例如，一位退休的投资者再像年轻人那样选择激进型的产品显然就不太合适；一位对流动性有较高要求的投资者就不适合投资封闭期较长的股票型基金；一位普通投资者和一位可投资产过千万元的投资者对投资品的偏好肯定也会有所不同，所以，适合自己的才是最好的！

投资者的投资目标和风险偏好各不相同，因此，各类资产的分配比重也需要因人而异。例如，一个保守的投资者可能会持有 20% 的股票型公募基金、75% 的债券型公募基金和 5% 的货币基金；而一个激进的投资者则可能持有 70% 的股票型公募基金、25% 的债券型公募基金和 5% 的货币基金。

根据投资者风险偏好的不同，可以将投资者分为保守型投资者、稳健型投资者和积极型投资者，不同类型的投资者对待风险的态度不同，如图 9-8 所示。风险和收益成正比，不同风险、收益的资产组合必然对应着不同的投资者，所以，我们在投资前一定要弄清楚自己的风险偏好类型，找到适合自己风险偏好和持有期限的资产。

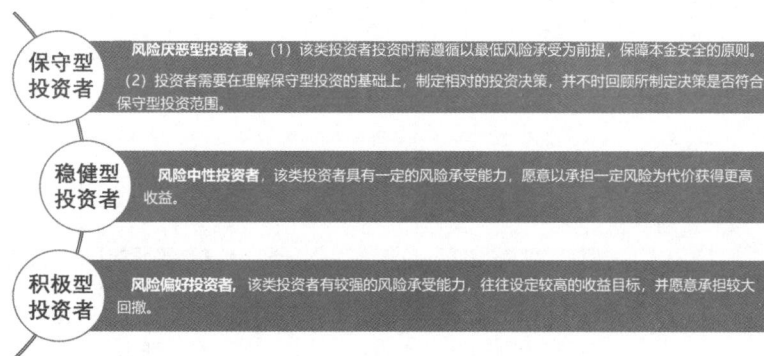

数据来源：富国基金

图 9-8

那每个人应该如何设定投资目标呢？

　　由于我们每个人都有着不同的投资需求和投资目标，所以，我们不妨将资产也按照不同的投资需求进行分类，分成现金资产、保障资产、投资资产和稳健资产。

　　如图 9-9 所示，我们可以按照标准普尔公司的家庭资产象限图来进行资产配置。现金资产占总资产的 10%，主要用于短期消费，一般为家庭 3—6 个月的生活费，是短期内要花的钱；保障资产占总资产的 20%，主要用于意外重疾保障，是保命的钱、专款专用的钱；投资资产占总资产的 30%，主要用于投资股票、基金、房产等，是为家庭创造收益的钱，是生钱的钱；稳健资产占总资产的 40%，可投资信托、债券等，是保本升值的钱。

　　不同的资产对应不同的目标，这样就可以最大程度地满足我们的投资需求，做到资产配置因人而异。

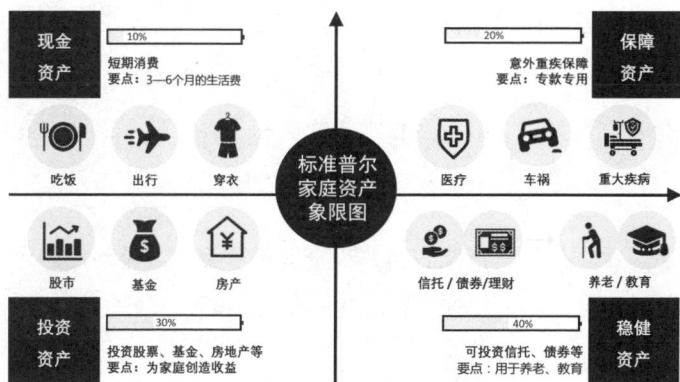

数据来源：富国基金

图 9-9

9.7　为什么资产的流动性不能忽视

什么是流动性需求

对于个人而言，资产配置中的流动性需求是指投资者在一年之内所需要的资金净额。流动性需求虽然看似没有收益率、风险那么受投资者关注，但实际上，流动性是投资中非常重要，也是容易被忽略的一环，因为它在个人资产规划中扮演着现金流管理员的角色，是保证个人投资者流动资金充足的重要环节。所以，了解自身的流动性需求也是资产配置过程中非常重要的步骤。

每个人的流动性需求其实可以通过合理的规划进行预测：用当年的收入减去当年的支出，正值代表盈余，负值则代表有缺口。出现缺口时，需要使用储备资金来补足。其中，当年的收入包括日常的工资收入、副业收入和一些非日常的收入，如遗产、出售个人固定资产的收入等。支出包括日常的开支和非日常的开支，如家庭出游、购买固定资产、子女教育等方面的费用。

每一次在进行资产配置时，投资者都需要考虑流动性需求并提前将流动性需求纳入规划，先为流动性需求单独设置资产配置方案，再去考虑剩余部分的投资。

例如，一个刚工作不久的年轻人，没有太多的负债，如果每个月的工资为 10,000 元，月均日常开销 3000 元，月均房租 3000 元，一年内没有额外支出需要的话，那么就相当于他没有额外的流动性需求。在进行资产配置时，每月工资中的 6000 元就可以配置货币基金等流动性极强的资产，而剩余的 4000 元就可以进行基金定投等聚焦长期的投资。

对于一个已经结婚成家、拥有住房、有一定资本积累的中年人来说，如果每月税后收入为 20,000 元，月均开销 6000 元，房贷 10,000 元，子女教育 6000 元，那么每月日常的流动性缺口就是 2000 元，每月需要通过投资收益来补足这 2000 元的缺口，每年需要补足 24,000 元。如果他有 50 万元的投资资产，那就需要年化 4.8%（24,000 ÷ 500,000 × 100%=4.8%）的收益率来满足其支出缺口。

再比如，对于一个在日常收支上没有流动性需求的投资者来说，也许在他人生的重要阶段会有流动性需求，比如购置房产、置办婚礼等，这些计划之内的支出也需要在进行资产配置时提前考虑。如果当年没有足够的收入来满足这些流动性需求，则需要从投资组合获取的收益中来覆盖这部分支出。一般来讲可以将这部分流动性需求额外预留出来，用来投资确定性、稳定性和流动性较强的资产，需要这笔钱的时候，再将这部分资产变现。

充分了解自身的流动性需求，有助于我们在进行资产配置时更贴合自身的实际需求，进一步实现财产保值增值的目的。

什么是流动性风险

如果没有做好流动性需求管理就会引发流动性风险，那么，什么是流动性风险呢？

对于企业而言，流动性风险是指短期资产无法偿还短期负债，这就可能导致企业面临破产的命运。对于个人而言，流动性风险是指我们的资金需求和投资期限不匹配，在急需资金时，资产可能无法及时变现或变现时价格出现大幅下折，造成一定的损失。

流动性风险主要是资金需求和投资期限不匹配的风险。假如我们投资了封闭期为 3 年的战略配售基金，而在持有一年后，由于医疗等需求急需资金，如果这部分基金没有在证券交易所上市交易，我们就无法赎回或卖出持有的基金份额来获取现金；即使基金是LOF 基金，可以在交易所上市交易，也将付出一定幅度的折价率才能顺利卖出。例如，2018 年发行的 6 只战略配售基金，自成立以来的平均年化复合收益率为 5.37%，而平均上市交易折价率就高达2.56%，如果战略配售基金要在交易所卖出折现，那么我们将损失半年左右的收益（见表 9-4）。

表 9-4

基金代码	基金名称	自成立以来年化收益率	上市交易折价率
160142.OF	南方 3 年战略配售	5.17%	2.68%
161131.OF	易方达 3 年战略配售	4.93%	2.72%
161728.OF	招商 3 年战略配售	5.23%	2.47%
501186.OF	华夏 3 年战略配售	3.43%	2.40%

续表

基金代码	基金名称	自成立以来年化收益率	上市交易折价率
501188.OF	汇添富 3 年战略配售	7.12%	2.46%
501189.OF	嘉实 3 年战略配售	6.35%	2.60%
平均		5.37%	2.56%

数据来源：Wind，由富国基金整理，截至 2020 年 11 月 8 日，上市交易折价率为 2020 年 11 月 8 日当周平均值

9.8 为什么不能忽视费用问题

投资基金的费用有哪些？

我们将基金费用分为交易费用和运作费用，详细说明如图 9-10 所示。

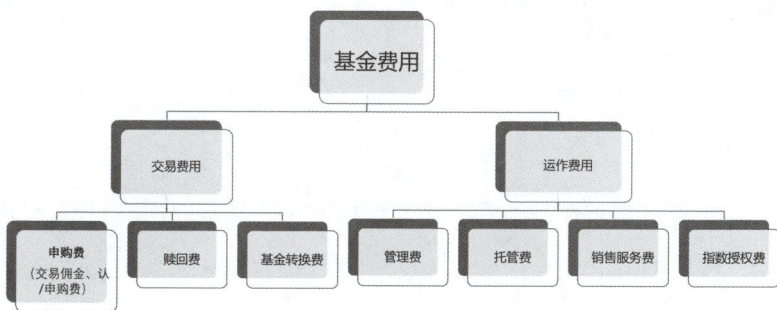

图 9-10

基金交易费用

基金交易费用是指在基金销售过程中产生的费用，包括申购费、赎回费和基金转换费等。

1. 申购费

场内基金和场外基金的交易费用是有区别的。

（1）场内基金交易——交易佣金。

场内基金包括 ETF 基金和 LOF 基金，在买卖过程中需要支付交易佣金给提供交易服务的券商，具体比例以券商的佣金标准为准，一般情况下是 0.03% 左右，即买卖 1 万元的基金，需支付约 3 元的佣金。需要注意的是，这个佣金是双向收取的，买方和卖方都需要缴纳，而且每笔佣金基本都有一个 5 元的最低收费。因此，我们在进行基金交易时选择费率最低的券商或与券商协商佣金是非常有必要的。

（2）场外基金交易——认 / 申购费。

认购费是指在基金发行募集期内购买新基金时所支付的手续费，按照购买金额的百分比收取。通常认购费率在 1% 左右，一般随认购金额的增加会有相应的折让。

申购费是指在基金申赎开放阶段向基金管理人申购基金份额时

所支付的手续费，按照购买金额的百分比收取，最高不超过 1.5%，申购费随认购金额的增加一般也会有相应的折让。一般而言，通过基金公司的官网或 App 等直销渠道购买可以享有 1 折的优惠。

2. 赎回费

赎回费是赎回基金时所要缴纳的费用，目前除了货币基金免赎回费，其他类型的基金都有赎回费。赎回费率最高不超过 1.5%，而且持有基金的时间越长，赎回费率越低。

3. 基金转换费

同一基金管理公司管理的不同开放式基金之间是可以互相转换的。基金转换费由申购补差费和转出基金赎回费两部分构成，具体收取情况视每次转换时两只基金的申购费率和赎回费率的差异情况而定。一般基金转换仅支持同一家基金公司旗下的产品互相转换。

基金运作费用

基金运作费用是指在基金管理过程中产生的费用。

1. 管理费

管理费是基金管理人（基金公司）向基金投资者收取的费用，属于基金管理人的管理报酬。基金管理费一般按照基金净资产值的一定比例从基金资产中提取，是逐日计算、定期支付的。

一般来讲，基金管理费率通常与基金管理人付出的精力成正比。主动股票型基金的管理费率通常为 1.5%，债券型基金的管理费率一般小于 1%，指数型等被动基金的管理费率一般按照 0.5% ~ 0.8% 计提，货币市场基金的管理费率一般为 0.33%。

2. 托管费

基金的管理原则是"投资与托管分离"，基金管理人并不直接接触资金，只有交易的操作权，因此，基金托管人（银行、券商等机构）收取基金托管费作为保管基金资产的酬劳。基金托管费按照基金资产净值的一定比例提取，逐日计算并累计。基金托管费从基金资产中提取，费率会因基金种类的不同而不同，且收取的比例与基金规模、基金类型也有一定的关系，通常基金规模越大，基金托管费率越低。目前，基金托管费率通常低于 0.25%。

3. 销售服务费

基金管理人从基金资产中扣除的用于支付销售机构佣金及基金管理人的基金营销广告费、促销活动费、持有人服务费等方面的费用，按前一日基金资产净值的一定比例逐日计提，按月支付。常见的 C 类指数基金往往没有申购费，且赎回费也偏低，如果申赎费用无法支撑销售渠道的成本，那么就用销售服务费作为一种补偿。

简而言之，基金管理费是付给基金公司的，是基金公司管理产品的报酬；基金托管费是付给托管银行 / 券商的，是银行 / 券商保管资金的酬劳；基金销售服务费则是付给销售渠道的，是销售渠道为投资者提供服务的酬劳。这三种费用一般是按年计费，按日扣除。基金公司每日公布的基金净值其实是已经扣除了这些费用的，所以投资者似乎感觉不到这些费用的支出。

例如，某只基金当天上涨了 1.5%，基金公司在扣除相关运作费用后公布该基金当天上涨 1.49%，这其中 0.01% 的差额就是"暗收"费用。当然，这个"暗收"的费用收取的比例是在基金合同中事先约定好的，并不是基金公司随意收取的。

4. 指数授权费

基金公司在使用某一指数开发指数基金时，需要事先与指数编制公司签署指数使用许可协议，并为此支付指数使用费，ETF 为 0.03%，其他指数为 0.02%。

一般而言，投资基金的费用按照费率从高到低排列分别是股票型、混合型、债券型、指数型、货币型，这和基金的管理难度呈正比。股票型基金对基金经理的管理能力要求较高，费率自然会高一些；而指数基金是被动型基金，对基金经理的基本要求是减少基金与指数的跟踪误差，获取指数收益，故费率相对较低。

为什么费用很重要

通过以上介绍我们了解了投资基金所涉及的费用，那为什么说这些费用很重要呢？

以富国天惠为例，富国天惠成长混合型基金费率如表9–5所示。

表 9–5

	费用类型	金额（M）/ 持有期限（N）	费率 （普通客户）	费率 （直销渠道折扣）
A 类份额	申购费 （前端）	M<100 万元	1.50%	0.15%
		100 万元 ≤ M<1000 万元	1.20%	0.12%
		M ≥ 1000 万元	1000 元 / 笔	1000 元 / 笔
A 类份额	申购费 （后端）	N ≤ 1 年	1.80%	
		1 年 <N ≤ 3 年	1.20%	
		3 年 <N ≤ 5 年	0.60%	
		N>5 年	0	
	赎回费 （后端）	N<7 天	1.50%	
		7 天 <N ≤ 730 天	0.60%	
		2 年 <N ≤ 3 年	0.30%	
		N>3 年	0	
C 类份额	赎回费	N<7 天	1.50%	
		7 天 ≤ N<30 天	0.50%	
		N ≥ 30 天	0	

数据来源：富国基金

我们将 A 类份额和 C 类份额进行对比，得到表 9–6 所示的内容。

表 9-6

费用类型	富国天惠成长混合型基金 A 类	富国天惠成长混合型基金 C 类
申购费	有（随申购金额增加，比例降低）	无
赎回费	有（持有期大于一年赎回费会降低，超过 5 年则免赎回费）	有（一般持有期大于 30 天就免除赎回费）
销售服务费	无	0.8%/ 年

数据来源：富国基金

假如申购 50 万元富国天惠，我们来比较一下 A 类份额和 C 类份额两者基金费率之间的差异。两个份额的管理费率和托管费率一样，在此忽略不计。

A 类份额平均一年的费用为：

0.15%（申购费）+0.60%（赎回费）=0.75%（1 年内）

0.15%（申购费）+0.30%（赎回费）=0.45%（2 年到 3 年之间）

C 类份额的费用为：0.8%× 持有时间（超过 7 天）

经过计算可以得到，持有时间 0.94 年是个分割线，即持有时间超过 0.94 年时，A 类份额更划算，持有时间不足 0.94 年时，C 类份额更划算。

不同的基金份额费用不同，投资期限不同份额费用也有所差异，因此，在投资前我们必须要对基金的投资费用做充分的了解。

此外，根据证监会 2017 年 8 月 31 日公告的《公开募集开放式证券投资基金流动性风险管理规定》，基金公司要对持有基金少于 7 日的投资人收取不低于 1.5% 的"惩罚性赎回费"。所以，如果我们不了解基金费用，申购未满 7 天就赎回基金份额，可能会承担较高的基金费用。

当我们挑选基金时，同类型的基金如果业绩差不多，建议选择低费率的基金，而且尽量长期持有。一般而言，基金持有期越长，费率越低，这样就可以直接降低我们的基金持有成本，获取更高的收益。

富国基金 Fullgoal Fund 专 家 型 投 资 专 家	编写	富国基金 Fullgoal Fund 专 家 型 投 资 专 家	审阅
富国基金成立于 1999 年，是国内首批设立的十家公募基金管理公司之一。总部位于上海，在北京、广州、成都等地设有分公司，并在中国香港、上海设有资产管理子公司。截至 2022/3/31，公司管理公募基金 258 只，公募资产管理规模 5959.72 亿元（剔除货币基金与短期理财债券基金的资产净值，管理规模数据来源中国银河证券）			

第 **10** 章

资产配置有哪些技巧

10.1　如何对资产进行更好的分类

比起资产配置，大家可能对股市投资、房产买卖更熟悉一些，但我们一生中可以投资的资产可不止这些。生活中常说的大类资产包括股票、债券、大宗商品、现金、外汇、金融衍生品、房地产及其他实物类资产等。其中，股票、债券、大宗商品、现金是大类资产的主要品种，市场上大部分投资产品的设计都以该四大类资产为标的。

资产分类的三大原则是什么

对资产进行分类的时候主要遵循以下三个原则。

（1）同一类别的资产要具有相似性。

（2）两个不同的大类资产必须要有负相关性，也就是如果同时投资多个大类资产，它们之间必须能起到分散风险的效果。

（3）任意两个不同的大类资产不能有交集。

以上三个原则中的第二个原则是资产配置的重心之一，因为如果所配置的资产之间具备太强的相关性，可能就会出现类似鸡蛋放在不同的篮子里，但篮子却放在同一辆车上，最后导致车毁蛋碎的情况。很明显，这样不能达到分散风险的目的，组合的稳定性和抗风险能力也不够。

这里我们展开介绍一下目前市场关注较多的四大类资产。

什么是股票

股票是长期收益最高的资产，当然也是波动最大的资产之一。这也就意味着如果我们在组合中配置股票，在获得高收益的同时，也必须承受其带来的较大风险。

股票这类资产的历史长期收益率在 8% ~ 10%，这个数据在美国市场、中国市场，甚至全球其他各大股票市场上都是适用的，但是，股票在经济危机时的回撤也是相当可怕的。

按照不同的维度，我们可以对股票进行分类。比较典型的是按照上市区域或按照股东权利划分，按照上市区域股票可以分为 A 股、B 股、H 股、N 股、S 股等，按照股东权利可分为优先股和普通股。接下来，我们按照股票划分方式的不同详细介绍几种股票。

1. 按照上市区域划分

根据上市区域的不同，股票可以分为 A 股、B 股、H 股等。

- A 股：A 股的正式名称是人民币普通股票，它由我国境内公司发行，在境内上市，以人民币标明面值，供境内机构、组织或个人以人民币认购和交易的普通股股票，也就是我们在证券公司开立账户主要交易的股票。

- B 股：B 股的正式名称是人民币特种股票，它是以人民币标明面值，以外币认购和买卖，在中国境内注册和在境内（上海、深圳）证券交易所上市的外资股，主要面向境外的投资者，包括自然人和法人机构。

- H 股：H 股也称国企股，指注册地在内地、在中国香港联合交易所上市，供境外投资者认购和交易的股票。因 Hong Kong（香港）的第一个英文字母是 H，H 股由此而得名。

依此类推，N 股由 New York（纽约）的第一个英文字母而得名，S 股由 Singapore（新加坡）的第一个英文字母而得名。所以，如果企业在中国境内注册，在纽约上市就叫作 N 股；如果企业在中国境内注册，在新加坡上市就叫作 S 股。

2. 按照股票前面的标识划分

按照股票前面的标识可以将股票分为 ST 股票、*ST 股票和 * 股票，ST 是英文 Special Treatment 的缩写，意思是"特别处理"。特别处理股票指上市公司由于财务状况或其他状况出现异常，而被证券交易所进行特别处理的股票。该类股票存在被终止上市的风险。

ST 股票指境内上市公司连续两年亏损，被进行特别处理的股票。*ST 股票指境内上市公司连续三年亏损，被进行退市风险警示的股票。股票前面直接加了"*"的是确定退市的股票，该类型的股票风险极高。

S 股票：股票前面标注 S 指股权分置改革还没有完成的股票。

N 股票：凡股票名称前加注"N"的均为当日上市的新股。

XR、XD、DR 股票：股票前标识 XR，代表送股以后除权；股票前标识 XD，代表分红以后除息；股票前面标识 DR，代表送股和分红后除权除息。

3. 按照股票的特色、盈利情况划分

- 蓝筹股："蓝筹"一词源于西方赌场，西方赌场中有三种颜色的筹码，其中蓝色筹码是最值钱的。对应到股票上，蓝筹

股指的是业绩长期稳定增长的大公司的股票，这些公司一般是各个行业的龙头企业，不管行业是否景气都能赚到钱，且一般都有较稳定的分红。蓝筹股主要出现在一些国民生活支柱行业中，比如金融、地产行业等。

- 红筹股：红筹股指在中国境外注册、在香港上市的带有中国内地概念的股票。"带有中国内地概念"主要指中资控股，主要业务在中国内地。如果在境外注册，但并非在香港上市的有中国概念的股票，统称为中概股。

- 白马股：除了蓝筹股，还有一部分长期业绩稳定，成长性高，有较强的分配能力，分红不错，但是还没有成为蓝筹股的股票，这类股票被称为白马股。白马股主要集中在消费领域，如家电、食品、饮料、医药、汽车等行业，这类股票同时具备高成长和低风险的特点，投资价值比较高，深受个人投资、机构、公募基金等的喜爱。

- 成长股：还有一种成长性比白马股高的股票，这类股票对应的公司往往正处于高速发展的阶段，其业绩增长速度很快，以高新技术和科技类企业为主。这类公司通常都有技术护城河，也就是有市场上很稀缺的技术能力。投资成长股往往要比投资白马股难，因为成长股所在市场存在着太多的不确定性，要知道预估一家企业未来的发展是一件非常有难度的事情。

另外还有一些其他的概念股，如新能源股、医疗股等。

以上是我们在投资时经常用到的分类，除此之外还有按股票持有者进行的分类（如国家股、法人股、个人股），按股东权利进行的分类（如普通股、优先股及两者的混合等），以及按票面形式、投票权益等进行的分类。

什么是债券

我们常说股债跷跷板，意思就是股票和债券具备一个明显的负相关性，债券这类资产能够提供流动性，也能起到分散投资的作用。

在长期国债里，最重要的就是十年期国债，而美国十年期国债的收益率被称为是全世界资产价格的"定海神针"，算是风险最小的资产之一，它的总体收益率在2%～4%。

一般而言，国债收益率的波动较小，但是在极端情况下，也会出现较大的波动，例如，受1979年石油危机的影响，美国十年期国债指数在两年内累计回撤了20%。

债券在分类上主要有四种分类方式。

1. 按发行主体分类

债券按发行主体可分为国债、地方政府债券、金融债券、企业债券、国际债券等。

- 国债：国债出中央政府发行，以一个国家政府的信用作担保，所以国债的信用最好，又被称为金边债券。

- 地方政府债券：地方政府债券由地方政府发行，又叫市政债券，它的信用、利率、流通性通常略低于国债。地方政府债券一般用于交通、通信、住宅、教育、医院和污水处理等地方性公共设施的建设，一般以当地政府的税收能力作为还本付息的担保。

- 金融债券：金融债券由银行或非银行金融机构发行，信用高、流动性好、安全，其利率高于国债。

- 企业债券：企业债券的发行主体为中央政府部门所处机构、国有独资企业、国有控股企业。企业债券的发行采用审核制，由国家发改委进行审核。发改委每年会定下一年的发行额度。

- 国际债券：国际债券是一国政府、金融机构、工商企业或国家组织为筹措和融通资金，在国外市场上发行的，以外国货币为面值的债券。

一般情况下，债券的风险从大到小排序为：公司债券 > 企业债券 > 金融债券 > 地方政府债券 > 国债，债券的收益排序为：公司债券 > 企业债券 > 金融债券 > 地方政府债券 > 国债。

2. 按偿还期限分类

债券按偿还期限可分为短期债券、中期债券和长期债券。

- 短期债券：一年以内的债券，通常有三个月、六个月、九个月、十二个月几种期限。债券的期限越长，债券背后的企业、公司出现变化的可能性越大，债券的投资风险也越高，因此，短期债券要求有较高的收益作为补偿。

- 中期债券：偿还期限在 1 年或 1 年以上、10 年以下（包括 10 年）的债券。

- 长期债券：偿还期限在 10 年以上的债券。

通常情况下，债券的期限越长，其收益率越高。

3. 按偿还与付息方式分类

债券按偿还与付息方式可分为定息债券、一次还本付息债券、贴现债券、浮动利率债券、累进利率债券、可转换债券等。

- 定息债券：定息债券的票面附有利息息票，通常半年或一年支付一次利息，利率是固定的，又叫附息债券。

- 一次还本付息债券：一次还本付息债券指到期一次性支付利息并偿还本金的债券。

- 贴现债券：贴现债券指发行价低于票面额，到期以票面额兑付的债券。发行价与票面额之间的差就是贴息。

- 浮动利率债券：浮动利率债券指债券利率随市场利率变化的债券。

- 累进利率债券：累进利率债券指根据持有期限的长短确定利率的债券，持有时间越长，利率越高。

- 可转换债券：可转换债券指到期可将债券转换成公司股票的债券。

4. 按担保性质分类

债券按担保性质可分为抵押债券、担保信托债券、保证债券、信用债券等。

- 抵押债券：抵押债券指以不动产作为抵押发行的债券。

- 担保信托债券：担保信托债券指以动产或有价证券作为担保发行的债券。

- 保证债券：保证债券指由第三者作为还本付息的担保人的债券。

- 信用债券：信用债券指只凭发行者信用而发行的债券，如政府债券。信用风险又称违约风险，指的是债券发行人到期无法还本付息而使投资者遭受损失的风险，信用风险主要受债券发行人的经营能力、盈利水平、事业稳定程度及规模大小等因素的影响。

什么是大宗商品

大宗商品指可进入流通领域（但非零售环节），具有商品属性并用于工农业生产与消费使用的大批量买卖的物质商品，包括石油、天然气、铜、铝、小麦、玉米、糖等多种产品，基本可以分为农副产品、金属产品和能源化工产品三大类。

- 农副产品有 20 多种，包括茶叶、苹果、玉米、大豆、小麦、稻谷、燕麦、大麦、黑麦、猪腩、活猪、活牛、小牛、大豆粉、大豆油、可可、咖啡、棉花、羊毛、糖、橙汁、菜籽油、鸡蛋等，其中大豆、玉米、小麦被称为三大农产品期货。

- 金属产品有 10 种，包括金、银、铜、铁、铝、铅、锌、镍、钯、铂。

- 能源化工产品有 5 种，有原油、取暖用油、无铅普通汽油、丙烷、天然橡胶。

总体来讲，大宗商品是对抗通胀不错的选择，因为其价格长期是上涨的。统计数据显示，从 1973 年到 2017 年，大宗商品的总体年化收益率在 5% ~ 6%，但在历史上，其最大回撤也可高达 80%。对于普通投资者来说，搞清楚这么多大宗商品并不容易。由于大宗商品多是工业基础，处于最上游，因此，反映其供需状况的期货及现货价格变动会直接影响整个经济体系。例如，铜价上涨将提高电子、建筑和电力行业的生产成本，石油价格上涨则会导致化工产品的价格上涨，并带动其他能源如煤炭和替代能源的价格和供给的提升。

下面我们来介绍一下影响大宗商品价格的几个因素。

1. 供需

对于各类大宗商品来说，供需是决定它们价格波动最核心的因素之一。从理论上讲，当供过于求时，商品价格就会走低；而当供不应求时，商品价格就会走高。供应面一般涉及库存、产量、出口等数据，而需求面一般涉及消费、进口等。除短期的供需外，大宗商品交易者还应关注供需周期的规律。

2. 经济周期

经济周期也是影响大宗商品价格非常关键的因素。当全世界都穷得叮当响的时候，大家又怎么会有钱来消费供应商提供的大宗商品呢？一旦需求面减弱，那对大宗商品价格就是一大利空。

在不同经济周期，大宗商品的交易者会根据实际情况进行调整，价格肯定也会受到影响。根据美林投资时钟理论，在经济过热的时候往往"商品为王"，而在滞胀期，大宗商品会被投资者舍弃。

3. 利率与美元汇率

据统计，在绝大部分时间里，美元汇率和大宗商品的价格呈反向相关的关系，尤其是黄金，因为大宗商品以美元计价。当然，这不是一个绝对的关系，美元也有和大宗商品同向上涨的情况。因此，我们在研究时不能仅从单一层面考虑。

4. 政策与地缘

国家有关期货或金融市场政策的调整也可能会影响到大宗商品的价格。这些政策调整包括宏观层面大政策的调整、交易所的规则修订、手续费等各种费用的调整等。此外，地缘局势也是很关键的因素，一般中东地区如果发生冲突，受避险情绪驱动金价大概率会上涨，而原油因为供应被干扰也可能会上涨。

除此之外，大宗商品还可能受季节等因素的影响。总体来讲，影响大宗商品价格的因素比较复杂比较多，因此，研究大宗商品也是个"专业活"，更多时候大家可以交给专业的机构（如公募基金）去做。

什么是现金

这里说的现金主要以现金、储蓄和货币市场基金为主，是为应对突发情况而准备的。这部分配置更多担忧的是通胀风险，也就是担心我们的钱"不值钱"了。

按照美林投资时钟的理论，权益类资产（如股票）最适合复苏期，债券类资产最适合衰退期，大宗商品最适合过热期，而现金类资产则最适合滞涨期。因此，通过多元化的配置有望弱化不同经济周期波动在大类资产上的影响，但无法完全避免。因为有时候，除了货币类资产，其余资产亦面临同时下跌的可能，所以，在进行大类资产配置时必须考虑到这些。

图 10-1 是部分大类资产 2013—2017 年的收益情况，通过这张图你会明显感受到资本市场就像钟摆，总是不断地从高估走向低估，然后又从低估运行到高估，周而复始、循环反复。

做好大类资产配置确实是一件非常有学问的事情。

各类资产历年收益图（2003—2017年）

2017	上证50 25.08%	沪深300 21.78%	房价 14.57%	黄金 13.32%	原油 11.69%	企债指数 2.13%	定期存款 1.50%	创业板 -10.67%
2016	房价 118.54%	原油 53.72%	黄金 9.12%	企债指数 6.04%	定期存款 1.5%	上证50 -5.53%	沪深300 -11.28%	创业板 -27.71%
2015	创业板 84.41%	企债指数 8.84%	沪深300 5.58%	房价 5.41%	定期存款 1.5%	上证50 -6.23%	黄金 -11.42%	原油 -35.02%
2014	上证50 63.93%	沪深300 51.66%	创业板 12.83%	企债指数 8.73%	定期存款 2.75%	黄金 -0.19%	房价 -2.18%	原油 -50.14%
2013	创业板 82.73%	房价 15.94%	企债指数 4.36%	定期存款 3%	原油 0.28%	沪深300 -7.65%	上证50 -15.23%	黄金 -27.79%
2012	上证50 14.84%	房价 10.71%	沪深300 7.55%	企债指数 7.49%	黄金 5.68%	原油 3.26%	定期存款 3%	创业板 -2.14%
2011	原油 15.09%	房价 14.1%	黄金 11.65%	定期存款 3.50%	企债指数 3.50%	上证50 -18.19%	沪深300 -25.01%	创业板 -35.88%
2010	房价 32.62%	黄金 27.74%	原油 19.16%	创业板 13.77%	企债指数 7.42%	定期存款 2.75%	沪深300 -12.51%	上证50 -22.57%
2009	原油 112.5%	沪深300 96.71%	上证50 84.4%	黄金 31.85%	房价 27.63%	定期存款 2.25%	企债指数 0.68%	
2008	企债指数 17.11%	黄金 3.41%	定期存款 2.25%	房价 2.15%	原油 -61.94%	沪深300 -65.95%	上证50 -67.23%	
2007	沪深300 161.55%	上证50 134.13%	原油 62.94%	黄金 31.59%	房价 28.25%	定期存款 4.14%	企债指数 -5.49%	
2006	上证50 126.69%	沪深300 121.02%	原油 23.92%	定期存款 2.52%	黄金 1.24%	企债指数 0.77%		
2005	原油 43.83%	企债指数 24.08%	黄金 17.12%	定期存款 2.25%	上证50 -5.50%	沪深300 -7.65%		
2004	原油 34.41%	黄金 4.97%	定期存款 2.25%	企债指数 -4.09%	上证50 -15.73%	沪深300 -16.30%		
2003	黄金 21.74%	沪深300 8.25%	定期存款 1.98%	企债指数 -0.07%	原油 -0.89%			

图 10-1

数据来源：Wind，时间区间为 2003-2017 年完整年度

10.2　如何选择资产

宏观层面

如何根据经济周期来选择大类资产呢?

在第 5 章中,我们提到了美林时钟,下面我们再回顾一下美林时钟的要点(以收益情况排序)。

- I 衰退期:债券 > 现金 > 股票 > 大宗商品。

- II 复苏期:股票 > 现金 > 债券 > 大宗商品。

- III 过热期:大宗商品 > 股票 > 现金 / 债券。

- IV 滞胀期:现金 > 债券 > 大宗商品 / 股票。

这么一看是不是非常明晰? 看到这儿相信大家应该明白每个时期该怎么选择了,但第一步还是要先学会判断经济状况。

1.　在衰退期,GDP 增长缓慢

产能过剩和大宗商品价格下跌会使通胀率降低,此时利润微薄,实际收益率下降,收益率曲线向下移动并陡峭下行。因为央行会降低短期利率,试图使经济回到可持续增长的道路上,此时,债券是更好的投资配置。

2. 在复苏期，经济增长开始加速

在复苏期，宽松的政策逐步开始奏效，经济增长开始加速。然而，通货膨胀继续下降，因为多余的产能还没有完全被利用起来，周期性生产力增长强劲，利润也开始边际修复。此时，央行政策仍然保持宽松，债券收益率曲线仍在较低位置。这个时候，投资股票更佳。

3. 在过热期，通货膨胀上升

在过热期，生产率增长放缓，产能受限，通货膨胀上升。央行通过加息使过热的经济回到可持续增长路径。GDP 增长仍保持在较高水平。此时债券表现较差，收益率曲线向上移动并平坦化。股票收益率如何取决于利润增长导致的估值上升和利率上升导致的估值下降两方面。此时，大宗商品表现更好。

4. 在滞胀期，通胀率持续上升

在滞胀期，GDP 的增长率低于潜在经济增长，但是通胀率持续上升（通常部分来自石油价格的冲击等）。生产力下降，使得工资、产品价格呈现螺旋式上升，公司提高其产品价格以保护其利润边际。只有急速上升的失业率可以打破这种恶性循环。通胀太高，央行也不愿意放松货币政策，债券表现较差。股票由于企业利润糟糕，表现也很差。此时，现金是最好的投资资产。

美林时钟理论看起来非常高深，其实理解起来也没那么复杂。

如图 10-2 所示，美林时钟用经济增长率（用国内生产总值 GDP 来衡量）和通货膨胀率（用消费者物价指数 CPI 来衡量）这两个宏观指标的变化组合出了四种可能，经济在这四个象限中顺时针轮动。

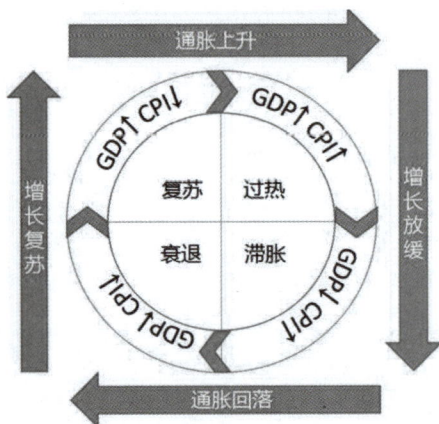

图 10-2

但是，我们在投资时并没有"一招鲜"，美林时钟偶尔也会出现失灵的情况。政府的干预可能会引起时钟跳跃或逆转。例如，2009 年的 4 万亿元经济刺激政策，让中国经济从衰退期快速进入过热期。

另外一个导致美林时钟失灵的原因是国内经济的特殊情况，我们面临着经济结构调整的问题，结构性问题叠加了周期性问题也会引起美林时钟失灵。但作为成熟经济体的运行周期规律，美林时钟终究会回到它正确的轨道上去。

中观层面

讲完了宏观层面，接下来进入中观层面。中观层面逃不开的就是对行业景气度和政策利好的研究。

1. 行业景气度

行业指按生产同类产品或具有相同工艺过程或提供同类劳动服务划分的经济活动类别。由于行业属性差异，不同行业对宏观经济的敏感性有所不同，因此，在生产经营、绩效等方面的表现也存在分化。分析一个行业的景气程度本质上是对其在不同宏观环境下的发展趋势、变动方向的把握。这种把握主要可从量、价、利三个角度入手。

我们经常会说的一个词叫"量价齐升"，往往能够达到这种状态，而且利润也有提升的话，那么这个行业的景气度是上行的。因为产销量、库存及价格反映了需求与供给的博弈，而利润是量、价的综合结果。

利润是比较重要的衡量指标。以价格上行为例，若行业提供的商品或服务价格的提升源于需求强劲，则一般说明这个行业的景气度是上行的；而若其价格的提升源于成本增加，则行业景气度的变化取决于其成本的传导能力，即是否能将成本增加的部分完全转移到价格和销量上。因此，量价变动分析最终需归结到利润的实现上。简而言之，盈利好转是行业景气上行的直观反映。

然而，考虑到企业规模、创新能力、管理水平等的差异，同行业的不同企业在盈利、成长等方面也存在较大差异，因此，在研究行业景气度时，我们同样会研究个股的基本面，考虑如 ROE（Return on Equity，净资产收益率）、净利率、毛利率、利润增速、营收增速等指标，因为上市公司是行业企业的重要组成部分，也会反映行业景气度的变化。

如图 10-3 所示，行业林林总总，我们举个食品饮料的例子。食品饮料行业主要可分为白酒、其他酒水饮料（啤酒、葡萄酒、黄酒、其他）和食品（肉制品、调味品、乳制品、其他），行业内大部分属于弱周期性的大众消费品，而白酒相对周期性较强，其需求受宏观经济的影响也很大，如在经济上行、投资加速阶段，白酒作为商务洽谈的润滑剂其需求也呈现向好。

中信一级行业大类板块划分

板块	中信一级行业
消费	商贸零售 餐饮旅游 家电 纺织服装 医药 食品饮料 农林牧渔
周期	石油石化 煤炭 有色金属 电力及公用事业 钢铁 基础化工 建筑 建材 轻工制造 机械 电力设备 国防军工 汽车 交通运输
金融地产	银行 非银行金融 房地产
TMT	电子元器件 通信 计算机 传媒

资料来源：Wind，天风证券研究所

图 10-3

食品饮料企业发展的两个核心要素是行业空间和竞争格局，其中，行业空间保障的是收入的稳健增长，而竞争格局则体现在成本传导、规模效应上，即利润和盈利能力的提升上。因此，对于食品饮料行业来说，我们重点关注的景气度原始指标有营业收入、净利润、毛利率、净利率和 ROE。

2. 政策利好

政策会影响实体经济，影响多数投资者对股市的预期，进而影响股市的涨跌。股市是一个博弈的场所，但是博弈要遵循大方向，一般来说政策就是这种大方向。因此，选股票首先要看政策，选政策扶持的朝阳产业。

近年来，受国内政策红利及系列政策利好提振 A 股市场的"碳中和"和"稳增长"等政策主题表现得异常兴奋，不仅持续力较强，而且波及范围亦超出市场预期。

那么，应该怎样进行政策解读呢?

第一，看层级。国家层面 > 领导小组 > 省部级。两会（中华人民共和国全国人民代表大会和中国人民政治协商会议）、中共中央政治局会议、中央经济工作会议等都是属于国家层面的会议，其对经济的影响较大，是我们需要关注的对象。比如每年的 4 月、7 月、10 月、12 月，中共中央政治局会议都要分析研究当前的经济形势和经济工作，做出新的判断，进行新的部署，所涉及的一些数据、政策信息等都是值得投资者重点关注的。

第二，观来源。会议代表大政方针，权威媒体报道代表高层倾向。例如，中国共产党全国代表大会主要涉及 5—10 年的大政方针，从改革层面影响市场；政治局会议是一段时间内的行动纲领，关注宏观调控重心的变化。就媒体报道而言，《新闻联播》绝对权威；新华社发出的声音值得仔细推敲，往往代表决策层的倾向；三大证券报评论往往折射管理层倾向；而其他的一些小道消息和传闻则不能太当真。

第三，辨效力。比如看场合：是正式场合发布的，还是非正式渠道"透露"的？又如看预期：是否超预期？再如看效果：政策实施的效果如何？

一般股市的结构性行情都是在政策推动下产生的，而板块和个股的投资机会也蕴含在新政策之中，所以从政策面寻找最佳的投资机会不失为上佳的选择。另外，政策也建议大家横向对比来看，从而看出国家对产业态度的变化。

微观层面

微观层面即量化视角，如选择一些有效的因子（市场、质量、价值、成长、分红、波动率等）来衡量。

微观层面有经典量化选股方法，也就是多因子选股。多因子选股采用一系列的因子（主要考虑估值、成长性、盈利质量及市场情况等因子，见图 10-4）作为选股标准，将多个具有逻辑背景的因子策略相结合，选取在各个因子上综合得分较高的股票构建投资组合。通过这种方式选出来的股票通常不会在某个因子上有特别的短板，它是综合很多信息最后得出的一个选股结果。同时，因为在不同的市场情况下，总有一些因子会发挥作用，因此，多因子模型的表现相对来说也比较稳定。

图 10-4

1. 选到符合市场逻辑的因子很重要

在传统框架下，大类资产配置的权重相当于食谱，每类资产对应一种食物。在因子框架下，针对因子优化配置相当于"穿透"食物参考其营养成分表，这样投资组合的风险收益的配比才会更加准确和均衡。2005—2020 年宏观因子对大类资产的回归系数如图 10-5 所示。

Bender 在 2013 年将因子定义为"特征"，即能解释并影响资产风险和收益的那些"特征"。很多专家将因子称作"风险因子"，也有人叫作"投资因子"或"收益因子"。这些命名，本质上是一个硬币的两面：更强调风险来源，它就是风险因子；更突出回报来源，它就是收益因子。

多因子模型通过对各因子的持续跟踪研究，深入分析 Alpha 因子的作用条件，并关注其背后的市场逻辑，便可清楚地知道超额收益从哪里来，也就清楚承担的是哪一部分市场风险。

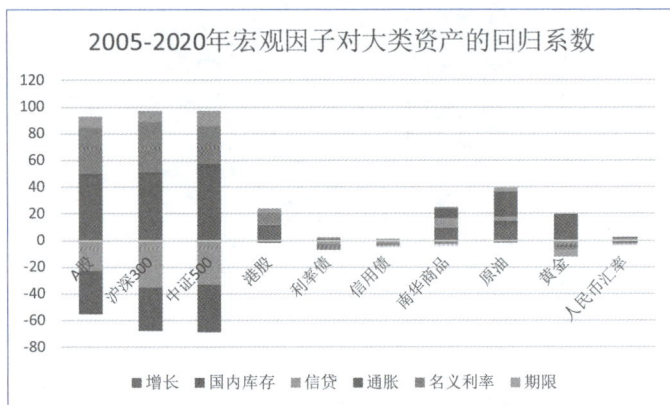

图 10-5

2. 如何选择因子

多因子选股的五大步骤如图 10-6 所示，多因子模型选股非常重要的一点是找出哪些因子对企业来说是"健康"的因子。1992 年，Eugene Fama（尤金·法玛）和 Ken French（肯·佛伦奇）在对美国股票市场中决定不同股票收益率差异的因素的研究中发现，股票市场的 Beta 值不能解释不同股票收益率的差异，而上市公司的市值、账面市值比、市盈率可以解释股票收益率的差异。诺贝尔奖得主 Fama 通过对大量股票的某些共同特征进行筛选，得到了有别于大盘因子的两个新因子：规模与价值，这个模型能很好地解释股票的预期收益。后来，该模型又加上了动量因子，成了四因子模型。

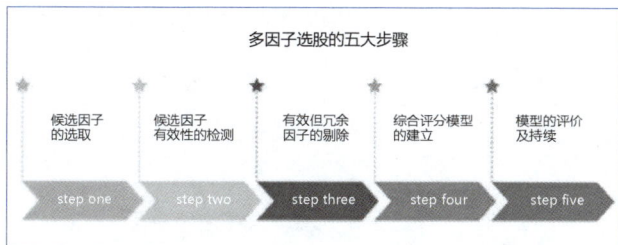

图 10-6

如今,通过研究人员的不断分析,因子的数量已经多达成百上千个。候选因子的选择主要依赖于经济逻辑和市场经验,但选择更多和更有效的因子无疑是增强模型信息捕获能力,提高收益的关键因素之一。

10.3 如何利用基金来做资产配置

为什么绝大部分资产都可以通过基金来投资

资产配置的标的林林总总,难道每个投资者都要买一点黄金、买几套房子、再买一部分股票?如果是这样,估计把很多投资者都吓跑了。对于普通投资者而言,做资产配置有更为简便的方法,那就是借助公募基金。

基金作为一种间接投资工具,投资标的非常丰富,几乎覆盖了市场上所有的资产。不管你想投资什么资产,都可以通过基金来实现(见图 10-7)。例如,你想投资 A 股,你就可以选择偏股型基金;

你想投资某个行业，你就可以选择指数基金或重仓该行业的主动管理型基金；你想投资海外，你就可以通过投 QDII 基金来间接投资海外股市；你想投资黄金，也有黄金 ETF 联接基金可以选择。

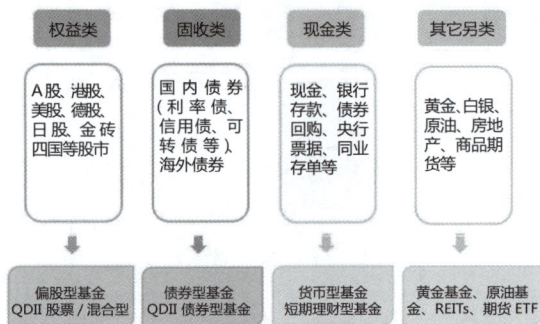

权益类	固收类	现金类	其它另类
A股、港股、美股、德股、日股、金砖四国等股市	国内债券（利率债、信用债、可转债等）、海外债券	现金、银行存款、债券回购、央行票据、同业存单等	黄金、白银、原油、房地产、商品期货等
偏股型基金 QDII 股票/混合型	债券型基金 QDII 债券型基金	货币型基金 短期理财型基金	黄金基金、原油基金、REITs、期货 ETF

图 10-7

其次，公募基金都是由专业的投资团队管理，他们会尽力为大家争取优秀的投资收益。

截至 2021 年 5 月 15 日，据 Wind 金融资讯消息，公募基金已有 8000 多只，可以说种类相当多。而且，公募基金是我国金融市场里被监管最为严格的投资工具之一。从管理到销售，公募基金全部都有托管机构，而且全程都被证监会和银保监会严格监管着。投资公募基金除了担心净值下跌，不用担心其"跑路"的问题。

公募基金用于资产配置时有哪些优势

与其他主流的理财产品相比，公募基金有着自身突出的优势，是一种更适合普通投资者的普惠金融工具，其能以更低的门槛为投资者提供专业化的投资管理服务。

第一，安全性高。公募基金受监管很严格，客户资金由第三方机构托管，安全性高。

第二，透明度高。公募基金透明度高，产品净值每日更新，基金季报、半年报与年报等定期报告也会充分披露基金的投资运作情况。

第三，参与门槛低。公募基金起购门槛低，与银行理财产品或者私募基金相比，可以给予个人投资者更多的参与机会。

第四，产品流动性强。开放式公募基金大部分时间都开放申购与赎回，能够较好地保障资产的流动性。

第五，可选产品丰富。公募基金产品投资资产类型与产品类型多样，针对不同风险偏好与资产偏好的投资者都能提供有效的产品解决方案。

适合投资公募基金的人群较为广泛，比如，有稳定薪资收入、有理财需求但缺乏市场专业知识和投资能力的工薪族，以及有较强的投资意愿但受制于工作而无暇理财的投资者，他们都可以选择一些适合自己的基金产品，省时省力地解决投资难题。此外，一些有特定投资目标的人也可以考虑投资公募基金，比如，希望投资海外市场的投资者可以选择 QDII 基金，希望实现养老目标的投资者可以选择养老公募基金等。

总体而言，基金产品在产品类型、投资范围、投资策略、理财方式等方面有着大而全的优势，能满足不同人群的资产配置需求。

在做资产配置时如何选择基金

投资者选择投资哪类基金、哪些基金组合，以及确定什么样的组合比例，关键要看其是否适合自己的风险承受能力，是否符合自己的投资理财目标，以及其对投资周期的规划。

第一件事：明确自己的投资需求。

投资需求其实是非常个性化的，每个人都有不同的投资目标，有些小伙伴冲劲十足，有些小伙伴则想要稳稳的幸福，还有些资金庞大的投资者只需要投资低风险的产品，再利用复利效应，收益就能达到投资目标。

第二件事：判断自己的风险承受能力。

投资之前先想一想自己能不能承受相应的亏损。如果你资产配置的结果是高配权益资产，但又承受不了相应的风险，那就得不偿失了。所以，在赚钱之前，要先想到风险。

第三件事：明确资金的使用时间。

明确资金的使用时间这一点也很重要，基金投资一般要求3—5年甚至更长的投资期限，如果投资者短期内有资金使用需求的话，就不建议进行基金投资。

明确了以上三点后，再进行配置就更加有的放矢了。

基金的角色定位

在足球场上，不管足球阵型怎么排列，始终都离不开前锋、中场和后卫这三个位置。前锋主要负责进攻，中场进可攻、退可守，后卫则主要负责防守，资产配置也是这样的。那么，哪些基金是用来进攻的？哪些是用来做攻守平衡的？哪些又是用来防守？这就需要认清各基金的角色定位。

1. 后卫：稳健第一

后卫的最大特点就是"稳"，对应到基金中，代表的则是一些波动小、收益稳定的品种，如货币基金、债券基金、黄金基金等。

1）货币基金

货币基金主要投资于短期货币工具，包括国债、央行票据、商业票据、银行定期存单、政府短期债券等短期有价证券。

货币基金的风险在所有基金中是最低的，目前货币基金的收益率在 2% 左右。

2）债券基金

根据投资范围的不同，债券基金可分为纯债型（只投资债券）

和偏债型（除了投资债券，还可以参与打新、可转债、二级市场股票买卖等）。

这里需要注意的是，只有纯债型才可以作为"后卫"，因为偏债型，尤其像可转债基金，波动还是比较大的，存在亏损的风险，所以我们把这类基金放在"中场"。

3）黄金基金

之所以把黄金基金归到"后卫"，主要是因为黄金是天然的避险资产，可以很好地分散组合风险。它的投资价值更多体现在避险和抗通胀上，而不是体现在获得高收益上。

2．中场：进可攻、退可守

介绍完用来防守的基金，接下来就介绍几种用来做攻守平衡的基金。

1）偏债型基金（含可转债基金）

偏债型基金由于可以投资股票、可转债，其波动相对较大，当股市不好的时候，很可能受股票拖累出现亏损。

2）偏债／平衡混合型基金

一般，偏债混合型基金投资于股票的比例不超过 30%，平衡混合型基金投资于股票的比例在 50% 左右。当然，具体是否把这类基金归为"中场"还要看该基金过往的股票持仓占比是否风格偏稳健，如果股票占比较高（如 50% 以上），比较激进，则放在"前锋"更合适。

3）股票多空基金

股票多空基金也称为量化对冲基金，由于这类基金可以调整风险敞口，因此进可攻、退可守。从过去几年的收益率看，表现好的时候其收益率可以达到 10% 以上，如 2015 年，表现差的时候也多是小幅亏损的状态。

3. 前锋：积极进取

最后介绍一下"前锋"，一类主打进攻的产品，这类产品有股票型基金、偏股混合型基金等。

1）股票型基金

股票型基金规定股票的持仓占比要在 80% 以上。由于股票仓位高，因此风险最大。从近 10 年的业绩看，股票型基金波动非常大；业绩好的时候，如 2015 年、2019 年，其平均收益率可达 45% 以上；而业绩差的时候，如 2011 年、2018 年，其平均亏损也可达 20% 以上，如图 10-8 所示。

2）偏股混合型基金

相比股票型基金，偏股混合型基金的仓位更加灵活，股票占比一般在 60% 以上，风险略低于股票型基金。

普通股票型基金历年平均收益率

数据来源：Wind

图 10-8

整体而言，不同的基金承担着不同的角色，大家可以根据具体情况按比例配置。资产配置这件事一定是因人而异的，如果你是一个进攻性强的人，可以多配置一些"前锋"型资产，否则的话，可以多配置一些用来"防守"的资产，如现金、债券等。

10.4 如何将定投和资产配置相结合

什么是定投

首先，讲解一下什么是定投。

一般而言，基金的投资方式有两种，即单笔投资和基金定投。由于基金定投起点低、方式简单，所以它也被称为"小额投资计划"或"懒人理财"。

基金定投 = 约定扣款时间 + 约定扣款金额 + 目标基金

定投讲究长期效应，短期可能无法突出定投的好处。基金定投和资产配置一样，都是需要长期做的事情。

定投和资产配置都是分散投资

华尔街流传着这样一句话："在市场中准确地踩点入市，比在空中接住一把飞刀更难。"正确的择时确实能带来更多的收益，这是显而易见的，如果你能在最低点买入，在最高点卖出，那连"股神"巴菲特的业绩也要被你甩在身后，因为这太难做到了。

关于择时有机构专门测算过，以美股为例，在 1998 年 1 月 1 日到 2017 年的 12 月 29 日这 20 年间，如果你因为择时错过了市场表现最好的 10 天，那么惩罚将是巨大的：年化收益率会从 7.20% 跌到 3.53%；如果你错过了表现最好的 30 天，那么对不起，你最终是亏损的。

择时太难，所以可以选择定投，分批次上车。如果采取分批买入的方法，就能克服只选择一个时点买进和卖出的缺陷，达到均衡成本的目的。

定投或者说分批建仓更像是"战略性"择时，如果长期看好某一投资产品，时间会给你答案。

总结来看，定投有以下三个优点。

第一个是定投可以在约定的时间和周期自动投资，省去了反复多次作投资决策的精力，也免去了一直盯盘选择投资时机的辛劳。

第二个是能够平衡成本，定投无惧波动，不需要择时。

第三个是在先下跌后上涨的市场中长期坚持定投大概率能获得让人满意的稳定收益。基金定投微笑曲线如图 10-9 所示。

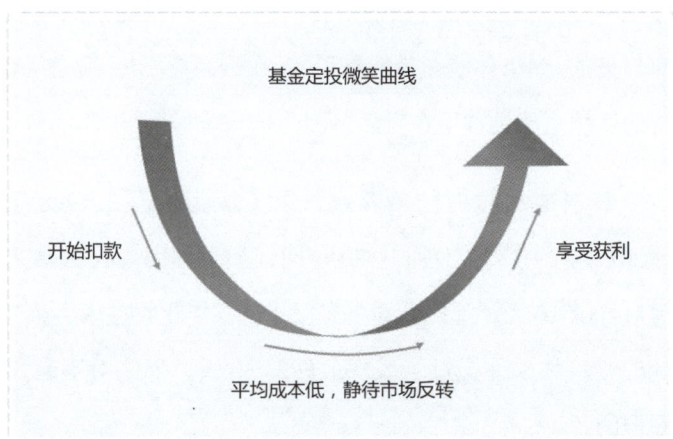

图 10-9

定投 + 资产配置，可以发挥时间的复利效应

前文已经介绍过了如何用基金进行资产配置，而基金定投又是基金投资中绕不开的一种操作方法。假设投资者已经选定了要买入的基金，那怎样才能提升投资胜率呢？答案是：结合定投来做。

相对于一次性买入自己配置的组合并长期持有，"定投"或许是更适合大多数投资者的策略，因为普通投资者很难判断买点，定投的主要特点就是定额投资、分期投入、有规则地执行，它可以帮助投资者从市场上获得较好的收益并承担较低的风险，而将资产配置和定投结合，或许会有 1+1>2 的效果。

定投的注意事项

1. 遵守纪律，不追涨杀跌

在定投时遵守纪律（如定时、定额）很重要，不要行情好就大额加仓买入，在行情变差时就快速赎回，这种不断进行的追涨杀跌很容易让你的资产配置组合出现严重的漂移，这样的话，前面那些努力就都白费了。

2. 做好资金筹划，不轻易"断粮"

定投的最大优点在于不需要择时，在市场下跌时可以摊薄成本。如果轻易"断粮"，很容易出现没买到便宜筹码的情况，这样就失去了定投的最大作用，最终让定投的效果打折扣。

3. 注意定投周期

基金定投需要长期坚持，一般中长期定投的预期收益要比短期定投的预期收益更可观。但定投时间也不是越长越好，定投时间达到一定年限后，随着本金的不断增加，定投在成本摊薄方面的作用也会越来越弱。因此，基金定投需要及时采取止盈措施，而且定投年限太长也会提高机会成本。

4. 选对分红方式

基金定投的分红方式包括现金分红和红利再投资两种，其中红利再投资就是将红利兑换为基金份额再参与投资。一般红利再投资要比现金分红的预期收益率更高。

5. 学会止盈

基金定投虽被称为"懒人理财"，但不需预测市场走势并不代表对基金不管不问。相对于购买时机，基金定投的赎回时机更为重要，因为赎回的时间和收益有关。投资者要经常关注市场行情，在收益达到预期目标时及时赎回，而且每年或每半年最好对定投进行一次调整，调整定投金额或定投的目标。

如果能做到以上这些，相信一定会有一个不错的收益。

需要说明的是，投资者应充分了解基金定投和零存整取等储蓄方式的区别。定投是引导投资者进行长期投资、平均投资成本的一种简单易行的投资方式，但是定投并不能规避基金投资所固有的风险，不能保证投资者一定获取收益，也不是可以替代储蓄的等效理财方式。基金有风险，投资需谨慎。投资人应认真阅读相关的基金合同和招募说明书等法律文件，而且还要注意过往业绩并不预示其未来表现。

10.5 如何控制风险

现代投资组合理论之父哈里·马科维茨曾说过：分散投资是唯一免费的午餐。而分散，正是资产配置的核心功能，它不仅可以分散风险，也可以提升我们的潜在收益。简而言之就是我们可以通过正确的资产配置，实现在相同的风险水平下获得更高的预期回报。

那么，我们在做资产配置的时候如何控制风险呢？这里先回顾一下资产配置是什么——资产配置是指根据投资需求将投资资金在不同资产类别之间进行分配的一种方式，通常是将资产在低风险、低收益证券与高风险、高收益证券之间进行分配。

上述定义中有两个关键词：（1）投资需求，即大家首先要确认好自己的投资需求，想要赚得多，那就要承担更高的风险；（2）不同资产类别，即要注意将资产分散，以规避风险。

关于如何规避风险，我们都知道"不要把所有的鸡蛋都放进同一个篮子里"这句名言，这是 1981 年诺贝尔经济学奖获得者、耶鲁大学经济系教授詹姆士·托宾（James Tobin）的一句话。这句话的意思是要做多手准备，这样万一这个"篮子"的"鸡蛋"被打破了，也会有别的"篮子"的"鸡蛋"剩下，不至于亏损幅度太大。从实操上来看，尽管只用一个"篮子"更省事，但是把"鸡蛋"放在同一个"篮子"里意味着有可能会同时将所有的"鸡蛋"打碎，这无疑蕴含着很大的风险。所以，为了规避风险，需要把"鸡蛋"放在不同的"篮子"里。资产配置的中心思想正是如此，投资者要花些心思把自己的"鸡蛋"放到不同的"篮子"里，而且除此之外，也要考虑选择哪些"篮子"放"鸡蛋"，以及要将多少"鸡蛋"放在这个"篮子"里多长时间。其实，做资产配置也有很深的学问。

我们先来说一下怎样才算没有"把所有的鸡蛋放在同一个篮子里"。前两年，市场上有个流传很广的笑话：一个人自以为学会了分散投资，深谙"不要把所有的鸡蛋都放在同一个篮子里"的理论，于是把资金分散放在了某某家、钱某某、某某网、某某金融、唐某某等多家平台，结果在所有的 P2P 维权群里几乎都能看到他的身影。这个笑话告诉我们，这种做法并不算分散投资，也没有真正做到控制风险。进行资产配置想控制好风险至少需要做到以下两点。

（1）投资不同底层的产品。

同样是指数基金，如果投一只沪深 300 指数基金和一只上证 50 指数基金，因为这两只基金跟踪的是不同指数，所以从底层看投资的还是不同的资产，其关联度相对低一些；而如果你在这个基础上再投资一些黄金、债券，那关联度就会更低，它们一般不会出现同涨同跌的情况。

当然，单这样做还不够，这里还涉及区分不同的资产和判断不同资产的风险等级，这些后续会讲到。

（2）采用一些量化的手段：纪律化投资。

投资者在投资的时候难免会受到情绪的影响，从而陷入非理性的投资决策中，如禀赋效应、现状偏好或损失厌恶等。前两种偏差容易让交易者对亏损的产品（如股票等）持有的时间太长，因为大多数交易者对现状更为偏好，或者相比买入股票需要有更多的盈利他们才会卖出持有的股票。

还有大家非常熟悉的恐惧和贪婪，这都会导致杠杆过度的问题：在恐惧时，人们会加仓以试图收复损失；在贪婪时，人们会在初尝甜头时，本金增加得太快导致仓位过重。因此，风险管理中的一个黄金法则就是始终将你的资产组合控制在一定的范围之内，然而，这却是件知易行难的事。

所以，在开始投资之前，你也可以给自己的投资加上合理的"紧箍咒"，做到纪律化投资，管住手或在合适的时候再进行买卖操作。

这些纪律化的手段可以是设置止盈目标，也可以是设置亏损X%后执行自动买入操作，相信有逻辑验证的合理量化指标，可以提升大家账户的收益。

10.6 如何提升风险调整后收益

关于这个话题，首先要明白风险调整后收益的定义是什么。我相信，很多投资者第一次听到这个词时都有点反应不过来。

什么是风险调整后收益

风险调整后收益（Risk-adjusted Returns）的基本思路是对收益风险加以调整，以实现对收益和风险的综合考虑。现代投资理论的研究表明，风险的大小在决定组合的表现上具有基础性的作用。风险调整后的收益率就是一个可以同时对收益和风险加以考虑的综合指标，它可以方便地排除风险因素对绩效评估的不利影响。

举例说明：假设有两只基金产品在过去一年的收益率都是 10%（见图 10-10），一样的收益率，你会选择哪一只？大家可能都会选择 B 产品，因为我们会发现 B 产品的风险调整后收益明显优于 A 产品，那风险调整后收益具体怎么看呢？

这时我们需要引入风险的概念。我们通常用"标准差"这个统计量来考量基金表现的波动性，它可以告诉我们这只基金下一年的收益率落在某个区间的概率。标准差越大，基金表现越不稳定，风险也就越大。从图 10-10 中可以很明显地看出，A 产品更不稳定，投资风险也更大。

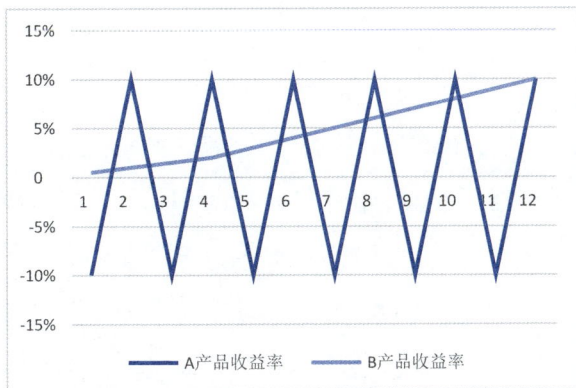

图 10-10

当产品收益率不同时，也是用同样的比较方法，这时我们可以使用一个更广泛的方法——夏普比率来衡量。夏普比率是威廉·夏普在 1990 年提出的一个指标，它用基金的预期收益率减去无风险收益率，再除以该基金收益率的标准差，这样就可以计算出基金每承担一单位的波动能够获得多大的收益，这就是风险调整后收益的概念。

$$夏普比率 = \frac{R_P - R_f}{\sigma_P}$$

其中，R_p 为投资组合预期收益率，R_f 为无风险收益率，如我们常说的现金和短期国债的投资收益率，σ_p 为收益率的标准差。

夏普比率的分子是投资组合的预期收益率和无风险收益率的差值，分母是投资组合的波动率。用通俗一点的语言解释就是，在你每承担一份风险的情况下，可以得到多少收益，也就是风险和收益的比值。原则上，夏普比率越高越好，也就是说比值越大越值得购买。

例如，基金 A 的夏普比率为 5，即每承担 1 份风险，可以获得 5 份回报；而基金 B 的夏普比率仅为 1.5，即每承担 1 份风险，可以获得的回报仅为 1.5 份。夏普比率很像是买商品时衡量性价比，每个人都希望能找到高性价比的产品，从而提高自己的投资获胜率。

美国知名投资人杰克·施瓦格曾对风险和收益有个非常精辟的比喻，他说风险像沙滩上的洞穴，洞穴越深，风险就越大；收益像沙堆，沙堆越高，收益率就越高；而杠杆就是一个铁锹，可以把沙子从洞里转移到沙堆上面。

当然，沙堆越高，洞穴越深，相应的风险和收益都会增大。我们要做的就是如何在洞穴坍塌前让沙堆堆得更高，也就是如何在固定所能承受的风险下，追求更大的报酬；或者是在固定期望收益率的水平上，追求更小的风险。

如何提升风险调整后收益

选择单基金或单资产时，利用夏普比率辅助决策一般情况下可以找到性价比更高的资产。但需要注意的是，夏普比率也有不准确的时候：一个产品总能给你超预期回报，但它的夏普比率也可能比较小。例如，一只基金季度收益率均值是 10%，但是最近几个月它表现得特别好，每个季度都能给你 20% 的回报，这时你算出来的标准差、方差都会很大，这也就可能导致整个夏普比率变小。

那么，落实到做资产配置组合时，如何提升风险调整后收益呢？其实，简单来看就是找到组合起来性价比最高的一揽子资产将其进行打包。这时我们就需要引入这个重要的理论——有效前沿理论，这是资产配置的关键。

有效前沿理论回答了资产配置的一个关键性问题——如何构建最优投资组合。那么，什么是最优投资组合呢？

哈里·马科维茨投资组合理论指出，由多只证券构成的投资组合中应该存在一系列最优投资组合，这个最优投资组合就是相同风险水平下收益最大的组合，也是相同收益水平下风险最小的组合。

假设 A、B、C 三点分别代表有价证券按照不同配置比例构成的三个投资组合，这三个点按照"均值—方差"的不同特征，在平面坐标图形上处于不同的位置，如图 10-11 所示。

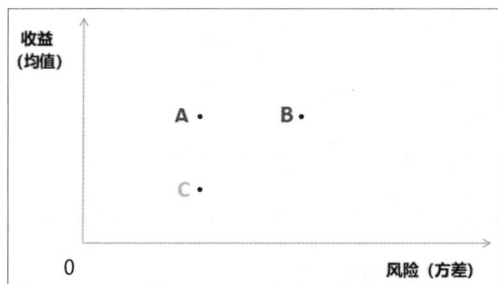

图 10-11

那么，从投资的角度讲，A 点和 B 点相比，同样的收益水平下，A 点风险最小；A 点和 C 点相比，同样的风险水平下，A 点收益最高。因此，在这三个组合中，A 点就是最优投资组合。

既然在无数风险资产投资组合中，只要给出既定风险水平，我们总是可以找到收益最高的一个组合，那么，当投资者可承受的风险水平变化时，与该风险水平相对应的最优投资组合 A 点也一直存在，并且会随着风险水平的变化而不断的移动，如图 10-12 所示。

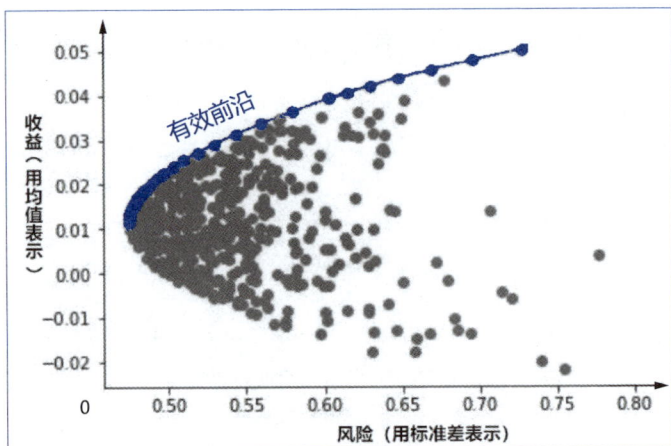

图 10-12

红色曲线（最外侧边缘线）就是最优投资组合 A 点移动的轨迹，曲线上的每一个点代表的都是在给定风险水平下的最优投资组合。

这条由不同风险水平下最优投资组合 A 点构成的曲线，我们称之为有效曲线，又叫有效前沿。

在有效前沿右下方区域的任何一个投资组合，要么风险偏高，要么收益偏低，都不是最优投资组合。

所以，站在资产配置的角度，投资者所构建的风险资产组合一定要尽量在这条有效前沿曲线上，否则，它就不是最优的资产配置组合。

但实际上，这些理论的应用对于普通投资者来说有些难度，有时候我们还需要专业的投资者替我们做好资产配置，做好组合的调整和优化。

中欧基金 ZHONG OU ASSET MANAGEMENT	编写	中欧基金 ZHONG OU ASSET MANAGEMENT	审阅

中欧基金管理有限公司成立于 2006 年，是国内首批员工持股的公募基金管理公司之一，有国资、外资、员工持股以及民企的混合所有制背景，致力为客户提供超越市场的长期回报，打造"聚焦业绩的主动投资精品店"。自 2014 年起，中欧基金连续 7 年蝉联行业最高奖项"金牛基金公司"（2014—2020 年，《中国证券报》颁发），截至 2021 年 9 月，资产管理规模超 4123 亿元（货币基金除外）；过去 6 年，中欧基金主动权益投资业绩位居行业第二名（数据来源：银河证券基金研究中心《中国证券投资基金基金管理人股票投资管理能力评价报告》，截至 2019/12/31，算术平均口径，近 6 年排名为 2/68）

第 **11** 章
资产配置要避免的误区有哪些

11.1 为什么目标不清晰是一种误区

也许是因为"你不理财，财不理你"等标语贩卖的焦虑，许多人连理财的目标是什么都不清楚就一股脑地开始配置资产理财。中国证券投资基金业协会出具的《2018 年度基金个人投资者情况调查问卷分析报告》显示，近 65% 的人投资基金的目的是"获得比银行存款更高的收益"，仅有 34% 的人在基金投资时有比较明确的理财目标，如"教育储备""养老储备""分散投资风险"等。

　　具体的理财目标是理财规划的重点。个人最重要的是要了解并确定自己的理财目标，不要有太多的随意性或盲目性，要根据目标来设计并实施资产配置方案，并根据市场的变化进行调整，让它一直跟随目标而动。

理财目标对资产配置有什么重要的意义

　　做任何事都要设定一个目标，目标就好比是一座灯塔，指引着我们前进，并给我们提供前进的动力。资产配置也不例外，明确了理财目标，资产配置就有了关键的指导思想，投资也有了基本的方向，也就可以有效地避免资产配置过程中可能出现的盲目和冲动。

　　每个人的财务状况和生活规划都是独一无二的，因此，每个人的理财目标也是独一无二的。别人满意的组合不一定适合你，千人一面的理财计划对你不一定适用。所以，在理财规划前，要对自己的家庭背景、教育、工作经历和自己对风险态度做详细的了解，发掘自身的真实需求。

不清晰的目标与可能的后果

　　一个不清晰的理财目标有可能会带来许多不良后果，下面介绍几个具体的例子。

（1）"我要尽可能多的赚钱"（收益目标不清晰）。

如果没有一个明确的收益目标，投资者容易陷入盲目追求高收益，从而遭受投资目标无法达成的风险。

曾有位投资者和我分享他的投资经历说：他把给孩子出国留学准备的经费做了投资，在达到目标收益后因为还想着再多赚些钱，没有及时做风险再平衡（比如赎回高风险的股票型基金，买入低风险的债券型基金），结果遇上股灾，这笔经费折损很大。

（2）"股票基金的收益明显比其他产品更高，我要把所有的钱都用来投资股票基金"（风险目标不清晰）。

一位朋友，在 2015 年上半年股市最疯狂的时候，将自己几乎所有的积蓄加上父母给的买房首付款都投资了股票型基金，期待从中分得一杯羹，但由于他刚参加工作没多久，手头没有什么积蓄，在下半年股市狂泻之后他连基本的生活开支都成了问题，心理压力一度很大。

（3）"为了多赚钱，我要把尽可能多的钱用来做投资理财"（流动性目标不清晰）。

当你一味地追求投资收益，将大部分钱都投资到无法及时赎回的理财产品上时，一旦出现紧急状况，可能就会陷入窘境。

什么样的目标才算是一个清晰完整的理财目标

一个清晰的资产配置目标说应该包含两方面：赚到的钱用来做什么，即确认财富用途；如何赚到这些钱，即明确收益、风险和流动性目标。

金钱是维持物质生活的基础。对于一个普通家庭来说，首先可以给期望得到金钱保障的物质生活设定出具体的、可描述的目标，然后将这些目标根据期望实现的期限长短分为短期目标和中长期目标，再根据实现的必要性分为弹性目标和刚性目标（见图 11-1），当然，这些分类也会因人而异。这些目标对时间期限和实现程度的描述越具体，对做理财规划就越有利。

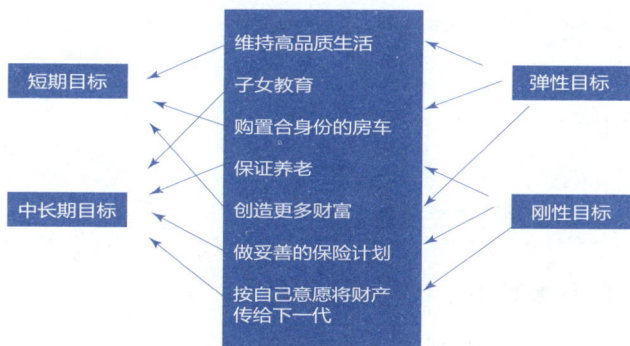

图 11-1

在确定了要用赚到的钱做什么之后，如果想要进一步明确理财目标，就要考虑如何通过资产配置来赚这些钱了。投资者在思考和决定如何进行资产配置时，一定要去思考以下几个问题。

1. 期望投入的期限是多久

这个问题在理财中其实就是流动性目标。根据我们制定的理财目标，对短期目标所涉及的资金，大部分投资者期望的投资期限一定是较短的；而对于中长期目标所涉及的资金，大部分投资者对其低流动性的容忍度就比较高。因此，为了更加确定可以实现目标，我们愿意拉长投资期限。

2. 能接受的财富亏损是多大

这一点对应的是投资的风险目标。在理财时，投资者要清楚自己的风险承受能力和风险偏好，这与很多因素有关，具体在下一章节中还会提到。根据制定的理财目标，对刚性目标所涉及的资金，投资者不太能接受财富的亏损，但对于弹性目标所涉及的资金，投资者对一定比例的财富亏损是可以接受的，因为这不会影响投资者的"理财大局"。

3. 期望获得的年化收益是多少

这个问题在理财中对应的就是收益率目标，这个目标和我们制定的理财目标是最为相似的。几乎所有人对收益率的要求都是"越高越好"，但是，随着投资经验的丰富和心态的转变，确定一个合理的收益率目标是能给理财带来非常大的帮助的。

一个清晰的目标，就是一个对流动性、安全性和收益性这三个方面都有清晰的认知和清晰的目标；一个合理的投资目标，就是在

"不可能三角"中找到最适合自己的平衡点。只有设定一个合理的
目标，才能真正享受到投资理财带来的一朵又一朵"玫瑰"。

11.2　为什么不能高（低）估自己的风险承受能力

　　"所有投资评估都应该从测量风险开始，其中包括测算合适的
安全边际，避免和道德品质有问题的人交易，坚持为预定的风险要
求合适的补偿，永远记住通货膨胀和利率的风险，避免犯下大错和
避免本金持续亏损。"

——查理·芒格

什么是投资风险

　　我们经常听到这样一句话："高风险高收益"，但这很容易造成
一个误解，好像只要承受高风险，就一定能获得高收益。这显然是
不对的，因为风险本身就包含无法获得期望收益这一层意思。

　　投资风险就是投资结果的不确定性，更高的风险就意味着你有
更大的概率面临财富的损失。

　　不能正确认识高风险，可能会面临怎样的后果？曾经火极一
时的 P2P 产品（互联网金融点对点借贷产品），它们向投资者提供

10% 甚至更高的预期收益率，投资者往往被表面的保证和承诺迷惑，没有深入思考收益的合理性，直到 P2P 平台接二连三地"跑路"，投资者才意识到原来"风险这么大"！

因此，在开始投资之前，需要先给自己打好"预防针"，选择匹配自己风险承受能力的产品，要放平心态，不可贪心，也不可抱有侥幸心理。

如何衡量自己的风险承受能力

风险承受能力是指在不影响正常生活的情况下能够承受的财富损失，如果财富损失使正常生活受到影响，那么就意味着目前的投资理财项目是超出自己的风险承受能力的。

风险承受能力要综合衡量，它与个人、工作、家庭等因素都有关系。比如，有一个人把所有存款都放在股市，想要获得高额收益，结果遭遇股市崩盘，为了减少进一步的损失他只能卖出股票，这导致他无法负担生活、房贷、车贷等费用。这就是错误评估风险承受能力的后果。

衡量自己的风险承受能力可以从以下几个维度考虑。

1. 年龄

一般来讲年龄越大，风险承受能力越低。

20 ~ 35 岁的投资者通常有承担较高投资风险的能力；35 ~ 50 岁

的投资者虽然积累了一定的财富，但财务负担往往也会相应增加，风险承受能力略低；对于 50 岁以后的投资者而言，控制风险则是其投资理财首要考虑的因素。

2. 收入

稳定的收入是投资理财资金的主要来源，当然，富二代或是土豪另当别论，所以建议大家选择流动性较高的理财产品，因为人人都需要一个突发事件的预期准备，这是理性投资者必备的常识。

投资者应该能够判断自己的可支配收入水平，做到量入为出、理性投资。其次，还需要考虑收入的稳定性，这就需要从投资者工作所处的行业及所在公司的发展前景等方面来综合考虑了。新兴产业或夕阳产业都是存在一定的收入保障风险的。新兴产业往往竞争激烈、优胜劣汰；而夕阳产业则通常会面临倒闭、裁员的风险，且发展空间十分有限。所以，投资者要对自己工作所处的行业及所在公司的发展前景有清晰的了解。

3. 自我风险偏好

有一部分投资者无论自身财务状况好坏，都热衷于高收益投资，他们是风险偏好型投资者；而有些人即使有一大笔闲钱，也坚持存在银行，最多买些银行的理财产品和国债这一类几乎零风险的产品，他们是典型的风险规避型投资者。

投资者一定要对自己的风险偏好有清楚的认知，以免在亏损时心理上无法承担。这里强调一点：风险偏好 ≠ 风险承受能力。

4. 投资目标

如果投资是为了子女的教育费、医疗费等必要的资金需求目标，则应视为低风险倾向型，这类投资者应选择保本且收益稳定的产品；如果投资是为了个人的消费目标，如买房、买车等，并且有一定的风险承受能力，可以考虑收益相对较高的产品；如果投资是为了财富的保值增值，则需要合理分配投资。

5. 专业程度

投资理财经验丰富的人往往比理财新手的风险承受能力要高些，因为其对资本市场的风险收益水平和波动已经有了一定的了解，也懂得如何去权衡。

6. 流动性要求

资产的流动性要求需要投资者对未来的消费支出有一个大致的预期，如果预期未来大额支出频繁的话，则要求投资的产品要有较高的流动性，此时就不建议大额购买长期理财产品；若是预期未来的支出稳定可控的话，就可以将剩余部分用来做长期投资。

俗话说，知彼知己、百战不殆，因此，具备投资理财专业技术的人一般也会比非专业人士的风险承受能力高。

为何波动不等于损失

现代经济学用波动率来反映金融资产的风险水平，很多人因此对波动产生了抵触情绪，甚至直接与损失画上了等号。

但实际上，波动并不等于损失，损失是确定的、不可逆的资产减值，而波动则更多受到短期因素的影响，其产生的后果是暂时性的、可逆的。波动并不可怕，但如果投资者不能客观理性地看待价格波动，甚至错误地把它视为损失，反而可能会做出错误的投资决策。

投资大师巴菲特曾说过："对于长期投资者来说，市场的短期波动对他们来说并不重要，因为股市本身就存在一定的风险。"彼得·林奇也曾说："每当股市大跌，我对未来忧虑之时，我就会回忆过去历史上发生过的 40 次股市大跌这一事实，来安抚自己那颗有些恐惧的心。"

纵观 A 股历史，其指数也发生过几次大的波动，在波动时很多投资者仓皇出逃。但如果他们当时没有冲动离场，而是持有至今的话，实际的基金投资收益又会如何呢？

如果我们在 2015 年的高点（2015 年 6 月 12 日）买入跟踪上证综指的基金，按其从 5200 点跌至 3421 点计算，下跌 34.21%，但是同期 520 只主动偏股型基金中有 276 只产品已在 2021 年 3 月创出历史新高，平均涨幅近 41.97%，正收益占比近 92.82%（见表 11–1）。

如果在 2007 年高点（2007 年 10 月 16 日）买入跟踪上证综指的基金，按其从 6100 点跌到 3421 点计算，下跌 43.92%，同期 181 只主动偏股型基金中有 93 只产品已在今年创出历史新高，平均涨幅为 98.31%，正收益占比为 98.08%（见表 11–1）。

表 11–1

	跟踪上证综指的基金	主动偏股基金平均收益率	正收益占比	创新高基金占比
2015 年高点至今（2015–06–12—2021–03–08）	–34.21%	41.97%	92.82%	53.08%
2007 年高点至今（2007–10–16—2021–03–08）	–43.92%	98.31%	98.08%	51.38%

数据来源：银河证券，兴证全球基金公众号，时间区间为 2007–10–16 至 2021–03–08，主动偏股基金指银河分类"国内主动股票单元"中包含的基金

所以，短期波动并不能和确定的损失画等号，对于普通投资者来说，不宜对短期波动过度焦虑，耐心地长期持有可能会是更合适的对待波动的态度。

别错把风险偏好当成风险承受能力

风险偏好就是个人意愿，反映一个人对风险的主观喜恶程度。

一个月入 5000 元的人，可能会把全部工资拿去炒股；一个年薪百万元的人，也可能只会购买银行理财。

风险承受能力则是指一个人有多大能力承担风险，是投资者个人客观实力的体现，并不以主观的风险偏好为转移。比如，月入 5000 元的人和年薪百万的人同时去炒股，都亏了 10 万元，你说谁的生活受到的打击会是毁灭性的？

在实际投资理财中常常存在"错位"现象：把风险偏好当令牌，低风险承受能力的人去购买高风险的产品，最后因为亏损走上极端。不少理财产品的销售人员也深谙此道，但他们只问你一年想赚多少钱，根本不考虑你实际的风险承受能力。如果你的回答是想多赚些钱，那你就会被认定为风险偏好高，适合高风险的理财产品。所以，千万不要把风险偏好当作风险承受能力，因为风险偏好不能决定风险承受能力。

当你收入微薄的时候，风险偏好高其实没什么用，这时候你更应该选择与自身风险承受能力相匹配的理财产品。大家可以对照分析一下自己，现在的收入状况怎么样，处在人生的什么阶段，投资经验有多少，主观风险偏好是否超出了实际风险承受能力。

还是那句话：先看风险再想收益，投资的成败首先取决于我们对风险的认知程度。

11.3 为什么不能高（低）估自己对低流动性的容忍度

对于许多投资者来说，最宝贵的东西不是金钱，而是时间。资深的投资者一般都能理解资金是具有时间价值的，投资的价值可以随着时间的推移而发生增值。但是天有不测风云，人有旦夕祸福。在生活中，我们需要紧急用钱的情况有很多：有的人孤身在外，发生意外事故需要急用钱；有的人突然失业，在失业阶段需要一笔钱支撑生活；还有的人突然生病，需要钱支付医疗费和手术费。这些都是我们普通人在日常生活中可能会遇到的需要紧急用钱的情况，面对这些情况，我们有必要很好地了解一下投资的另外一个重要理念——"流动性"。

流动性是什么

流动性指资产变现的速度或能力，用通俗易懂的话来说，就是你想使用这笔资金的时候，就可以直接把这部分资产变现。流动性是对资产变现能力的衡量。

在金融领域和投资领域也有一个专业概念，称为流动性风险。一般来说，流动性风险指的是投资人无法以当日资产净值全额赎回资产，从而导致资产净值下跌的风险。用简单的话解释就是，你想直接变卖投资的资产，但是却不能立刻把资产卖掉，当变卖时间推迟以后，资产已经变得没有那么值钱了。

正确评估自身的流动性需求非常重要。有的投资者错误的想要充分利用投资的时间价值而高估了自己对低流动性的容忍度，这常会给自己的生活带来不便。当资金流动性低于个人所需的时候，出门在外的游子面对意外事故，可能要廉价抛售资产从而造成损失；意外失业的员工，没有足够的流动资金支撑生活，可能会生活拮据；突然的疾病也许会压垮一个没有足够现金的家庭。总之，投资时高估自身对低流动性的容忍度可能会给未知的生活带来极大的风险。

不同类型基金的流动性各不相同

如果我们既想很好地应对生活中各种各样的意外，又想把握住资金的时间价值，那第一步要做的就是了解各种投资资产的流动性。以基金为例，不一样的基金会有不一样的流动性，具体包括以下两方面。

（1）开放式基金与封闭式基金：开放式基金的流动性比较好，因为其规模不固定，可以在开放日申购和赎回；封闭式基金的流动性比较弱，其申购和赎回的时间是固定的，封闭期内没有办法申购或赎回。总体来讲，开放式基金的流动性大于封闭式基金。

（2）对于开放式基金来说，投资标的不同，赎回到账的效率也不一样，其到账赎回效率如表 11-2 所示。

表 11-2

基金分类	到账日	备注
货币基金	T+1 日	有些货币基金在特定渠道支持 T+0 实时到账，但有额度限制
债券基金	T+3 ~ T+4 日居多	有些短债基金最快可以做到 T+1 或 T+2 到账
股票基金	T+3 ~ T+4 日居多	
混合基金	T+3 ~ T+4 日居多	
QDII 基金	T+7 ~ T+10 日居多	
FOF	T+4 ~ T+7 日居多	根据基金合同和法规规定

注：此表仅供参考，不作为投资推荐

　　以在境内设立、投资于海外股票和债券的 QDII 基金为例，尽管它具有投资便捷、品种多样、分散风险的优势，但是由于境内外市场有时差，而且市场的清算效率不统一，因此 QDII 基金的申赎时间比一般基金要长。该基金只有在境内、境外当地市场同时开放交易时才可以进行申赎，不论哪个市场暂停交易，申赎时间都会相对地延长。除此以外，基金净值的公布时间和赎回到账时间也都比国内普通基金要长。也就是说，如果投资者想要赎回购买的 QDII 基金，可能需要十几天才能拿到赎回的金额。当然，公募基金可供选择的品种很多，投资者可以根据自身需求配置流动性不同的产品。

如何管理好流动性

　　投资基金的过程，更是管理基金的过程。在基金投资中，加强基金的流动性管理，对减少基金投资失误、增强基金投资操作的可行性和安全性至关重要。有关流动性管理我们总结出以下几条建议。

第一，根据自己的投资目标和资金使用需求匹配相应的基金。短期内有大量资金使用需求或投资主要用于实现短期目标的投资者，建议匹配流动性较高的基金。如果投资者暂时不需要使用这笔资金，或投资目标是诸如子女教育、养老等中长期目标时，就可以适当提高对流动性的容忍度，拉长投资期限。

第二，活用基金转换功能。基金转换是指将资金从原先持有的基金转换到同一公司旗下的其他基金上面，当日交易时间内申请转换，第二日即可转到新基金，真正实现"无缝衔接"。投资者可以利用此功能，将股票型基金及时转换成货币市场基金，这样既可以节省基金投资中的交易成本，又能有效地节约基金的时间等待成本，避免因流动性而产生投资损失。

第三，基金投资运用资金应"量力而行"。基金投资是一个需要不断坚持和持续投入的过程。投资者在进行基金投资时，不应一次性倾其所有进行投资，而应当把握基金投资中的"度"，将资金合理有序地投入。基金定投就是一种很好的投资方式。

第四，管理流动性≠随意频繁操作。很多时候，投资者由于急功近利的心态，会频繁地进行基金交易，这样投资者不但要承担高额的手续费，而且赎回后还需要再找机会进入，所涉及的时间成本更是无法计量。克制自己的频繁交易习惯，看似限制了自身的流动性，实则在相当程度上也避免了基金投资中的冲动行为，是一种"钝感"的投资智慧。

如何根据自身情况配置合适的流动性资产

在了解了这些背景的情况下，更多投资者想的是如何从流动性角度出发规划自己的家庭资产。根据 9.6 节中的提到的标准普尔家庭资产象限图，我们依据资金的重要和紧急程度可以将家庭资产分成四个账户。

当然，标准普尔家庭资产象限图所提到的占比只是一个静态的比例，根据人生所处阶段和风险承受能力的不同，占比也应适时发生变化。但值得注意的是，家庭账户的分类是值得借鉴的，第一个账户的资金对流动性的要求比较高，一般放在货币型基金当中，可以保证 T+0 或 T+1 的到账效率，保障家庭日常开销和紧急使用；投资资产和稳健资产账户可以将其视为一个资产组合，主要获得长期稳定的资本增值，可以根据投资者的风险承受能力和收益需求选择不追求短期保本、流动性要求较低的投资组合。

11.4　为何频繁交易不可取

一些投资者格外关注短期内涨势喜人的基金，买入后没几天却发现似乎"大势已去",其中的相当一部分投资者在悔恨之际选择匆匆赎回;也有一些投资者痴迷于"波段操作",日日追踪基金净值,始终在寻找最佳的买入和卖出时点。在这样的趋势中,投资周期变得越来越短,频繁交易成了一些投资者的常态。然而,不论从基金交易的规则设置,还是从长期的投资收益来看,频繁交易都是一种不可取的投资行为。

为何交易成本是收益的"隐形杀手"

由于基金本身的属性、机制与股票有着相当大的区别,即使开放式基金允许随时申购、赎回,对大多数投资者来说,波段操作都是不合适的。

首先,基金交易的成本更高。较股票而言,基金交易的费用种类相对较多,费率也更高(见表 11-3)。

表 11-3

类别	名称	收取规则	费率
股票交易成本	印花税	卖出成交金额	万分之十
	过户费	买卖成交金额	每 1000 股收取 1 元
	佣金	买卖成交金额	万分之二十到万分之三十
基金交易成本	认购费、申购费	部分基金产品收取	0 ~ 2%
	赎回费	部分基金产品收取	0 ~ 2.5%

为鼓励持有人长期持有基金，一般而言，持有基金的时间越长，赎回费率越低（表11-4为某基金赎回费率结构）。在不少基金合同中，持有两年以上的基金赎回费率为0，而持有期少于7天则会被收取更高比例的惩罚性赎回费。值得一提的是，有一部分基金赎回费将计入基金资产，这就意味着你付出的赎回费可能为其他持有人的收益做了贡献。

表 11-4

	连续持有期限（T）	费率	
赎回费率	T < 7 日	1.5%	场内赎回费率统一为 0.5%（但持有期少于 7 日的将收取 1.5% 的赎回费）
	7 日 ≤ T < 1 年	0.5%	
	1 年 ≤ T < 2 年	0.25%	
	T ≥ 2 年	0	

其次，就算投资者精准抓住了"买点"和"卖点"，由于一般的场外基金申购和赎回的周期比较长，所以也有可能错过最佳时点。例如，在交易日 15 时之后申购基金，计算申购份额的基金净值实际上是下一交易日收盘后的基金份额净值。市场波动较大的时候，申赎、到账的时间经常会让投资者感到局面早已发生了变化。

如何择时是个大难题

择时的第一个困境在于，市场是难以预测的。即使是业内精英能够对经济趋势进行有根据的分析预判，也无法完美解读未来。如果在年末盘点当年年初发表的观点，就会发现正确性往往不容乐观，甚至有时候出现南辕北辙的现象，令人大跌眼镜。

择时的第二个困境在于，短期的择时更像是一种博弈。华尔街教父本杰明·格雷厄姆曾说过这样一句话："市场短期是一台投票机，但长期是一台称重机。"股市的短期表现实际上是市场参与者买卖价格的结果，就好像在一群人的投票下产生了或"涨"或"跌"的表现。所以，短期择时是将投资的得失寄托在"别人的心"上，其中的难度可想而知。

择时的第三个困境在于，择时需要对抗人性，让你感觉很好的投资时常是错的。查理·芒格说，人类和旅鼠一样，在某些情况下都有"集体非理性"的倾向。投资者常常随群而动，从最基本的生物学层面来讲，其原因在于随大流的感觉很好。从众不仅让投资者有一种"人多势众"的安全感，而且还能让他们感受到快乐，但这可能是一种不理智的行为。晨星在过去数年中所做的一项研究表明，人们不怎么关注的基金其表现都超过了人们所喜爱的产品。[1]

追涨杀跌往往事与愿违：过错与错过

相信所有投资者都不会拒绝"低买高卖"的机会，然而市场形势瞬息万变，想要精准把握短期投资时点难上加难。历史数据显示，

---

[1] 内容来自兴证全球基金撰写的《这样做，迈出投资第一步》一书。

在 2010—2019 年这十年间的 2431 个交易日中，上证指数上涨的交易日共有 394 天，占比仅为 16.21%（数据来源：Wind，时间区间为 2010 年 1 月 1 日至 2019 年 12 月 31 日），想要在这十年间准确挑选出这些日期几乎是不可能完成的任务，就连不少基金经理都坦言择时的困难性，遑论普通投资者了。

另外，基金的涨跌趋势更难判断。由于基金中股票、债券等的持仓是变动的，因此单纯用基金的净值来试图寻找净值低位缺乏合理依据。虽然基金季报会公布上一单季度末该基金十大重仓股票和债券的持仓情况，但随着时间的推移，基金经理必然会对仓位做出调整，也因此我们总能看到基金净值波动与其十大重仓股涨跌背离的情况发生。很多时候，投资者自以为抄了底，回头再看其实是阶段性"天花板"；而当真正的底部到来的时候，市场上弥漫着浓重的恐慌气氛，大多数投资者往往不敢进入。所以，所谓的"买点"和"卖点"都是稍纵即逝的，连专业的机构投资者都难以精确把握。

追逐热门行业和板块也是不少投资者信奉的投资策略，然而在 A 股市场中，热点行业的轮动或许比我们想象得更快。以 2020 年上半年为例，每个月涨幅最大的行业几乎一直在变，如图 11-2 所示。这样频繁的行业轮动往往令想要"乘风而起"的投资者铩羽而归。

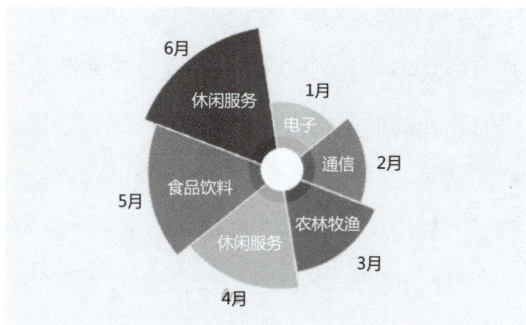

数据来源：Wind，采用申万一级行业分类，时间区间为 2020-01-01 至 2020-06-30

图 11-2

11.5　为什么不能过度关注组合的短期表现

很多投资者会有这种疑问，观察了一个月的涨势良好的基金，在刚买的第一周就开始跌了，要不要赶紧卖出解套呢？这种根据组合短期表现就直接进行买卖的行为就像面试官只通过一次面试考核就决定是否录用一个员工一样，看似有依有据，其实结果并不尽如人意。

短期收益大多无法反映市场的真实价值

一般来讲，组合的短期表现是非常难以预测的，这种短期的波动与组合的自身价值没有太大的关系。在一些情况下，公司的基本面和在市场中一段时间内的表现都是没有直接联系的。

　　"股神"巴菲特曾经说过："我们做的是长期投资，短期一两年的市场走势是可能背离价值的。"驱动股价短期波动的因素有很多，比如市场情绪。正如前面所说，市场短期的表现，实际上是市场参与者买卖价格的结果。"利多"或"利空"消息影响下，市场应声而上或应声而下，都体现了这种"投票"的结果。可见，短期交易的获利大多不是源自市场真实的价值，而是受市场情绪的影响。[①]

　　此外，市场消息也会对市场短期价格产生影响。2020年，在"新冠肺炎疫情"暴发的背景下，美国制药公司Moderna宣布其早期疫苗人体试验成功，这个消息使得其公司的股价大涨近20%，美国股市三大主要股指也集体收涨，道指飙涨超过900点，标普500指数收于近10周高位。

　　除了情绪和消息，国家政策、国际形势等因素也是驱动股市短期表现的原因。这些原因互相作用、彼此牵制，让人们很难判断哪一个是主导因素，哪一个决定了明天的波动方向和幅度。

短期组合表现并不代表未来收益

　　格雷厄姆在《聪明的投资者》一书中对短期结果可以作为长期趋势的行为模式有精确的描述：大多数投资者多会以连续上涨为假设直接购买上涨最快的基金，这是理所当然的，心理学家已经证明，人类有一种与生俱来的倾向，认为可以通过短期的一系列结果对长

---

① 内容来自兴证全球基金撰写的《这样做，迈出投资第一步》一书。

期趋势做出预测。此外，从我们自身的经历也可以看到，有一些水暖工要大大优于其他水暖工，有些棒球手更有可能打出本垒打，我们所喜欢的餐馆一直能够提供优质的饭菜，而且聪明的孩子总是能得到高分。在我们的身边，技能、智慧和勤劳能获得认可并得到回报，而且这样的事情一直在重复发生。因此，如果某只基金胜过了市场，直觉就会告诉我们，它将继续有优异的表现。

但遗憾的是，金融市场似乎并不按这个规律"出牌"。按照近期表现来投资，经常会如巴顿·比格斯所说，"你就会像开着跑车飞驰在陡峭的山崖上，但只靠后视镜来认路一样危险"。基金公司经常会在产品文案中附上一句风险提示："历史业绩并不代表未来表现"，连历史业绩都无法用作预测未来业绩的依据，那短期的业绩表现更无法代表投资组合的未来走势。[1]

数据来源：兴证全球基金

图 11-3

---

[1]　内容来自兴证全球基金撰写的《这样做，迈出投资第一步》一书。

根据兴全理财实验室的测算，当年业绩排名前 50% 的基金，下年仍排名前 50% 的占比从历年来看平均也只有一半左右，即保持前 50% 和掉出前 50% 的概率基本持平（见图 11-3）。因此，一只基金短期的表现很难对未来业绩带来决定性的影响。

市场情绪会放大短期收益和波动

在过去的市场中，我们经常能感受到投资者情绪总是在短期内被极度放大，且记忆非常短暂。而关于市场情绪，格雷厄姆曾有一段非常精辟的、关于"市场先生"的论述。

"设想你在与一个叫市场先生的人进行股票交易，他每天都会根据他的判断，提出一个他愿意购买你的股票或愿意卖股票给你的价格。但市场先生的情绪很不稳定且极端化，乐观时只看到好的一面，这时市场先生就会报出很高的价格，而在悲观时只看到坏的一面，报出的价格非常低。市场先生对我们真正有用的是他的报价，而不是他对价格的判断力，比如当他给出的价格高到离谱时，你就把股票卖给他；当他的报价低到离谱时，你就从他手中购买股票。你需要有自己独立的判断并好好利用市场先生的报价，而如果你觉得市场先生' 充满智慧'而完全被他控制的话，后果将不堪设想。"

作为一个真正的价值投资者，格雷厄姆一直在告诫投资者：每个投资者都有自己的情绪，所有人的情绪汇合在一起就成了市场的情绪，所以市场往往是不理智的。我们无须太在意价格波动，它只有一个含义，那就是在极度低估或极度高估之时我们可以做出买卖的决策，而在其他时间里，最好忘记股市的存在。

坚持长期投资的投资者，其实就是给自己制定了一种交易纪律，这种纪律能够帮助他们克服短期的情绪干扰，保持投资的定力。但也正是因为市场短期内总会把某种情绪演绎到极致，才给了长期投资者获取超额收益的机会。

资产配置往往需要长期持有，时间会告诉你答案

美国学者加里·布林森、LR Hood 和 GL Beebower 于 1991 年发表在《金融学杂志》上的名为 Determinants of Portfolio Performance 的论文指出：资产配置可以控制风险，从而获得长期收益。其中被广泛引用的是，资产配置策略可以解释影响组合收益发生波动的 91.5% 的原因。也就是说，调整组合中不同资产的比例，可以有效降低波动、提升收益。这是通过对 82 只美国大型养老基金长达 10 年（1977 年—1987 年）的季度数据分析得出的结论，是资产配置领域一个非常著名的研究。

资产配置往往需要长期持有方能凸显其优势，而过度关注组合的短期表现是非常不明智的。

一方面，短期内有突出表现的领跑者未必是最终的优胜者，行业集中、持股集中、仓位激进等都有可能实现部分基金短期业绩的暴涨。短期暴涨未必是常态，即便做到了，或许也要付出高风险的

代价。在某些极端情况下，市场风格的切换会使"市场冠军"在短短几个月内就变成"垫底的"，投资者很有可能深陷其中无法抽身。[①]

另一方面，过度关注组合的短期表现可能会使投资者错失优质的投资机会，一个好的长期有效的投资方式，一定会伴随着短期波动的不确定性。因为如果短期方法一直有效，就会导致大量的人采用该方法，从而导致长期方法失效。因此，一项好的投资必然会面临短时间内业绩的落后，即使是"股神"巴菲特，在以往的 61 年中，年度收益也有 7 次跑输了同期的标普 500 指数。如果仅关注这 7 年的业绩就觉得大受欺骗、愤然离场，那将丧失本来可能获得的超额收益。

巴菲特还说过一句话："人生就像滚雪球，重要的是找到很湿的雪和很长的坡。"投资应该是一项长期持续的工作，收益回报的"持久力"要比"爆发力"更让人安心。除了需要寻求优秀的投资标的，投资者还要深刻理解价值的兑现路径并不具备可知性，短期波动是长期收益的必然过程，对好的投资一定要有耐心，坚持长期持有。

11.6　为什么不能只看单一资产或者单一产品的表现

感谢我的命运，我的买卖的成败并不完全寄托在一艘船上，更

---

① 　内容来自兴证全球基金撰写的《这样做，迈出投资第一步》一书。

不是依赖着一处地方；我的全部财产，也不会因为这一年的盈亏而
受到影响，所以我的货物并不能使我忧愁。

——《威尼斯商人》

每逢股票市场涨到了一个令人振奋的水平，股票乃至股票型基
金总会风靡一时，随着其财富效应的深化，投资者还会不断增加对
股票的投资金额。与之相对的是，其他不够"引人入胜"的投资品种，
比如债券型基金、货币基金，就会随之陷入冷遇，这种选择是否明
智呢？

热情在多数情况下是件好事，但在投资中却常常招致灾难。在
投资中，投资者尽量不要一股脑地把钱投资在一两个投资产品上，
以免"一损俱损"；如果希望尽可能地分散风险，就提前确定好股
票投资和安全资产的分配比例。

五个乔丹未必能组成一个最好的篮球队

标准的篮球队包括五名主力队员：控球后卫、得分后卫、小前
锋、大前锋和中锋，而这五名队员各司其职又互相默契配合，才能
成就一支优秀的篮球队。

乔丹作为知名篮球明星，其个人能力非常强，但五个乔丹也未
必能组成一个最好的篮球队。因为篮球比赛本质上是一个团体赛，
只有队员之间形成优势互补，才可能成为最好的篮球队。

投资正如组建一支优秀的篮球队，单只产品再优秀，也有其不

足和短板。通过资产配置，保持投资的多元化，才能降低单一资产带来的风险。

资产配置的要义：1+1>2

全球资产配置之父加里·布林森有一句著名的论断："从长远看，大约 90% 的投资收益都来自成功的资产配置。"为什么资产配置会有这样神奇的力量？

追根究底是因为没有一种投资类型总是好的。观察国内近 20 年各类金融资产的收益表现会发现，从 2003 年到 2019 年 12 月 31 日，股票、债券、房产、原油、黄金都曾多次夺得单年度收益率表现冠军，2014—2015 年及 2018 年债券性价比提升；2012—2019 年房产性价比下降；股市收益则有五次位居第一，体现出了轮动特征，如图 11-4 所示。而作为普通投资者的我们，很难预料明年涨幅最大的领域会出现在哪里。

因此，大类资产配置是应对经济不确定性的一种"自我保护"。正如约翰·邓普顿所说，单一资产的投资表现不会总是好的，只有根据自身的风险承受能力来平衡配置资产，才有机会长期取胜。

此外，在各类资产中，股票与债券通常呈现"跷跷板"效应，这样一来，即使债市出现波动，也可以争取通过股票的走强来获得收益。同时配置股票和债券，构建投资组合，不失为一种分散风险的好方法。

现代投资组合理论首倡者哈里·马科维茨认为，对各类资产的分散化投资可以在不牺牲预期收益的情况下降低风险水平，如图 11-5 所示。这对投资者而言，相当于是一顿"免费的午餐"，能够使其收获"1+1 ＞ 2"的良好效果。

①	②	③	④	⑤	⑥	⑦
沪深300	原油价格	金价	房价	中证全债	CPI	存款利率
36.07%	28.88%	18.33%	6.69%	4.96%	2.90%	1.50%
房价	中证全债	CPI	存款利率	金价	原油价格	沪深300
10.71%	8.85%	2.10%	1.50%	-1.57%	-20.04%	-25.31%
沪深300	原油价格	金价	房价	CPI	存款利率	中证全债
21.78%	20.96%	13.16%	5.56%	1.60%	1.50%	-0.34%
原油价格	房价	金价	CPI	中证全债	存款利率	沪深300
70.45%	10.05%	8.48%	2.00%	2.00%	1.50%	-11.28%
中证全债	房价	沪深300	存款利率	CPI	金价	原油价格
8.74%	7.42%	5.58%	1.50%	1.44%	-10.37%	-39.87%
沪深300	中证全债	存款利率	CPI	房价	金价	原油价格
51.66%	10.82%	2.75%	1.99%	1.39%	-1.81%	-51.83%
房价	存款利率	CPI	原油价格	中证全债	沪深300	金价
7.70%	3.00%	2.62%	0.17%	-1.07%	-7.65%	-28.04%
房价	沪深300	金价	中证全债	CPI	存款利率	原油价格
8.10%	7.55%	7.14%	3.52%	3.00%	2.60%	0.86%
原油价格	金价	房价	中证全债	CPI	存款利率	沪深300
20.06%	10.06%	6.46%	5.88%	5.40%	3.50%	-25.01%
金价	原油价格	房价	CPI	中证全债	存款利率	沪深300
29.52%	15.33%	7.50%	3.30%	3.10%	2.75%	-12.51%
原油价格	沪深300	金价	房价	存款利率	CPI	中证全债
116.86%	96.71%	24.36%	23.18%	2.25%	-0.70%	-1.40%
中证全债	CPI	金价	存款利率	房价	原油价格	沪深300
15.94%	5.90%	5.77%	2.25%	-1.65%	-60.77%	-65.95%
沪深300	原油价格	金价	房价	CPI	存款利率	中证全债
161.55%	62.05%	30.98%	14.77%	4.80%	4.14%	-2.41%
沪深300	金价	房价	原油价格	中证全债	存款利率	CPI
121.02%	23.15%	6.29%	4.68%	2.81%	2.52%	1.50%
原油价格	金价	房价	中证全债	存款利率	CPI	沪深300

数据来源：Wind，数据截至 2019 年 12 月 31 日，房价数据为国家统计局商品房平均销售价格

图 11-4

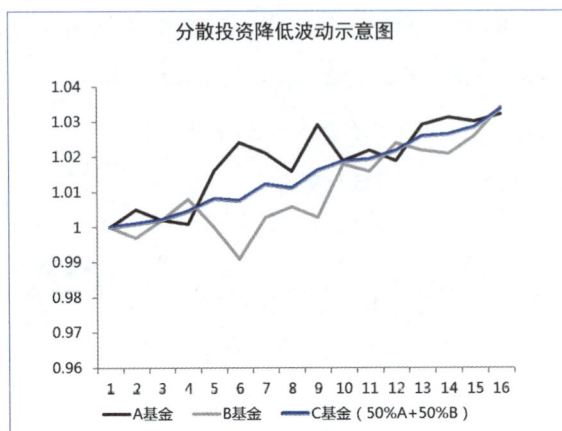

分散投资降低波动示意图

——A基金 ——B基金 ——C基金（50%A+50%B）

图 11-5

对资产配置来说什么是好产品

对资产配置来说，什么样的产品才是真正的好产品呢？其实，好产品的标准就在于它在组合中能发挥积极的作用。

兴证全球基金 FOF 投资与金融工程部总监林国怀曾说："FOF 基金管理其实就类似于足球队教练的工作。"资产配置就相当于明确要组建一支什么风格的球队——是以进攻为主，还是以防守为主。在完成大类资产配置、确定组合的"攻防"比例之后，接下来就需要考察市场上都有什么样的"前锋"、什么样的"后卫"，他们的特点和优缺点分别是什么，然后再根据市场状况决定为"球队"配置什么。

足球场上，一个顶级前锋既可以是梅西，也可以是 C 罗。基金组合中也是如此，同样是股票型基金，也可以有各自不同的风格。以主动股票型基金为例，重仓茅台的基金和重仓科创板股票的基金就风格迥异。不同风格的基金很难通过直接进行对比选出一个最佳基金。对资产配置来说，其实是在确定自己的风险容忍度和收益目标之后，才能确定组合最优的资产配置比例，并选择最适合自己投资目标的产品。

可以说，没有最好的产品，只有最合适的产品。而判断是否合适，其标准就是看该产品是否能在组合中起到积极的作用。以固定收益资产的配置为例，可以说，任何做资产配置的投资者都很难忽略固定收益资产的配置，耶鲁大学首席投资官大卫·斯文森也曾形象地称它为"投资者的避风港"。

债券基金是主要投资于各类债券的一类基金，由于债券的固定利息一般能提供部分稳定收益，因此债券基金的收益波动相对较小，从图 11-6 可以直观地看出。

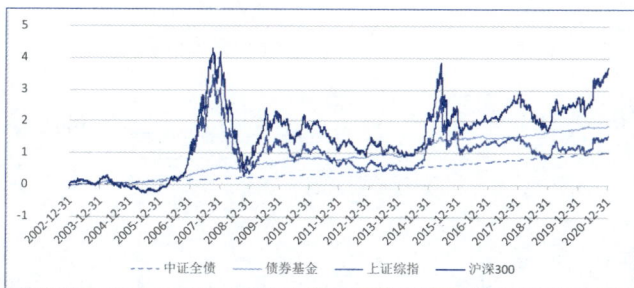

数据来源：Wind，时间区间为 2002-12-31 至 2019-11-30，债券基金为中证债券基金指数

图 11-6

同时，拉长期限来看，优秀的债券基金也会在长时间内积累不错的收益。自有记录的 2002 年 12 月 31 日至 2020 后 12 月 31 日，债券基金指数的年化收益率达到了 6.20%。

对于资产配置类投资者来说，债券也可以成为他们组合的"减震器"。简单计算可以发现，如果将理财资金 100% 投资于股票（以上证综指为例），则年化波动率为 23.71%；如果投资组合变为 50% 股票 +50% 债券（以中证全债为例），以牺牲 0.59% 的年化收益率为代价，可以降低投资组合 9.57% 的年化波动率，最大回撤也大大减小，如表 11-5 所示。

对一般投资者来说，基金其实是做资产配置较好的工具，配置股票可以采用股票型或偏股混合型基金，配置债券可以采用债券型基金，类现金资产可以以货币基金为工具，黄金也可以以另类投资型的黄金 ETF 为工具。一般投资者可以以一个长期的维度做资产配置，并由专业的基金公司来投资，追求合适风险承受能力下的收益率。

表 11-5

投资比例：上证踪指	投资比例：中证全债指数	组合年化收益率	组合年化波动率	历史最大回撤
100%	0	5.29%	23.71%	−71.94%
80%	20%	5.07%	20.16%	−67.06%
60%	40%	4.83%	16.26%	−60.04%
50%	50%	4.70%	14.14%	−55.26%

数据来源：Wind，时间区间为自有数据记录以来的 2002-12-31 至 2020-12-31

11.7 为什么不能做"甩手掌柜"

常常有投资者这样问:"都说要长期投资,我也坚持下来了,为什么收益还是不理想?"这类投资者可能陷入了一个误区,认为只要资产持有时间长,即使不闻不问也可获得正收益。在实际投资中,这种认为会"一劳永逸"的想法并不可取,反而可能将自己的资产暴露在"风险"之中。

长期投资不等于不闻不问

在投资过程中,我们不难发现身边有人处于"甩手掌柜"的状态,这可能主要来源于两种心态:一种是对于买入的产品过度信任,认为其大概率会获得不错的收益,从而放任不管;另一种则是其账面亏损或收益长期不理想,对市场失去信心,索性"眼不见,心不烦"。

但是,这两种投资心态在投资中往往都是不可取的。我们所强调的长期投资应该理解为动态的长期持有,投资者还需要时常监测自己的账户情况,并根据自己的投资预期收益、风险承受能力及外部市场环境的变化及时进行优化调整,做到该提前止盈就止盈、该提前止损就止损,而不是"两眼一闭",任由其向不可控的方向发展。以下给大家三条建议以帮助大家更好地打理自己的账户。

打理账户的三条建议

1. 关注大环境的变化

投资者在整个投资过程中，对持有的基金应保持适当的监测，并在外部环境发生变化时适时地进行调整。那么，投资者应该在什么样的情况下调整基金，打理好账户呢？

第一种情况，宏观市场发生了趋势性变化。例如，在经济增速下滑，市场利率走低时，固收类资产的性价比会相对降低，此时，权益类资产或更具潜力。因为利率下降会带来企业融资成本的降低，企业的估值也会提升，同时，行业竞争格局的改善也有利于 A 股受欢迎的龙头企业的发展。所以，此时或可适当提高投资组合中权益资产的比例。

第二种情况，市场出现了明显的泡沫。当身边大量的人都在跑步进场，甚至出门打车碰到的司机师傅、理发店的理发师傅都在谈论基金、谈论股市时，这其实从侧面反映了市场此时的估值可能普遍偏高，市场或已出现了明显的泡沫。此时，投资者不应过分盲目地参与这场投资狂欢，反而应该提高警惕。正如巴菲特所言，"在别人贪婪时我恐惧，在别人恐惧时我贪婪"。

2. 关注自身需求、投资目标和风险承受能力的变化

有时投资者会面临流动性需求的变化，比如计划再买套房等，

这导致投资者不得不从基金账户中取出一些现金,这个时候就要面临赎回哪几只基金、分别赎回多少的问题了。

笔者认为,在这种情况下,正确的调整方法是保持各类风险资产的比例不变,对不同类别的产品做同比例的赎回。例如,当投资者有 20 万元的资金需求时,对市值 100 万元分别投资了 30% 的货币市场型、40% 的债券型及 30% 的股票型基金的投资组合,可分别赎回 6 万元、8 万元及 6 万元,达到保持各类风险资产比例不变的结果,如表 11–6 所示。

表 11-6

基金 类型	原持有金额 (万元)	持有比例	赎回金额 (万元)	剩余金额 (万元)	赎回后比例
货币市场型	30	30%	6	24	30%
债券型	40	40%	8	32	40%
股票型	30	30%	6	24	30%
合计	100	100%	20	80	100%

注:此表仅供参考,不作为投资推荐

一般的投资者缺乏投资组合的概念,经常被单一产品的盈利或亏损情况影响赎回决策。假如股票市场表现较差,偏股型基金产生亏损,通常投资者就会因亏损而舍不得赎回,或只赎回偏股型基金,这样会使整个投资组合所暴露风险的等级变动过大,导致与自身的风险承受能力不匹配。

另外，投资者自身的投资目标和风险承受能力也会发生变化。例如，在 30 多岁的时候，投资者的风险承受能力较强，风险偏好较高，投资组合中权益类资产的占比较大；而随着年龄的增长，风险承受能力会逐渐减弱，这时候就应及时调整自己资产组合中的资产配比。

当投资者达到退休年龄，或预期未来有大额的刚性支出时，投资组合就需要趋向保守，这时适当地将偏股型基金赎回，转而投资债券型或下行风险有保护的可转债基金，降低投资组合的风险程度，会是比较好的做法。具体到同类资产的多只基金的赎回操作，可对比看一下各只基金近 2 年、3 年及 5 年的相对排名，看它们是否可以持续保持在同类前 1/2 或 1/3 的水平。如果该类别的多只基金皆可以保持优异的业绩，同比例地赎回多只基金即可；若是有个别基金表现较差，可以重点赎回这只基金。

3. 关注组合的变化

对于普通投资者来说，关注自己基金组合的变化也十分重要。除了可以通过定投持续不断地累积成本较低的筹码，在下跌市场中，还可以检视我们的资产配置权重，采用恒定比例资产配置策略，重新设定符合我们风险承受能力的资产配置权重。

假如我们是平衡型投资者，手里有 100 万元，按股票 40%、债券 40%、类现金 15%、黄金 5% 的比例分别配置，在市场波动后，各类资产的涨跌幅假设分别为股票 –20%、债券 +5%、类现金 +3%、黄金不涨不跌，这时资产配置权重会变为股票 33.88%、债券 44.47%、类现金 16.36%、黄金 5.29%，总资产从 100 万元下降至 94.45 万元，如表 11–7 所示。

表 11–7

资产类别	市场波动前		资产	市场波动后	
	权重	金额（万元）	涨跌幅	权重	金额（万元）
股票	40%	40	–20%	33.88%	32
债券	40%	40	+5%	44.47%	42
类现金	15%	15	+3%	16.36%	15.45
黄金	5%	5	0	5.29%	5
总计	100%	100	–5.55%	100%	94.45

注：此表仅供参考，不作为投资推荐

从表 11–7 中我们可以明显地看到，因为各类资产的波动，特别是股票市场的下跌，使股票的权重从 40% 下降到 33.88%，债券的权重从 40% 上升到 44.47%，类现金的权重从 15% 上升至 16.36%，对一个风险承受能力为平衡型的投资者来说，这样的配置显得过于保守了

如果这时市场开始反转，各类资产的涨跌幅分别为股票 +20%、债券 –2%、类现金 +3%、黄金不涨不跌，按照原来的资产权重，我们的资产会从 94.45 万元涨回到 100.47 万元，如表 11–8 所示。

表 11-8

资产类别	市场波动前		资产涨跌幅	市场波动后	
	权重	金额（万元）		权重	金额（万元）
股票	33.88%	32	+20%	38.22%	38.40
债券	44.47%	42	−2%	40.97%	41.16
类现金	16.36%	15.45	+3%	15.84%	15.91
黄金	5.29%	5	0	4.97%	5.00
总计	100%	94.45	+6.38%	100%	100.47

注：此表仅供参考，不作为投资推荐

如果我们更积极地面对偏离的资产配置权重，通过恒定比例资产配置策略，把原先偏离我们风险承受能力的资产权重调整回来，将原来股票 33.88%、债券 44.47%、类现金 16.36%、黄金 5.29% 的权重，通过卖出一部分权重过高的资产，买入权重过低的资产，调整回股票 40%、债券 40%、类现金 15%、黄金 5% 的权重，那么，在相同的资产涨跌幅假设下，资产可从 94.45 万元上升至 101.68 万元，提升 1.27%，如表 11-9 所示。

表 11-9

资产类别	市场波动前		资产涨跌幅	市场波动后	
	权重	金额（万元）		权重	金额（万元）
股票	40%	37.78	+20%	44.59%	45.34
债券	40%	37.78	−2%	36.41%	37.02
类现金	15%	14.17	+3%	14.36%	14.60

资产类别	市场波动前		资产	市场波动后	
	权重	金额（万元）	涨跌幅	权重	金额（万元）
黄金	5%	4.72	0	4.64%	4.72
总计	100%	94.45	+7.65%	100%	101.68

注：此表仅供参考，不作为投资推荐

这个再平衡的策略就叫作恒定比例资产配置策略。

我们可以以一段时间，比如一季度、一年来重新调整资产配置比重。这样一方面可以让资产配置权重调回适当的风险承受能力区间；另一方面，按照均值回归的逻辑，投资者也可以更好地把握未来资产回升的投资机会。

投资大师索罗斯曾说过："判断对错并不重要，重要的是当市场方向出现时，获取了多大收益。"换句话说，其实，是不是绝对的底部不重要，重要的是在投资机会出现时，你有多少勇气去参与。

兴证全球基金 AEGON-INDUSTRIAL FUND	编写	兴证全球基金 AEGON-INDUSTRIAL FUND	审阅

兴证全球基金管理有限公司，始终以"基金持有人利益最大化"为首要经营原则，敢于并多次向持有人提示风险；专注投研能力、股债投资能力双优，2020 年第 11 次摘得基金界"奥斯卡"的年度基金大奖，旗下基金 13 年内共摘得 43 座金牛奖（投资能力数据来源：银河证券，兴证全球基金过去 6 年股票投资管理能力位居行业第 1，收益率达 205.71%；过去 6 年债券投资管理能力位居行业第 1，收益率达 83.85%，截至 2019/12/31，采用算术平均计算；评奖数据来源：《中国证券报》，截至 2020/3/31）

第 **12** 章

如何建立自己的资产配置组合

12.1　确定投资目标和约束条件

大部分人的职业生涯约有 40 年，在这段宝贵的时间里，每当领到薪酬后，除了用于日常的生活开销，多少会有部分剩余。为了保护我们的劳动成果，更为了将来可以安稳地退休，资产配置就成了我们每个人和每个家庭的"必修课"。

投资目标是资产配置的起点，在形成和执行投资策略之前，必须先设定投资目标。设定投资目标有助于更好地确定投资者的投资要求，以及能承受的风险水平。如果投资目标是获得当期收益，那么无论收益如何诱人，选择投资非流动资产是无法匹配自己的投资目标的。

确定投资目标

投资目标的表现形式有很多种，回报和风险是投资目标的两个关键点。俗话说，"舍不得孩子套不着狼"，投资决策最基本的一条就是承担高风险才可能获得高预期回报，换句话讲，投资者不要妄想通过不承担风险就拿到自己满意的回报。

投资是为了赚钱，通过投资获得回报是大部分投资者的共识。对个人投资者来说，设置合理的回报目标和风险目标是很关键的。

一般情况下，设置回报目标和风险目标首先要考虑的是年龄。如果是年轻的投资者，有充足的时间进行长期投资，不怕短期市场的起伏，可以设置较高的回报目标和风险目标；如果是已经退休的投资者，投资的目的是为了养老，投资目标就要更保守一些。

当然，个人的心理承受能力和所掌握的投资知识的水平也是要考虑的因素。有的人在市场大幅震荡的时候可以泰然处之，因为他们更在意的是资产的长期增长情况，这类人的回报目标和风险目标会相对较高；有的人则根本无法承受市场较大的波动，希望能够配置更安全的资产。

确定约束条件

约束条件是与投资目标相伴相随的，约束条件一般有以下四个方面。

1. 财务状况

在进行资产配置时，首先要审视自己的财务状况，将短期内必要的生活消费和应对意外状况的钱留存起来。这些钱不适合做复杂的投资，应该存入银行活期账户或是购买一些流动性比较好的货币基金。

闲置的资金可以用来进行保本升值的投资，如投资股票、基金、期货、房地产等各类风险等级不同的标的。投资者可以根据自己的风险收益特征选择较为合适的品种。

2. 投资期限

投资期限是指达成投资目标的时间。一般来讲，投资期限越长表示投资者愿意承担的风险越高。所以，投资期限的选择实际上会约束投资标的的选择，短期投资者和长期投资者的资产配置策略差异会很大。

从资金和产品的时间匹配角度来看，必然存在着两种投资误区。第一种是拿短期的资金投资长期的品种。例如，投资者动用了在一两个月内就要使用的资金购买了一只长期业绩表现优秀的权益类产品，这类产品一般市场波动很大，在这段时间内如果市场出现了较大幅度的下跌，投资者就不得不面临由短期浮亏变成短期实亏的状况。第二种情况则是拿长期的资金错配了短期品种。例如，投资者用一笔资金在银行理财中滚动了两三年甚至更长的时间，很显然，这笔资金能够取得的收益本来可以更大，就是因为投资者没有选对优秀的长期产品，才承受了收益不明显的风险。

3. 流动性

流动性是指投资组合在某个期限内（通常是短期内）能够被卖出或变现的能力。用于购房、子女教育、医疗和退休后生活的费用，以及用于债务还款的资金等都需要考虑流动性的问题。

高流动性意味着低回报和低风险，因为在低利率环境下现金资产和短期债券的收益率都较低，高流动性需求就意味着要多配置这类资产。

4. 其他特殊情况

投资期限和流动性是主要的限制因素，在现实中也可能会存在一些特殊或个别的情况。例如，有的投资者致力于在获取收益的同时增进社会福利，所以他们会投资于社会责任投资（SRI）或可持续型投资，投资那些支持环保、支持人权、保护消费者的上市公司等。

认识自己，了解自己，设置合理的回报目标和风险目标，使投资组合与个人情况相符，是资产配置的第一步。当前，很多资产管理公司的官网或 App 都有投资者风险测评，如果不够了解自己，可以做个简单的测试，然后再谨慎选择自己的投资目标。

12.2　确定可选择的资产

明确了收益目标、风险目标及投资限制之后，接下来就是确定选择哪些资产类型了。

个人投资者虽然不需要对资产有专业的分析和判断，但是需要了解资产的基本特性，这样，个人投资者才能更好地结合自身的需求，做出更适合自己的资产配置。

投资者应该根据以下因素来评估各种资产：（1）在正常环境或发生重大经济和金融危机的条件下，预期资产的价值可能会有怎样的收益水平；（2）与该资产相关的各类风险及损失的概率；（3）这种资产对整个投资组合的风险和收益有什么影响，以及会如何受其他资产的影响；（4）这种资产在何时或什么条件下会产生异常表现。

常见的资产类别和资产特性如表 12-1 所示。

表 12-1

资产大类	资产类别	投资原理	风险
股票	股票	• 获得所有权 • 获取超额收益的潜力 • 投资机会多 • 行业 / 风格潜力	• 标准差大 • 相关性不稳定 • 周期较长 • 投资成本高
固定收益证券	固定收益证券	• 标准差小 • 现金流量可预测 • 收益优于现金 • 可使组合分散	• 收益低于权益产品 • 流动性风险 • 信用风险
另类资产	公募基金	• 专业管理 • 增加投资机会 • 获取超额收益的潜力	• 收取一定费用 • 历史不长
	私募股权	• 收益高 • 获取超额收益的潜力 • 专业化投资	• 现金流不规则 • 风险高 • 成本高
	大宗商品	• 使资产多元化 • 内在用处 • 对冲通货膨胀 • 独立变化	• 波动性较大 • 经济风险 • 收益低
	房地产	• 标准差小 • 获取超额收益的潜力 • 防守型 • 对冲通货膨胀	• 交易成本高 • 收益不确定 • 资产异化

续表

资产大类	资产类别	投资原理	风险
另类资产	黄金	• 稀缺 / 美观 • 供应量小 • 保值 • 相关性为负	• 无收益 • 市场参与者 • 价格变动较小
	艺术品	• 美学享受 • 复利收益 • 价值存储手段 • 相关性低	• 市场流动性低 • 心理因素影响 • 价格波动性大 • 成本高
现金	现金及其等价物	• 价格风险较低 • 波动小 • 流动性高	• 收益低 • 通货膨胀风险 • 再投资风险

12.3　对资产的选择：确定收益预期

在日常生活中可投资的资产种类很多，我们应该如何选择呢？哪一种资产的长期收益率更适合大部分人进行一辈子的投资呢？首先，我们来看一下不同投资品种的历史收益。

不同投资品类的长期投资收益比较

显而易见，在任何较长的时间段内，资本资产的投资都领先于现金、黄金和消费型产品。以金融市场历史相对悠久的美国为例，假如在 1921 年将 1 美元投资股票，那么 100 年后的 2021 年，这 1 美元的股票价值多少呢？答案是 280 美元。也就是说，1 美元的股票资产在 100 年后大约增长了 280 倍。假如在 1921 年投资的不是股票，而是债券，同样是 1 美元，100 年后大约增长了 50 倍。如果 100 年前的 1 美元没有投资任何产品，考虑到 100 年平均每年 2.67% 的通胀率，当年的 1 美元 100 年后只剩下了 7 美分的价值。从以上投资结果来看，投资股票的收益率最高。从历史规律来看，买入股票远比买入债券的投资收益要好，即使在投资期间股票可能要承受很多的亏损，但那只是一个过程，并不是最终的结果。

事实上，美国的市场情况并非特例，类似的情形几乎在每个国家都存在。因此，如果想要为将来的养老、子女教育做准备，进行长期股票投资或许是一个不错的选择。表 12-2 展示的是我国代表性投资品类从 2001 年到 2021 年的平均年化复合收益率。

表 12-2

投资品类	平均年化复合收益率
偏股型基金	15.63%
宽基指数（以上证综指为例）	5.21%
长期债券型基金	4.78%
银行理财	4.64%
3 年定期存款	2.52% ~ 5.40%

数据来源：Wind、基金业协会、公开网站

注：偏股型基金、宽基指数（以上证综指为例）和偏股型基金是 2004 年 1 月到 2021 年 12 月的数据；3 年定期存款取的是 2001 年到 2021 年的利率区间，银行理财数据取的是 2004 年到 2021 年全市场 1 年期理财收益率均值

从国内的情况看，如果将长期收益率从低到高进行排序，可以发现：3 年定期存款＜银行理财＜长期债券型基金＜宽基指数（以上证综指为例）＜偏股型基金，当然，其风险水平也在逐渐升高。

权益类资产是长期投资的理想选择

从长期来看，持有现金会面对通货膨胀的损耗；持有固定收益型产品虽能避免通胀，但与权益型资产相比，长期的回报"相形见绌"；投资创造价值能力最强的优秀企业的股票，长期的回报会远大于普通企业的股票或债券。

通过购买基金的方式来参与股票市场，既可以分享社会发展的成果，又可以把专业的事交给专业的人来做，是适合绝大部分上班族的最佳方式。数据表明，经验丰富的投资团队能够选出市场中相对优质的企业，这些企业能够长期给投资者带来超过其他类别资产的回报。

而且，近几年密集的金融监管政策不仅对金融市场产生了深远的影响，也逐渐从根本上改变了居民投资理财的理念和行为。

《关于规范金融机构资产管理业务的指导意见》（以下简称《资管新规》）执行之前，银行理财和信托固收都是保本的，金融机构承担了所有的前端投资风险，因此居民在理财中大量配置这种类型的产品。《资管新规》执行之后，银行理财产品从固定收益型向净值收益型转变，打破了刚性兑付，其本质是把风险交还给了投资者。

如果市场行情好，理财收益增加；相反，如果市场行情不好，收益则会减少，甚至出现亏损。

当前，我国国民储蓄率高于 40%，存款仍然是居民理财的重要途径，存款在居民的全部金融资产中占比超过 50%。对比海外来看，这一指标处于较高水平。因此，权益型资产有望在居民理财配置中扮演更重要的角色，权益类基金对投资者的吸引力会进一步增强。

12.4　组合的构建：形成可选择方案

个人投资者在完成自我评析、对资产类型有了基本的了解后，接下来就是通过组合的构建，形成可以选择的方案，然后查看模拟效果，并根据模拟效果对其进行优化，最后确定是否投资。

投资组合的构建处于投资组合管理过程的中间环节，包括构建和管理投资组合的所有必要步骤。投资组合的构建是将战略型资产配置、战术型资产配置和投资标的的选择与风险管理相结合的一个过程。

个人投资者也可以在专业经理人的协助下，寻找最优资产组合。专业经理人可以运用模型甄别投资组合，找到在一定风险水平下产生最高预期收益率的投资组合。然而，任何技术都不可能预测未来最优的投资组合。

多元化投资

在投资实践中，需要有一个广泛多元化的投资组合，里面包括不同类型、不同期限、不同行业的资产，这种组合可以分散单一资产波动带来的风险，因为并非所有的金融资产都会同时涨跌。如果遇到经济衰退，企业利润下滑，股价下跌的情况，财政部门往往就会通过降息来刺激经济发展，一旦降息，债券价格就会上涨，这就是股债的"跷跷板"效应，它可以让你的投资组合保持整体稳定。

对于普通的个人投资者而言，通过购买公募基金就可以实现投资多元化。公募基金分为普通股票型基金、混合型基金、债券型基金和货币型基金，不同类型的基金投资的资产标的不同，风险等级也不同。股票型基金和混合型基金收益更高，但同时波动也更大；债券型基金和货币型基金走势平缓，波动较小，但同时争取收益的能力也比较低。

所以，在选择基金产品上，投资者可以根据自身的投资目标和风险承受能力将股票型基金和混合型基金作为进攻位来捕捉市场机会，将债券型基金和货币型基金作为防守位来补偿股市不可避免的波动，这样就可以通过持有多元化的资产保证长期稳定的收益率。

标准普尔家庭资产象限图

将家庭的资产按照资金的不同用途进行分类，就得到了标准普尔家庭资产象限图（见图9-9），当然，这并不代表每个人都要严格按照该图来操作，它只是在分配家庭资产时的一种参考。

第一部分是短期内要花的钱。这部分资金大约占到家庭总资产的 10% 左右，通常为 3—6 个月的生活费，如日常生活中用于购物、交通、旅游等方面的费用。这部分钱的流动性比较高，不适合做复杂投资，一般建议存入银行活期账户或是购买一些流动性比较好的货币基金。

第二部分是专款专用的钱。这部分资金用于家庭成员可能会发生的意外状况或是重大疾病，因此，比较适合做一些保险或是存入银行定期存款账户等保本类投资。

第三部分是为家庭创造收益的钱。这部分资金可以投资一些有一定风险的标的来创造较高的回报，它们是赚得起也亏得起的钱，无论盈亏都不会对家庭造成致命的打击，主要的投资方向有股票、基金、期货、房地产等，投资者可以根据自己的风险收益特征选择较为合适的品种。

最后一部分是保本升值的钱，这是家庭中养老金、子女教育资金的重要来源。这部分资金应在保证本金安全的前提下进行操作，收益不一定要很高，但要长期稳定，建议定期做一些存入，积少成多。

12.5　跟踪和评估：资产和组合

很多投资者认为长期投资是熨平波动的良药，复利效应终能带来时间的馈赠，但需要厘清的是长期投资并不意味着买入后就不再关注。相反的是，投资者在完成多元化、分散化的组合构建之后，仍要在持有的过程中通过跟踪和评估对组合进行动态化的调整。

在跟踪审视投资组合方面，投资者可以从宏观、中观和微观三个维度入手定期来做。

1. 宏观维度

从宏观维度来说，我们需要关注 GDP、CPI、PPI、通胀率、汇率等宏观经济指标的变化，将自己的资产配置与目前的经济状况相匹配。

2. 中观维度

从中观维度来说，如果在初期投资组合构建的过程中，配置了一些权益类的资产，特别是多只股票或主动管理的权益类基金，那么在进行跟踪和评估的时候，就需要仔细了解这些股票和基金现阶段的风险暴露情况。比如，综合持仓情况来看，股票资产的行业分布是否过于集中，看好的高景气度行业是否已经过度配置，从而判断目前投资组合的风险暴露情况。

3. 微观角度

在进行资产跟踪和评估的时候，我们还需要深入地从微观层面考量自己持有的资产。那么，从微观层面考量自己持有的资产具体需要看哪些方面呢？以投资基金为例，这里建议大家可以从以下五个维度来评判。

1）基金的规模

从历史上看，小规模基金作为一个整体更具备业绩优势。从追求收益的角度出发，投资者应该避免一些规模过大的主动管理产品，因为主动管理基金的出发点是主动出击，过大的规模会让轻巧的"猎豹"钝化为缓慢的"大象"。

2）过去的业绩表现

基金过往的业绩虽然不能代表未来的表现，但是如果基金过往的业绩一直不太好，那就需要警惕了。

3）基金的持仓情况

从历史经验来看，相比其他操作风格，精选个股风格的基金经理的长期回报更优，这类基金经理的持仓表现就是个股集中度较高，个股的集中度体现了基金经理对标的把握的深度。

试想一下，一只主动管理型的基金持仓如果过于分散，那么和被动管理的指数型基金又有什么区别呢？你又何必支付相对更高的基金管理费用呢？

4）基金的换手率

这一点也需要重点关注，一般来讲，低换手率意味着其对应的交易成本、冲击成本也相对较低，另外，低换手率也代表基金经理对持有的个股因为深入的研究而敢于坚定地持有。

5）基金经理成熟的投资方法论

投资者应该多阅读一些基金定期的报告，多听一听媒体上基金经理的发言。一位值得信赖的基金经理应该有相对稳定和成熟的投资方法论，也应该做到前后言论一致及言行统一。

其实，跟踪和评估的过程就是我们检验资产配置是否合理或者是否仍然合理的过程。在跟踪和评估的过程中，我们需要有敢于认错的态度，也需要有在必要时做出调整与再平衡的决心。一旦初始配置某资产的理由不在了或者判断失误了，就要在需要时尽快采取调整与再平衡的措施。

12.6　调整与再平衡：标的更新和比例调整

个人投资者在进行资产配置的过程中可能会经历再平衡的过程。再平衡就是指投资者不断地对自己的投资组合进行再配置。再平衡定义的示意和再平衡的原则如图 12-1 所示。

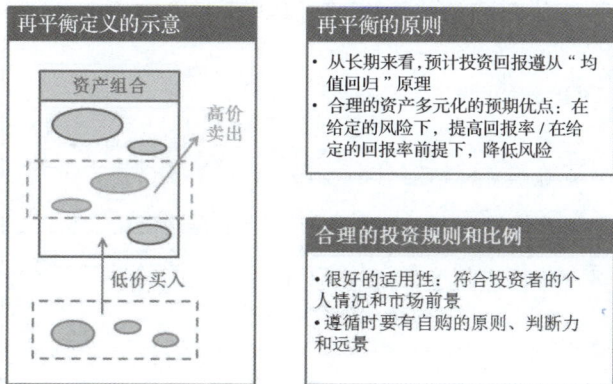

图 12-1

再平衡的主要优点在于，再平衡的过程可以帮助投资者应对自身及市场的变化。通过对投资组合进行调整，再平衡可以将静态的最优资产组合有效地转化为动态的最优投资组合，从而达到风险控制的目的。

再平衡的几个决定

在进行再平衡时，投资者面临着以下几个重要的决定。

1. 再平衡的资产类别

投资者需要对整个资产组合的资产类别进行再平衡，以达到各个资产类别预先设定的目标比例。以最简单的资产配置方案——股债平衡为例，我们可在每年固定的时间将组合中的资产再次调整为

50% 权益、50% 固收的状态，这就是再平衡。

2. 再平衡的时机

再平衡的频率包括始终不、偶尔、每半年一次、每年一次或者几年一次。一些投资者的再平衡操作会根据历史价值标准或特定的最小价格百分比进行变动（如加减 5% 或 10%），而不是按照日历时间来进行。

3. 再平衡的灵活程度

投资者可以根据自己对市场的理解和判断、特定资产种类的历史收益，以及各种资产的投资回报周期来确定自己的资产配置计划。

小案例 1："中国大妈炒黄金热"背后的迷思

2012 年，"中国大妈"因为狂热的炒黄金行为而引起广泛关注。当时，新闻媒体对于卖房炒黄金、借钱炒黄金的中国大妈报道很多，并称"所到之处，黄金柜台被抢购一空"。这种"在别人贪婪时更贪婪"的投机行为，在这一波从众的炒黄金热潮中体现得淋漓尽致。

投资大师邓普顿曾经说过："牛市在绝望中诞生，在犹豫中成长，在乐观中成熟，在亢奋中灭亡"，这对于 2012 年的那一次"黄金牛市"来说也是一样。2011 年 9 月，黄金价格达到峰值，在此后的几年时间里黄金价格一直很低（见图 12-2），直到 2019 年才开始回暖，也正是这一次炒黄金热潮所遭遇的残酷的冷却，让包括"中国大妈"在内的投资者们意识到，所谓黄金保值不过是黄粱一梦。

2010-2020黄金价格走势图

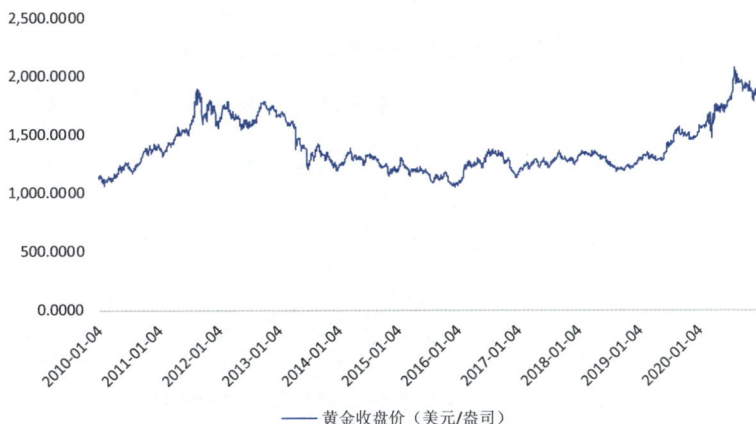

数据来源：Wind，时间区间为 2010–01–04 至 2021–01–04

图 12-2

反观同期偏股型基金的市场表现，则相对理想不少。如果一位投资者在 2015 年 1 月 5 日买入偏股型基金并坚定持有，那么在2021 年年底的平均持有期收益率将会达到 164.39%。当然，和黄金市场一样，基金投资仍不免遇到市场波动和牛熊转换。但是，正如我们在前面的内容中所介绍的那样，权益类基金仍然是值得推荐的投资选择，因为该类基金投资的是股票，而股票的背后是上市公司，上市公司代表实体经济，实体经济代表着社会发展。因此，从根本上讲，这类基金的收益源于企业的基本面情况，而不是源于从众效应。

小案例 2：买房还是买基金，这是个问题吗

"房子是用来住的，不是用来炒的"。一般情况下，购买住宅商品房是不应该与基金这样单纯的投资行为进行比较的。但在过去若干年，以北京、上海为代表的一线城市的住宅商品房却成了投机标的，"炒房"一词也成了中国人耳熟能详的热词。但是，抛开居住的属性，住宅房产真的是一个优质的投资标的吗？

如图 12-3 所示，通过对比 2008 年 4 月 14 日至 2021 年 10 月 16 日的数据可以发现，和上海住宅商品房一样，同期的偏股混合型基金指数也在波动中一路上涨。经过简单的计算我们发现，如果投资者在 2008 年 4 月 14 日买入市场水平以上的偏股混合型基金，那么到 2021 年 10 月 16 日，他的持有期收益率为 253.88%，而同期购买上海住宅商品房的持有期收益率为 256.43%。

但是，很多投资者却总是感觉投资基金亏钱，这是为什么呢？因为在投资房地产时，我们大多会选择长期投资，一般持有 3—5 年甚至更长时间，而投资基金则总是短进短出。此外，因为住房的价格相对没有那么公开透明，交易也比较烦琐，所以投资者更容易管住手，这样就避免了追涨杀跌。但是，通过简单的收益对比我们不难发现，只要我们在投资基金时也能管住手，坚持长期持有，那么，我们就能在获得更好流动性的情况下争取到更高的收益。

数据来源：Wind，时间区间为 2008-04-14 至 2021-10-16

图 12-3

东方红 资产管理	编写	东方红 资产管理	审阅

上海东方证券资产管理有限公司成立于 2010 年 7 月 28 日，是首家获中国证监会批准设立的券商系资产管理公司。东方红资产管理团队自 1998 年开始从事资产管理业务以来，经历多轮牛熊市的考验，积累了丰富的资产管理经验和风险管理经验。团队始终坚持价值投资理念，追求绝对收益，长期投资业绩领先，多次荣获最佳资产管理人称号，被业内誉为金牌资产管理团队。截至 2019 年 12 月底，东方红资产管理旗下权益类基金 3 年期、5 年期业绩均稳居第一。2018—2020 年，东方红资产管理连续三年荣膺金牛奖，2020 年荣获"权益投资金牛基金公司"奖项（数据来源：中国证券业协会、海通证券基金研究中心、《中国证券报》）。截至 2020 年年末，自 2005 年起东方红资产管理主动管理权益类产品的平均年化回报率 26.50%，同期沪深 300 指数平均年化回报率为 12.02%。东方红资产管理权益类基金近五年绝对收益率 125.26%，固定收益类基金近五年绝对收益率 27.60%，均排名行业第六位（数据来源：海通证券研究所金融产品研究中心），长期业绩保持领先优势

第 **13** 章
资产配置问答

13.1　各类家庭如何做好资产配置

初入职场如何做资产配置

很多小伙伴都说，初入职场手上没有多少钱，根本没必要做资产配置。

这种观念是不对的，好的资产配置，有利于投资者规划自己的资金，争取早日赚到第一桶金，也有利于培养好的投资习惯，为未来的几十年奠定一个好的基础。

1. 资产配置离初入职场的你并不遥远

资产配置高大上吗？其实它并不是你想象的那么遥不可及。

简而言之，资产配置就是你的资产在不同资产类别上的配比。实际上，很多人已经或多或少在无意间做了资产配置。例如，有的投资者既购置了房产，又留有流动现金资产，这就是一种资产配置；也有的投资者既有存款，又有股票，还有房产和保险，那么他的资产就有更丰富的配置关系了。

好的资产配置一方面可以抵御风险，另一方面可以增加收益，同时还能保证资产一定程度的流动性。资产全是现金或全是房产的人，其配置就不够健康多元。因为现金容易贬值，虽然安全但没有什么收益；而房产流动性不高，急需用钱的时候变现比较麻烦。

那么，对于初入职场的投资新人而言，资产配置怎样做合适呢？今天我们就来给这类投资者支个招。

2. 初入职场的我们需要怎样做资产配置

1）搞清楚我们的财务状况

图 13-1 是由 F·莫迪利亚尼与宾夕法尼亚大学的 R·布伦博格、A·安多共同创建的生命周期理论延展而来的。

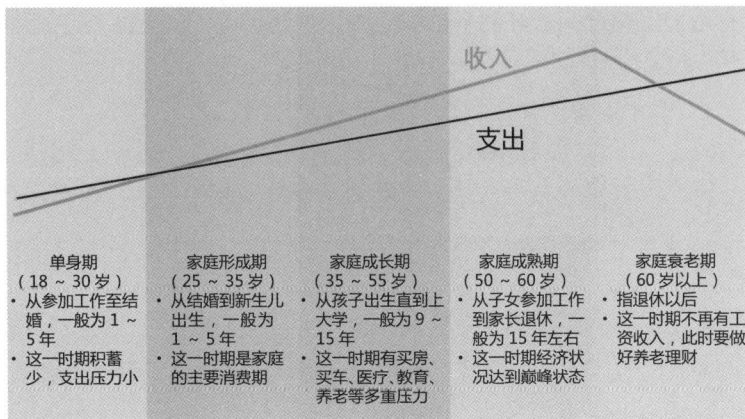

图 13-1

  我们先来看一下初入职场的人处于哪个阶段，由图 13-1 可知，绝大部分的人都处于单身期或家庭形成期的初期。

  根据图 13-1 我们从直觉上很容易理解：学生时期，上学的费用需要家庭支持或由勤工俭学获得，只有少量的实习收入，现金呈现净流出的状态。随着参加工作、升职加薪，收入逐渐获得增长，如果支出总体能保持平稳，则现金也逐渐呈现净流入的状态。在这个阶段做资产配置是非常有必要的，因为参加工作以后就需要独立考虑个人生活，以及为组建家庭做准备，有余力的还可以为未来的养老生活做准备，用以弥补家庭衰老期的资金缺口。

  明白了资产配置的重要性，我们继续来看一下图 13-1，这幅图中有两个重要元素：支出和收入，通过这两个元素我们就可以搞清楚自己的财务情况。

（1）支出。

初入职场的你，要清楚自己在什么地方有支出，不妨先填一下表 13-1，当然，按月填或者按年填都可以，填完之后再和收入对比一下。

表 13-1

主要支出项目	所需花费金额（元）	说明
衣物		洗发、美容、化妆品、服装等
食品		柴米油盐、烟酒、聚餐等
居住		房租、水电、煤气、房贷等
设备用品服务		家电、日用品等
交通、通信		交通费、停车费、手机话费等
文化娱乐		聚会、书费、补习等
医疗保健部分及其他支出		医保自费部分支出及其他

（2）收入。

对于当代年轻人来说，收入部分除了工资以外，有些人可能还有父母给予的房产出租收入，以及其他副业收入等，把这些收入都一一列出来。到这里我们的第一步就算完成了。以初入职场的年轻人小 A 为例，他的月总收入是 8000 元，月总支出是 6000 元，那么小 A 可用于投资的金额就是 2000 元。

2）明确自己的投资目标和风险承受能力

投资者要确定一个合理的投资目标，因为收益与风险是成正比的，每个人都希望获得最高的收益，但伴随着高收益的高风险往往是部分投资者难以承受的。资产配置是为了在合理分散投资风险的前提下，追求符合自己投资风格的收益。投资风格可以在 9.6 节的基础上继续细分为保守型、稳健型、平衡型、积极型、激进型五种，投资者最好根据自己的投资风格配置资产，一定不能为了追求高收益而放弃分散风险。

以上提到的五种类型的投资者可以承受风险的能力由高到低排列为：激进型＞积极型＞平衡型＞稳健型＞保守型，激进型的投资者可以承受最高的投资风险，他们往往也具备专业的投资知识。

这五种类型的投资者适合的投资品种也不一样，如激进型的可以考虑投资股票、期权、期货、外汇、股权、艺术品等高风险、高收益的产品。

需要说明的是，风险偏好测试不要随便做，这是很重要的一步。

3）开始规划你的资产

通用的资产配置方法有很多种，如美林时钟法、金字塔法等。这里我们可以借鉴 9.6 节中提到的标准普尔家庭资产象限图（又叫"4321"法则）进行资产配置（见图 9-9）。

对于刚入职场的年轻人来说，可以在这个法则的基础上略微提升一下投资资产的比例。

另外，在基金或股票的选择上，投资者还应考虑下自己的风险承受能力，如果你是一个偏保守型的投资者，也可以适当降低对一些风险类资产的投资比例。

3. 学习能力是年轻人最大的"可再生资产"

对于初入职场的年轻人而言，节流很重要，节流会替你积攒投资的本金，但是该花的钱一定要花，如用来提升自己价值的钱、用来拓展认知的钱等，因为这些是你"升职加薪"或获取更多"开源收入"的基础。不要陷入为了省钱而忘记给自己增值的极端，毕竟自己才是最大的财富，投资自己永远是性价比最高的买卖。

对自己的资产做具体、量化的规划对大部分初入职场的人来说都是一件非常重要的事情。在没有赚多少钱的情况下就开始理财，之后再做任何投资时都会先想到自己是否有能力抵抗风险。

两 / 三口之家如何做资产配置

前面我们分享了初入职场的朋友们如何做资产配置，对于两 / 三口口之家而言，基本也可以遵循上面的配置法则。这里我们可以按不同时期将两 / 三口之家分为家庭形成期、家庭成长期、家庭成熟期三个时期，如表 13-2 所示。

表 13-2

阶段名称	家庭生命阶段	特征	主要规划支出
家庭形成期	从结婚到新生儿出生，一般为 1~5 年	家庭的主要消费期	购房支出、购车支出、保险支出
家庭成长期	从孩子出生直到孩子上大学，一般为 18 年	家庭收入稳定，支出较大，主要用于父母赡养和子女教育	子女教育支出、养老支出、父母赡养支出、保险支出
家庭成熟期	从子女参加工作到家长退休，一般为 15 年左右	经济状况达到巅峰，理财观念趋于保守	养老支出、子女规划支出

当然，以上只是列举了相对主流的一种情况，我们就以这种情况为例展开讨论。和前面初入职场人的资产配置计划相比，两 / 三口之家的规划可能会稍微复杂一些，因为它还涉及短、中、长期的需求，如我们前面提到的购房支出、子女教育支出、购车支出等，而且这时候我们支配的不仅是自己的钱，更是一个家庭的钱。

1. 明确自己的目标

大多数两口或三口之家可能面临的规划支出主要有购房、购车、生养孩子、旅行等。

我们仍以小 A 为例，假设小 A 当前年薪 10 万元，他妻子的年薪也是 10 万元，在没有其他收入的情况下，这时候他们俩的年收入为 20 万元，而年支出在 8 万元左右，这样还剩下 12 万元。

现在小 A 一家计划生育一个孩子，并准备买房。小 A 一家在用积蓄付了首付后，后续将负担一笔为期 20 年的房贷，每月还款 5000 元，暂时没有买车的计划，相关支出如表 13-3 所示。

表 13-3

房贷支出	初期孩子支出（3 岁前）	保险支出	养老规划
6 万元 / 年	2 万元 / 年	1 万元 / 年	剩余资金用于养老规划

注：以上金额仅作举例，不作为实际投资建议

2. 计算自己离目标的资金缺口

对于小 A 一家而言，其收入基本可以满足新的费用支出，每年还能结余 3 万元。这 3 万元计划用于一些应急开支，以及未来的养老规划，所以还是相当紧张的，这时候开源就变得非常重要。虽然短期内无须考虑教育支出和赡养父母的支出，但在未来这也将是一笔很大的长期支出，需要提前做好规划。

另外，因为可投资金不多，且小 A 比较年轻，这时候在留出必要应急资金和保障资金之后，可以增加风险类资产的投资比例，为自己争取更高的投资收益。

这里可以参考将 3 万元的 60% ~ 70% 用于投资风险类资产，如股票型基金、混合型基金等，剩余部分用于投资偏固收类的资产，以谋取安全垫。

随着资金的增多和年龄的增加，投资的风险偏好可以降低一些，

风险类资产的占比也可以降低一些。

3. 资产配置中需要注意的点

1）一定要动态调整自己的风险资产投资比例

这里说的风险资产指的是用于生钱的钱。首先，我们知道风险和收益是并存的，对于两/三口之家而言，其面对的风险也比较多，所以，应尽可能留够用于应急的钱。

其次，随着年龄越来越大，尤其是两/三口之家进入家庭成熟期之后，建议可以将风险偏好降低一些，因为这个时候人们往往无法承受非常大的亏损。

2）不要忽视规划养老的钱

很多人都觉得养老距离自己太遥远了，其实不然，所以我们必须要提前规划，因为到老了的时候我们的收入是大幅下降的。如果要保证自己的生活品质不下降，并能应对一些突发情况，我们就需要提前开始筹划，而且越早开始越好。

投资获利靠的是复利效应，复利的积攒就像在一个斜坡上滚雪球，开始时的雪球越大，最终收获的雪球也就越大；这个坡越长，最终雪球也越大。投资的本金就是开始时的小雪球，而时间就像一个坡。早一点学会规划养老的钱，当你开始投资时，你的雪球或许就能比别人的大；开始越早，你的坡也就越长，最终的收益或许也就不是别人能达到的量级了。本该存下却没能存下的那些钱，可能就是几十年后你和别人之间难以追赶的经济差距。

3）投资最重要的是要保住本金

俗话说得好：钱是赚不完的。但俗话没说的是：钱是能亏得完的。从衣食无忧到负债累累，往往只差一次不顾一切地投资。

巴菲特说，投资最重要的就是要保住本金。所以，不管目标多远、多大，还是要脚踏实地，务必首先考虑风险，尽可能保住本金，对自己不熟悉的东西不要投，尽量交给专业人士来做。

"三明治"家庭如何做资产配置

上有医药花费潜力巨大的老人，下有培养花费巨大的孩子，许多中青年夫妇就像三明治中的夹心，被尴尬地夹在了中间，这就是目前比较典型的家庭——"三明治"家庭。

统计数据显示，大部分"三明治"家庭的"夹心"在 45 岁到 60 岁。对于像"三明治"这样的家庭来说，用在老人和孩子身上的花费都得准备充足。因此，家庭理财的根基——已有的可投资资产便不能被动摇，并且还要注重适当提高收益。

这类家庭的资产配置理念可以在遵循前面提到的"4321 法则"的基础上根据家庭的具体情况进行动态调整，但一定要遵循以下几个原则，千万不要瞻前不顾后。

- 原则一：一般家庭主力年龄越大，风险偏好越要趋减，也就是更要求稳。

- 原则二：在做资产配置的时候，一定要兼顾短期、中期和长期目标。

假如小 A 年龄大了，其家庭变成了一个典型的"三明治"家庭，上面有父母需要赡养，下面需要给孩子提供高昂的教育费用。这个时候小 A 的资金规划一定要兼顾短期、中期和长期目标，把自己的钱按照合适的比例进行划分，让每笔钱都扮演好各自的"角色"，控制好整体的"大局"，如表 13-4 所示。

表 13-4

资金用途	时间要求	风险收益特征	预期年化收益率
日常开支	随时可取	不能有亏损	3% 左右
年底旅游开销	短期无须动用	承受少许亏损以获取稍高一点收益	4% ~ 8%
留给未来的钱	三五年内无须动用	参与高风险获取高收益	15%

日常开支的钱一般是 3—6 个月内要用的钱；而短期无须动用的钱往往是求稳的，因为不久以后可能要取出来，这部分钱没有办法接受大幅的亏损；而留给未来的钱往往是三五年内可以不用的，这部分钱可以考虑投资有增值空间的房产，或长期持有优质的股票型基金、混合型基金等。

对小 A 而言，未来儿子上大学的教育金可能是三五年内不需要用的钱，这部分钱可以投向风险相对高的资产中去。小 A 夫妇用于未来养老的钱，同样有相对长的投资期，10 年甚至更久，所以，小 A 可以根据自己的资金量将钱投资到靠谱的资产中去。目前也有很多类似于养老基金的产品可供选择，当然，这类产品的投资期限一般比较长，所以一定要选靠谱的。

考虑到流动性，短期无须动用的钱更适合投资一些偏稳的资产，这样需要的时候就能取出来。

想清楚了自己每一笔资金的用途，就不会让本该用于低风险投资的资金投入到高风险投资里去，也不会让本可以去冒更大风险博取更高收益的资金，因为害怕风险而不敢投资。就算投资高风险那部分资金不幸全亏了，也能清清楚楚地知道这种亏损对自己到底有多大的影响。

- 原则三：做资产配置更需要强调资产的安全性。

不懂的东西千万别碰，否则给家庭带来的打击是非常沉重的。

对"三明治"家庭而言，做资产配置很大的一个问题就是没有时间，而且大多数人也不够专业。如果你也是这种情况，但又想获取不错的投资回报，你可以把资产交给专业人士，如公募基金经理。当然，如果你的资产量达到了一定的级别，如千万级，可以考虑更多的私募类产品。

目前的公募基金可以投向海外股市、海外债券、REITs、石油、黄金，可选的投资底层标的非常丰富，再加上有基金经理打理，是目前非常适合绝大部分家庭的配置工具。

现在的基金服务也日新月异，从以前的需要自己选基金打理组合，到现在的有投顾可以帮忙打理、跟踪资产的变化，确实给很多家庭提供了更多的便利，这样我们就有更多的时间陪伴亲人，或赚取更多的本金了。

"三明治"家庭意味着压力，也意味着动力，只要做好资产配置、做好规划就已经赢了一大步了。

如何利用资产配置攒够子女的教育金

子女教育金与养老金并称为每个人一生中最大的、最重要的，也是最需要支出的现金流之一。在配置之前，投资者必须先搞明白子女教育金的特点是什么，以及大概要花多少钱。

1. 子女教育金的特点

现在的家长们大多都在追求更高的教育质量，所以子女教育金确实是一笔省不了的费用。子女教育金具有如下特点。

（1）教育费用没有时间弹性，教育金支出的开始时间、持续时间是固定的。因为需求的时间是确定的，因此可以通过规划来提前准备这笔费用。

（2）教育费用需要支出的时间比较长、金额也大，因此教育费用在规划时还要考虑收益。

（3）国家没有专门针对子女教育金的储蓄账户。相比有专门的部门统筹规划养老金，国家对子女的教育金并没有设立专门统筹及强制储蓄的部门来管理账户，因此，更需要家长自觉准备。

举例来说，如果孩子上大学，无论当时父母的经济条件或情况怎样，在这个时间点就要花这么多钱去上学，不可能拖延，也没法打折。但好处是它是在确定的时间在较为确定的地点的较确定的成本，是可以提前筹划的。

子女教育金在筹划时要注意四个原则：专款专用、定期投入、及早准备和安全第一。

2. 子女教育金需要多少钱

子女的教育金要花多少钱，这个问题其实是因地而异且也因人而异的，下面我们就按年龄段来大致估算一下（见表 13-5），大家可以根据自己的情况再做加减。

表 13-5

年龄	花费（元）	花费项目
3 ~ 6 岁	5 万	以幼儿园教育费等为主
6 ~ 18 岁	30 万	主要支出在孩子的教育方面，如学费、兴趣班的费用等，按 2000 元 / 月计
18 ~ 22 岁	15 万	上大学的学杂费和生活费

从表 13-5 可以看出，养大一个孩子大约需要 50 万元左右的费用，这里还没有算上买学区房、请保姆，以及其他娱乐的开支，只是列举了一些必要的开支。虽然在 30 ~ 50 岁时人们的收入相对较高，抗风险的能力也较强，但这时也是上有老、下有小，中间有婚姻生活及房贷、车贷等的时候，所以支出还是比较大的。

除了务必及早规划，这里也要提醒一下，应尽量把子女的教育金纳入家庭主力风险保额中。在规划家庭保险中，大家往往会考虑到子女的教育费用，投资理财是其必然方式，但前提是父母双方均没有遭遇重大风险且收入稳定。如果一方不幸罹患重病或身故，那么子女的教育金必然会大打折扣。因此，如果不想让孩子的教育金受影响，必须将子女的教育金纳入父母的保险规划中。

3. 资产配置怎么做

不管是准备 200 万元，还是准备更多的钱，资产配置的底层逻辑还是将钱分成四部分（见图 9-9）。

那子女教育金属于哪一部分钱呢？我认为更合适的是"生钱的钱"和"保本增值的钱"的搭配。

下面我们来看一下主流的几种理财方式，哪些比较适合子女教育金的规划。

1）股票

由于教育金的特殊性，股票并不是教育金规划的最佳选择。股票是一种高风险、高收益的投资方式，无论是对投资者的投资技术还是心态都要求很高。如果将教育金投资股票，不仅要有很强的选股能力，而且还要把握好买入、卖出的时机。对于普通投资者而言，子女的教育金没有时间和费用弹性，一旦发生"股灾"就得不偿失了。

2）基金

常见的基金可以分成股票型基金、混合型基金、债券型基金、货币基金等（微信里面的零钱通就属于货币基金）。这里一定要说明，如果将子女教育金投资基金，建议使用定投的方式。定投比较适合子女教育金的规划方式，但要注意以下几点：①选好基金；②做好资金安排，不要中途"断粮"；③波动时不要过于慌张；④可以在合适的时间先落袋为安，再继续定投。

3）与定期储蓄搭配使用

定期储蓄安全性比较高，也是人们经常使用的储蓄方式。但是定期储蓄的唯一缺点是收益率较低，如果全配置定期储蓄，肯定满足不了投资者对收益的需求。

4）保险——教育金 & 年金搭配使用

对于保险这类投资工具，大家不要盲目信任，也不要盲目拒绝，好的保险产品对家庭财务规划的帮助非常大，市面上有很多专门的教育金产品，大家可以去甄别选取。

当然，除了上面提到的这些，还有房产投资、黄金投资等其他的方式，大家可以根据自己的情况搭配使用。如何搭配可以参考图 13-2 所示的内容。

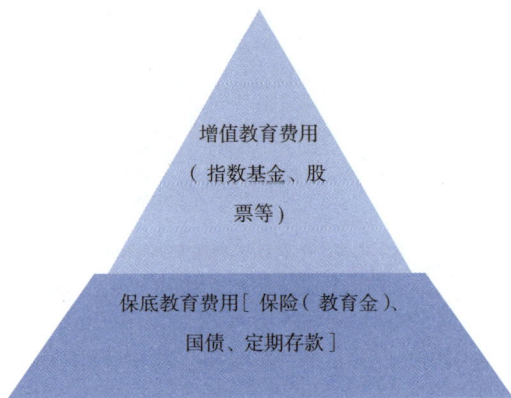

增值教育费用
（指数基金、股票等）

保底教育费用［保险（教育金）、国债、定期存款］

图 13-2

首先，我们要保障资产的安全垫，然后再去追求更高的收益，而且还要给予一定的时间容忍度。

保底教育费用需要由一些低风险的收益构成，如保险、国债、定期存款等。如果把所有的资金都投资于股票、基金等方面，那么一旦出现风险，孩子的基础教育费用就无法保障。

至于比例如何分配，需要根据孩子的年龄、投资者个人的投资经验，以及对风险的容忍度等综合衡量。如果是孩子刚出生的时候，通过指数基金定投或是投资股票均可，其成长空间较大，抗风险能力也更强；如果是马上面临孩子教育费用的支出，那么大比例的费用就都要投身于保底教育费用中。

总体而言，我们在做子女教育金规划时，要提前做、好好做，不能孤注一掷，因为你的规划背后可能是孩子重要的未来。

300 万元的养老金储备目标如何通过资产配置来实现

随着人口老龄化的加剧，"养老"成了全球的高频热词。数据显示，截至 2018 年年底，我国基本养老金累计结存 58,152 亿元，总结余量占同期 GDP 的 6.46%。但结合发达国家的经验来看，个人养老投资必不可少。

为了鼓励个人养老投资，美国成立了 401K 计划，为个人设立了一个专门储蓄养老金的 401K 账户，有专业的投资机构对此进行投资（如股票、基金、债券、货币等）。

1. 达成养老投资目标需要进行资产配置

不同于普通投资追求更高收益、创造更高阿尔法的目标，养老投资旨在保障和提升未来年老时的生活水平。因此，养老投资并不需要在某一年获得更高的收益，而需要在长达几十年的投资中，有效地平衡收益与风险。进行养老投资，既不能过度惧怕风险，导致收益低微，满足不了未来养老的资金需求，也不能一味追求高收益，使得波动过大，风险过高，投资体验较差，从而导致投资者无法坚持，提早退出或中断投资。

所以，相对于强调对单一资产的投资能力，养老投资更强调做资产配置，注重在力争合理收益的同时做好风险控制，从而避免大幅波动。

2. 下滑曲线（Glide Path）

在不同的人生阶段，投资人的风险承受能力不同，因此，各类资产的配置比例会随着年龄的增长而发生改变。下滑曲线指的就是在养老金的资产配置中，权益资产的比例随我们退休年龄的临近而逐渐下降的趋势，固收类资产的比例则与之相反，如图 13-3 所示。

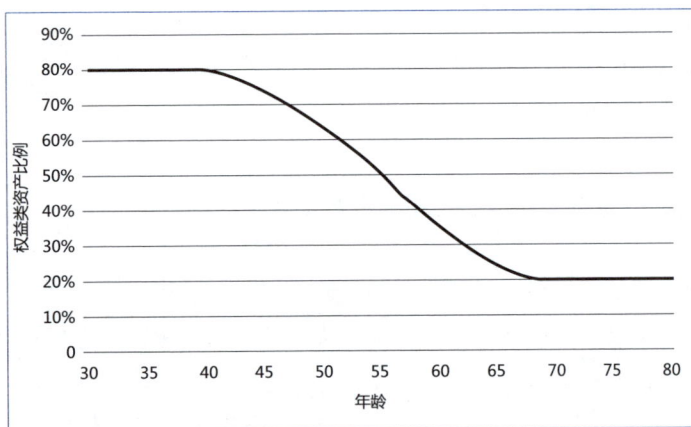

图 13-3

这种设计方法背后的逻辑也很简单。

投资者年轻时，风险承受能力较强，养老储蓄账户里的养老资产较少，即使有短暂的账面浮亏，也能逐渐通过持续的投入弥补回来，所以可以配置较多的权益类资产以促进养老金规模的增长。

当投资者逐渐年长，积累的养老金资产规模也已经相对可观，即使是市场的小幅波动，也有可能造成较大的金额损失，所以这时资产的安全性和稳定性就愈发重要。这一阶段的目标应以稳健增值为主，相对稳健的固收类资产自然就会更受欢迎。

3. 伟大的金融创新：养老目标基金

同一个世界，同一件养老大事。

相比中国，美国面临养老挑战的时间更早。面对养老投资需求，美国开发了养老目标基金：目标日期基金（TDF）和目标风险基金（TRF），如表 13-6 所示。

表 13-6

	目标日期基金（TDF）	目标风险基金（TRF）
资产配置	动态资产配置，由高风险向低风险逐步转移	静态资产配置，维持风险收益特征不变
命名规则	多以退休日期命名——投资者可根据退休的年份来选择基金	多以风险等级命名——投资者可根据自己的风险偏好来选择
适合人群	投资经验较少，或日常繁忙，无暇进行投资的人群	对自身养老基金投资需求明晰，能明确自身风险偏好，且有一定经验的老手

在美国，政府一开始对目标风险基金（TRF）的收益预期很高，

当时，方案的设计者认为投资者会根据个人的实际情况，选择最适合自己风险偏好的养老金投资策略。然而，经过几十年的实践他们发现他们忽略了一个重大参数——个人投资者的自身情况。

一般的投资者没有精力分辨投资产品或不具备专业的投资能力，不能根据自己风险偏好的变化及时地调整养老金账户的投资方案。渐渐地，目标日期基金可以随着投资者退休日的临近，自动调整权益资产和非权益资产的大类资产配置比例，使其整体投资风险逐渐降低，并最大程度为投资者争取收益。

例如，小明于 2020 年满 50 岁，因为对投资一无所知，小明直接挑选了一款到期日为 2035 年的目标日期基金。在买入初期，账户里的权益资产占比约为 60%，而到了 2035 年，这一比例已经逐渐降到 20% 左右。在此期间，所有的调仓过程都由基金经理统筹完成，无须小明操心。

得益于这种便利性，目标日期基金在美国以年均 1500 亿美元的速度快速增长，截至 2017 年年底，其资产规模已达 1.12 万亿美元，满足了大部分人的养老投资需求。

目前，我国也已经成立了一批养老目标基金，大家可以多加关注，好好为自己规划一下！

但投资者首先应充分了解基金定期定额投资和零存整取等储蓄方式的区别。定期定额投资是引导投资者进行长期投资、平均投资成本的一种简单易行的投资方式，但定期定额投资并不能规避基金投资所固有的风险，不保证投资者一定能获取收益，也不是能替代储蓄的等效理财方式。基金管理人也不保证基金一定会盈利，也有可能发生亏损，所以投资人应认真阅读相关的基金合同和招募说明书等法律文件，即便是基金名称中包含"养老"等字眼，也不代表收益保障或其他任何形式的收益承诺。基金有风险，投资需谨慎。以上材料不作为任何法律文件。

13.2　资产配置的组合和单只基金有什么本质不同

资产配置的组合中可以包含多类型基金，投资者可以根据投资目的对其收益和风险进行合理配比。资产配置的根本目的是希望能够平衡各类型资产的风险，用最小的成本、最短的时间获得最高性价比的回报。组合相比单一基金的优势体现在以下三个方面。

第一，组合有助于充分分散风险。组合中包含多种资产标的，能通过资产之间的负相关性，降低整体风险，从长期来看可以平滑涨跌幅度。

第二，组合能发挥"基金经理"+"投资经理"的双重优势。基金的管理人是基金经理，组合的管理人是投资经理。投资经理和基金经理一样是科班出身，更懂如何选到更优秀的"基金经理"和更优质的"基金产品"。因此，基金组合能发挥双重投研优势。

第三，对于能调仓的组合，长期的投资体验或许更好。单只基金在适应市场风险方面存在一定的局限性，很难持续保持优秀的业绩；而组合往往更加灵活，能在合同规定的范围内重新选择、更换底层基金（称为"调仓"），更好地适应行情的变化。

13.3　在资产配置中基金数量越多越好吗

分散投资是降低震荡带来损失风险的常用方法之一。将资金分散投资在不同资产上，可以有效平滑掉单一资产的损失风险。多种类型的资产配置大概率比单一类型的资产配置更能实现更好的盈利；同时，差异化的资产配置大概率比无差异化的资产配置更能实现更好的盈利。

购买基金就已经是在进行分散投资了，而购买多只基金，把"鸡蛋"放在不同的"篮子"里，就进一步分散了风险。但是，持仓的基金数目并不是越多越好，因为投资者持有某一类型的基金过多，可能会导致"重仓"部分资产。因此，分散投资的重点在于"不同类型"，而不是"更多数量"。

对于普通投资者来说，规避根据排行榜购买短期业绩表现好的单一类型基金，综合不同类型的基金，全方位地评估配置需求，才能有效地分散风险。

13.4 为什么要配置海外市场

只投资单一市场是无法抵御系统性风险的，专业的投资者会选择相关性低的不同市场进行投资，通过投资全球，规避单一市场的投资风险，同时获取海外多个市场的投资机会。当东南亚经济出现危机的时候，所有资产类别的估值都在下跌，包括股票、债券、基金、房产等，即使你做了资产配置也无法降低风险，而这个时候，如果持有其他国家（如美国）的资产，则有可能有效降低投资组合的系统性风险。

在经济全球化的今天，国内投资机会的地域单一性、货币单一性，以及投资选择的局限性，让我们选择做全球资产配置。现如今，越来越多的投资者选择把资产做全球化的配置和布局，希望通过全球的市场机会（比如新兴国家发展红利、发达国家的稳定货币体系等），寻找更多更优质的"篮子"，最终实现分散风险和储备财富的需求。

同时必须要提醒投资者的是，海外基金并不能完全避免市场风险。世界各国的汇率在不断地变化，在进行海外投资时，可能会由于本币贬值而获得资本增值和汇兑收益，也可能会由于本币升值而减少本币的收益。

13.5 在资产配置组合中收益和风险如何选择

在进行资产配置时，可以根据自己的收益和风险偏好进行选择。在投资中不存在绝对的高收益、低风险的产品，实际上，收益和风险是呈正比的。在投资之前，我们必须考虑好我们愿意承担的风险，在承担一定风险的基础上选择相应的资产配置组合。

如果风险偏好较高，就可以选择收益更高的资产配置组合。

如果风险偏好较低，那么就需要放低收益预期，选择收益更低、风险也更低的资产配置组合。

此外，投资者也可以结合自己所处的年龄阶段进行考虑。如果是年轻的投资者，有较高的风险承受能力，且未来投资期较长，那么就可以选择收益更高的资产组合；如果是年长的投资者，风险承受能力较弱，那么就尽量选择风险更低的资产配置组合，实现资产的保值增值。

13.6 资产配置如何才能更省钱

资产配置是为了让资产保值增值，因此，资产组合的收益率越高就"越省钱"。所以，找到最适合自己、最适合当下的资产配置，来取得符合自己预期的收益就是最省钱的方式。

资产配置因人而异、因时而异，所以在进行资产配置时，要把自己的风险偏好考虑清楚，明确投资收益目标。在确定了自己投资收益目标的基础上，再对当前所处的投资环境进行分析，通过美林时钟等宏观配置方法选出合适的配置组合，以达到自己预期的投资收益。

13.7 最近市场在调整，要不要再等一等

对市场的预判和择时是大多数投资者的惯性思维，可在现实中，无论是个人还是机构投资者都很难做到连续准确的择时。投资者都希望等市场企稳后再进行投资，以使收益最大化，但在投资中预判企稳后的入场时机是非常困难的。投资，更重要的是站在更高、更远的地方看当下，想要获取长期不错的投资收益，就要减少对市场大势的预判。也许短期内市场会有波动，但从长期来看，只要选对了产品，就能在大概率上获得满意的回报。

13.8 应该一次买入，还是分次买入

一次买入和分次买入没有对错优劣之分，它们只是不同的

投资策略，而影响采用哪种策略的因素主要有以下三个方面（见表 13-7）。

表 13-7

影响因素		一次性买入	分次买入
市场表现	单边上涨	√	
	单边下跌		√
	市场震荡时		√
个人投资能力	超强	√	
	普通		√
资金量	大		√
	中小	√	

第一是市场表现。当市场单边上涨时，一次性买入能获得最大化收益，而分次买入会拉高成本降低最终收益。但是如果市场单边下跌，一次性买入只能高位站岗，而分次买入则可以有效平摊成本，尽量降低损失。当市场震荡时，一次性买入无法降低成本，分次买入则能够不断地在低点买入，平滑持仓成本。

第二是个人投资能力。一次性买入更适合有丰富投资经验和投资能力的投资者，他们通过对市场的分析和判断，会选择较低的入场时机。当然，择时的风险很大，也需要投资者有足够的风险承受能力。而分次买入更适合大多数普通投资者，它能避免买在最高点的风险，也不需要有较高的择时能力，能有效地分散风险、降低成本。

第三是资金量。对于大资金量的投资者来说，一次性买入的风险太高，一旦踏错行情，损失就会比较惨重；如果是小额资金的投资者，也就没有必要分次买入了。

总之，投资是场马拉松，拉长时间来看，分次买入是更适合大多数普通投资者的选择。

13.9 应该先买组合中的一两只基金，还是按比例全部买入

组合其实是一篮子的基金产品，由组合管理人根据基金的不同评价指标甄选出的、长期有潜力的基金单品构成；而组合投资追求的是排兵布阵，是将具有不同风险收益特征的资产合理地搭配起来。均衡配置不同风格的产品是组合的核心，同时也可以根据市场动态调整组合内单品的构成和比例，让组合呈现更好的风险收益特征。倘若只是购买组合中一两只表现突出的基金，就打破了构建组合的初衷，达不到分散风险的目的，一旦遇到市场调整、组合重构，单独持有的基金也许就会被替换出局。既然要做资产配置，一体化的组合投资可能更适合大多数投资者。

13.10　最近股市连续下跌，债市不错，需要将组合中的权益基金都换成债基吗

要回答这个问题，我们首先需要明确以下两点。

1. 资产配置不是投机

资产配置的核心思想就是通过把"鸡蛋"放到不同的"篮子"里来降低资产组合的总风险，同时获取各类资产的风险溢价。更进一步说，资产配置的魅力在于风险分散和资产平衡。仅因股市持续下跌就将全部权益基金都换成债基，这样的行为与资产配置的初衷和分散风险的逻辑是相背离的，这样的行为更像是一种投机行为，不仅无法起到规避风险的作用，甚至还会加大投资的风险。图 13-4 所示为资产配置的梦想与现实的区别。

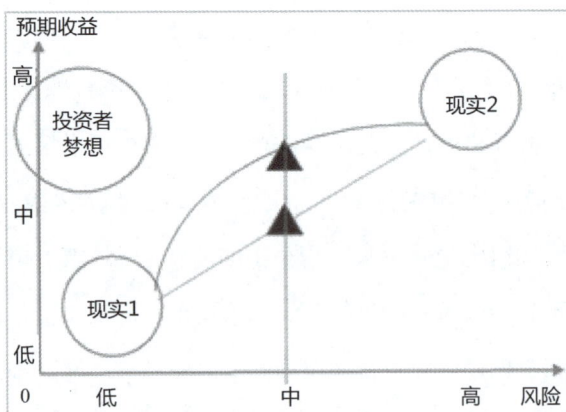

图 13-4

2. "股市大跌或许是好事"

我们无法完全预测股市，过去持续下跌不能代表其未来还会持续下跌，所以我们应减少因惶恐而产生的出逃行为，否则就容易出现令投资者头痛的"一买就跌，一卖就涨"的反向操作。

投资大师彼得·林奇曾表示"股市大跌或许是好事"，并给出了面对股市大跌的三点建议。

第一，不要因恐慌而全部低价抛出。彼得·林奇谈道，如果你在股市暴跌中绝望地卖出股票，那么你卖出的价格往往会非常低。在美国，股市股票投资收益率战胜其他投资品种的这 70 年间曾发生过 40 次超过 10% 的大跌，但在这 40 次大跌中，即使你提前预测到了其中的 39 次，并且在大跌前卖掉了所有的股票，最后也会后悔万分。因为即使是跌幅最大的那次股灾，股价最终也涨回来了，优质成长股甚至可以涨得更高。

第二，对持有好股票要有坚定的勇气。"投资股票赚钱，关键是不要被吓跑。这一点怎么强调都不过分。"林奇说，股市下跌没什么好惊讶的，就像明尼苏达州的寒冬一次又一次来临一样。成功的选股者和股市下跌的关系，就像明尼苏达州的居民和寒冷天气的关系一样。你知道股市大跌总会发生，也为安然渡过股市大跌事前做好了准备。如果你看好的股票随其他股票一起大跌了，就要迅速抓住机会更多地买入。

第三，股市下跌其实是低点布局的好机会。彼得·林奇认为，暴跌是赚大钱的最好机会："每当股市大跌，我对未来忧虑之时，我就会回忆过去历史上发生过的 40 次股市大跌这一事实，来安抚自己那颗有些恐惧的心。我告诉自己，股市大跌其实是好事，它让我们又有一次以很低的价格买入那些很优秀的公司的股票的机会。"

"股价因大跌而被严重低估，才是一个真正的选股者最佳的投资机会。当股市大跌时人们纷纷低价抛出，就算我们的投资组合市值损失 30%，这也没什么大不了的。我们不要把这种股市大跌看作是一场灾难，而要把股市大跌看作是一个趁机低价买入的机会。巨大的财富往往就是在这种股市大跌中才有机会赚到的。"

那么，面对股市连续下跌、债市不错的市场环境，应采取什么样的投资策略呢？这里可以提供一种经典的股债平衡策略作为参考。

股债平衡策略认为股票和债券呈负相关的关系，即股票上涨，债券就会下跌，同时配置股票和债券可以分散风险。股票或债券如果涨得过多，那么该类资产下跌的概率就会加大，这时就需要卖出一部分来维持股债的平衡，以期获得资产配置的超额收益。

该策略的操作也十分简单：①投资初期把手里 50% 的资金投资于股票基金，50% 投资于债券基金；②每半年（或一年）进行一次资产再平衡，使股票资产和债券资产的比例恢复到 50∶50。

该策略的精髓在于，它有一套固定的规则，可以防止投资者因情绪波动而进行投资操作。

聪明的投资者也可以在经典的股债平衡策略的基础上进行优化，形成动态的股债平衡模型：股市下降越厉害，越要提高股票的持仓比例，从而获取更高的投资收益；在股市上涨到较高位置时，降低股票的持仓比例，以降低下跌的风险。

13.11　组合中的产品近期表现太糟糕了，要不要换掉

市场波动常有，即使是市场上最赚钱的基金产品也不一定能一帆风顺。对于投资者来说，基金亏损并不可怕，可怕的是盲目地"赎回止损"或"加仓追涨"，这些可能让你的疼痛再加深一层。那我们如何区分基金是"短期波动"还是"止损信号"呢？

基金亏损，需关注基金经理的投资水平而非下跌幅度

20 世纪 60 年代，威廉·夏普在《金融学期刊》上发表的论文里，首次把投资收益拆成了两部分：随市场一起波动的部分叫贝塔收益，不随市场一起波动、与市场无关的部分叫阿尔法收益，投资收益 = 阿尔法收益 + 贝塔收益，其中，阿尔法收益 = 阿尔法系数，贝塔收益 = 贝塔系数 * 市场 (或基准) 平均收益率，整理可得：投资收益率 = 阿尔法系数（α）+ 贝塔系数（β）* 市场 (或基准) 平均收益率。α 收益可以简单理解为基金经理选择的股票和行业所带来的主动收益，而 β 收益就是基金经理跟踪市场涨跌带来的被动收益。

我们时常可以看到，优秀的基金经理在市场下跌中的主动收益部分为正，也能看到牛市中表现不错的基金其主动收益部分为负。因此，当基金亏损时，我们首先还是要拆分出基金经理的主动投资水平。

评估基金经理投资水平最简单的方式就是比较同期基金和市场综指或其业绩基准的表现。如果基金虽然亏损，但还跑赢了市场综指或业绩基准，投资者可以不用太担心，下跌因素只是市场不太给力罢了，比你更心疼的投资者大有人在。相反，如果基金表现跑输了业绩基准，投资者需要对基金表现谨慎关注再做决定。此外，基金表现可与同期同类基金做比较，评估基金经理在全行业专业投资者中的表现，这个考察要求比前者高。当然，如果基金长期表现在同类的前 1/2，说明基金经理的表现较令人满意；但如果其长期排名始终位居行业末端，建议持有人忍痛"割肉"，重新选择一位基金经理。

谨慎把握热点板块走向

评估完基金经理的投资水平后，我们还需要关注市场因素。这些年，市场上涌现了不少主题型基金，从互联网到 5G（第 5 代移动通信技术）再到医药，几乎涵盖了所有热点板块，而且几乎都是某一时段表现最强的基金。但这些板块到底是昙花一现，还是持续向好，还需要持有人谨慎把握。这不禁让我们想到了曾经的申万活跃股指数，它的编制规则是将每周换手率最高的前 100 家公司的股票作为成分股计算指数涨跌幅，而这些股票通常都是大热主题股票。

结局怎样呢？在发布了 18 年后，其跌幅达 99%，停止编制了。对于基金投资者来说，踩中市场热点是一件幸运的事，但更让人担心的是在此之后的"人走茶凉"。如果是由于热点流失而导致的投资亏损，我们建议持有人不要再苦苦等待。

有时候，基金表现不佳是由于基金经理对市场"水土不服"导致的，建议持有人在观察基金经理较长时间的历史表现后再做决定。此外，股票有时会由于海外市场因素出现暴跌，同时影响到基金净值的回撤。作为从业人员，建议持有人对基金"踩雷"问题不必太过于担忧。通常，基金管理公司对股票标的的选择非常谨慎，而且跟踪频繁，"踩雷"有时只是市场对股票某些负面因素的过分反应，基金公司一般会有充分的预案并及时应对。当然，如果一只基金在中长期内"踩雷"频发并严重影响到了基金的持续表现，那么持有人就该考虑一下是否自己真的买了"踩雷主题基金"了。

除基金因素外，亏损时应该反过来审视自己

投资者应该始终清楚地了解自己的投资初衷和投资目的，了解自己到底买了什么。不同目的的投资应该有不同的最大可承受波动水平，另外，投资者还应该了解清楚自己所购买的基金是否与自己的初衷和理念相背离，并及时反省并调整，这样才能帮助自己在投资这条路上越走越远。

有这样一句话："靠运气赚的钱，也终会因运气而失去。"投资出现亏损是我们都不想看到的，但当亏损已经出现，我们还是应该

先冷静地分析其中的原因，即使最终忍痛"割肉"，也胜过在糊涂中继续站岗。知"基"知己，百战不殆。[①]

13.12 组合中的产品表现太棒了，能把其他产品都换成它吗

每当组合中的一只基金一枝独秀，上涨到令人振奋的水平时，随着其财富效应的深化，投资者可能越来越倾向于不断增加该基金的投资比重，甚至只投资这只基金，以寻求收益的最大化。虽然热情在其他行业是一项必不可少的因素，但在投资中却常常因此而遭受灾难。[②]

鸡蛋不要放在同一个篮子里

诺贝尔经济学奖得主詹姆斯·托宾曾说过："鸡蛋不要放在同一个篮子里。"诚然，在投资过程中我们应该遵循上述逻辑，通过分散投资来降低投资风险。

假设你有 10 万元，全部投资了基金 A，一年之后，如果基金 A 亏损 50%，那么最初的本金将只剩下 5 万元。但是，如果当时你买了 5 万元基金 A 和 5 万元基金 B，且当基金 A 亏损 50% 时，基

---

① 内容来自兴证全球基金撰写的《这样做，迈出投资第一步》一书。

② 内容来自兴证全球基金撰写的《这样做，迈出投资第一步》一书。

金 B 赚 5%，那么你最初的 10 万就还剩下 7.75 万元，相较原来则会减少 2.25 万元的损失。

资产配置的目的就是让你在面对市场波动时，能够降低损失，尽力避免血本无归情况的发生。

均衡配置助你抵御风险

有"全球投资之父"之誉的约翰·邓普顿（John Templeton）[①] 爵士曾强调过多元化投资的必要性，他说："有关于投资的一个事实是，没有一种投资项目总是好的。打造好的投资组合，关键是要保持对不同类型投资的开放心态。"约翰·邓普顿的这种观点基于他对风险的深刻认识，在其著作《约翰·邓普顿爵士的金砖》（*Golden Nuggets From Sir John Templeton*）中他还说："在股票和债券方面，也像在生命里的其他方面一样，你会在数字里面找到更多的安全感。但无论你多么细心，也不管你做多少研究，你都不能预测和控制未来。一次台风或地震、供应商的一次毁约、一次由竞争者带来的无法预料的技术进步、一次由政府要求的产品召回或者严重的内部问题等，无论任何一种情况，都足以让你损失上百万美元的资产。"正因如此，如果你能保持开放的心态，你就有可能获得比那些锁定在特定种类投资机会的投资者更大的成功。

加里·布林森也认为，做投资决策最重要的是着眼于市场，确

[①] 约翰·邓普顿（1912—2008）：邓普顿集团的创始人，被《福布斯资本家》杂志称为"全球投资之父"及"历史上最成功的基金经理之一"。

定好投资类别，从长远来看，投资者约 90% 的收益都来自成功的资产配置。任何投资品种都有高峰和低谷，均衡配置各类资产才能在不同的市场环境下抵御波动风险。

桥水基金（Bridgewater Associates）的创始人瑞·达利欧也将资产配置称为"投资的圣杯"，根据他的发现，如果拥有 15 到 20 个良好的、互补相关的回报流，你就能大大降低风险，同时又不减少自己的预期收益。[①]

13.13 市场波动大，组合近期持续调整，该怎么办

一名刚刚开始接触理财的投资者每天都会查看产品净值的变化，但最近他有点不知所措，因为其所配置的基金回撤了 10%。他的焦虑不难理解，每个投资者都希望市场永远是 2017 年的状态，从年初到年底，基本保持一直上涨的态势。但是，现实不可能如此。如果有产品能保持一直上涨，那可能就注定难有长期的高收益。

波动并不等于风险，真正的风险是对一种金融资产的购买力造成长期不可逆损失的可能性。而波动则受到更多因素和短期行为的扰动，这种扰动不会使购买力产生根本变化，只是暂时的影响。如

① 内容来自兴证全球基金撰写的《这样做，迈出投资第一步》一书。

果投资者害怕价格波动，错误地把它视为某种风险，反而可能会因此做一些高风险的事。所以，投资者不需要忧虑市场短期回撤的10%，如果回撤20%的事件发生了，只要投资品的赚钱逻辑可持续，反而是特别好的加仓机会。千万不要被暂时的市场严重脱离过去基本状态后的短期回报所迷惑。

如果短期回报特别高或特别低，则它们很有可能是不正常的。我们不能被巴菲特 1976 年 59.30% 的高收益迷惑，也不要忧虑短期出现的 10% 的回撤。巴菲特的投资收益率有些年份高，有些年份低，甚至短期跑输同类基金和指数，但是从长期看，它的收益会回归到年化收益率 19.40%，这是由美国经济社会发展和价值投资逻辑所决定的，这就是"均值回归"。理性的投资者应该在长期持有的基础上，当年化收益率低于平均水平时进行加仓，如 1973 年、1974 年、1990 年等。

所以，我们要深刻理解自己的投资组合，识别其是否真的有风险。存款理财类的资产，在半年或一年内看似无风险，但持有的时间越长，风险越大，所以不能把其作为长期投资的工具，只可考虑用其满足短期周转的需求。从长期来看，随着社会经济的发展，权益类资产是较好的长期投资工具。权益类资产投资真正的风险是出现永久性损失，短期的波动并不是风险，而且短期的波动往往还会带来机会。

13.14　产品收益明显落后，要调整吗

我们一直鼓励长期持有，也许有朋友会说，万一我买到一个不好的产品，它三年、五年、十年都还亏钱，收益明显落后，难道还要坚持长期持有吗？遭遇亏损是不是就证明产品不好？应该怎样辨别哪些产品值得长期持有？

首先，判断一个产品是不是好产品有以下几个标准。

第一，长期业绩优异，这需要参考管理人或者投资团队长期的业绩，看是否运作得足够稳健。

第二，产品规模适中，不要过大，也不要过小。

第三，产品回撤控制较好。

第四，均衡配置优秀的上市公司，不追热点。

用多长时间去判断一个产品的好坏合适呢？最好是用 1—3 年的时间，这样才能减少"错杀"的可能性。买入前要看产品过往的长期业绩，买入后也要给予其足够长的时间和足够的耐心。同时，也建议看一看这只基金所在公司的其他产品，是普遍优秀，还是大部分都很平庸只有一枝独秀。如果只有少数产品优秀的话，你可能就需要想一想，其他的产品为什么不好，已经买到的这个产品未来会是一枝独秀，还是十分平庸。

经过充分选择后找到了要投资的产品，就给它 1—3 年的时间，坚定持有，频繁质疑自己的决定是大忌。子曰："过犹不及。"投资也是这样，很多时候重要的不是你做了什么，而是你能忍住不做什么。市场涨跌不断诱惑你行动，只有忍住诱惑、不轻易动摇，才能获得最终的成功。相信在时间的洗礼下，金子最终会发光。

因此，一个长期表现优异的产品，当它出现短期亏损的时候，投资者最好少关注市场，保持一个良好的心态。既然打定主意持有三年，每天都去看它又有什么意义呢？当然了，如果手上还有余钱，产品下跌的时候再买入一些是不错的选择。一个长期表现优异的产品，因为短期市场波动而下跌，自然要赶紧多买一些。想想你在遇到名牌打折的时候会怎么做吧，好基金回撤的时候也应该这样做。

我们都希望未来的投资会越来越好，但如果遇到基金亏损也切莫慌张，理性分析、做好应对，坚定地持有那些长期赚钱的产品，果断地赎回那些长期亏损或回撤过大的产品。在赎回调仓的时候，要选择长期业绩好、规模适中、均衡配置、回撤较小的基金作为备选调仓产品。

13.15　应该赎回亏损的产品还是赚钱的产品

有一句俗语是这样说的："没有不赔的买卖"。当然，这种情况也多出现在投资中。很多人都想着在短期内挣一部分钱，然后赶紧脱手，没想到遇到不好的市场，遭遇亏损。当我们急需用钱需要赎回部分投资产品时，如果账户中有 A、B、C 三只有盈有亏的产品（见表 13-8），那我们应该赎回哪一只呢？

表 13-8

基金名称	成本净值（元）	当前净值（元）
A	1	1.05
B	1	0.85
C	1	0.50

赎回赚钱的基金 A 可能是很多人的做法，因为基金 A 给我们带来了投资盈利短暂的愉悦感。我们投资是为了享受没有亏损过的愉悦感，还是为了真正获得较高的盈利？

其实这个选择背后有着更深层次的心理学原因。投资者在做投资的时候会对每一笔投资建立一个心理账户。基金 A 赚钱，基金 B 和基金 C 处于亏损的状态，这时，投资者更愿意选择关闭心理账户 A，因为这样便可记录下一笔成功的投资；而对于失败的投资心理账户，投资者更愿意选择继续等待产品回本，而且禀赋效应会让投资者给亏损的产品一个更高的主观评价，认为产品未来有机会赚钱，甚至选择低位加仓以期可以更快地回本，这就造成了更大的"沉没成本"，甚至有可能是一个代价高昂的错误决策。

所以，正确的做法应该是通过评价产品的潜力和风险选择性地赎回，留下赚钱的好产品，果断赎回亏损过大的产品。

通过前面的分析，大家应该有了一个比较一致的答案：赎回基金 C。我们应该把能够赚钱的和有潜力赚钱的产品留在自己的仓中，果断地对长期亏损或回撤过大的产品进行赎回和调仓。因为根据数据统计，回撤越大，回本难度越高！我们还要继续持有那些亏损过大的产品吗？当然不要！

13.16　为什么赎回后资金没有全部到账

有的投资者发现在赎回后资金却没有全部到账，那可能是因为对赎回费和赎回规则不了解。基金赎回金额的计算方法如下。

净赎回金额 = 赎回份额 × 赎回日基金份额净值 – 赎回费用

赎回交易的基金份额净值和交易时间有关，交易日 15 时之前提交申请的以当日单位净值计算，15 时之后提交申请的以下一个工作日的单位净值计算。如果下一个工作日的基金净值下跌，投资者可能就会误认为自己赎回的资金没有全部到账。

其次就是赎回费，赎回费和大家的交易习惯有着密切的关系。一般来讲，基金公司为鼓励投资者长期持有，会根据持有时间的不同收取不同的费用。根据监管要求，通常持有时间少于 7 天的会收取 1.5% 的惩罚性赎回费，持有时间越长收取的赎回费越低。

假设投资者在 15 时之前决定赎回 10,000 份基金，持有一年的基金赎回费率为 0.5%，当日基金单位净值为 1.12 元，则

赎回费用 =10,000×1.12×0.5%=56（元）

投资者最后可得净赎回金额为：10,000×1.12−56=11,144（元）

东方资管、富国基金、华宝基金、华夏基金、南方基金、兴全基金、中欧基金	编写	刘明军	审阅